이　　상

이 태 동 편

서강대학교 출판부

편집자의 말

한 나라의 문화수준은 그 나라의 비평수준으로 가늠할 수 있다고 한다. 우리의 경우, 비평의 수준이 창작의 그것에 비해 많이 뒤떨어져 있다고 말한다. 그러나 다른 한편으로 생각해 볼 때, 지금까지 우리의 평단과 학계에서 이룩한 비평적 업적을 과소평가하는 경향도 없지 않다. 이것은 아마 지금까지 씌여진 비평적인 글들이 편견 및 기타 여러가지 이유로 정리가 잘 되어 있지 못해 왔기 때문이라고 하겠다.

사실, 따지고 보면 우리의 비평적이고 학문적인 활동이 없었다면 우리의 창작문학은 지금의 수준까지 오를 수 없었을 것이다. 요즘 서구에서 널리 논의되고 있는 독자반응의 이론을 거론하지 않더라도 문학작품은 그것을 읽어주는 주의깊은 독자와 비평가가 없으면 완성될 수 없을 뿐만 아니라 존재할 수도 없다. 다시 말해, 독자와 비평가는 작가와 시인이 창작과정에서 비워놓은 공간을 메꾸어 나가는 중요한 역할을 한다. 그래서 작가들은 비평가들이 자기도 모르는 영역을 발견하고 있다고 놀라워하며 고마워한다.

여기에 수록된 글들은 지금까지 해당 작가와 시인들에 대해 씌여진 글들 가운데 가장 훌륭한 대표적인 논문 내지 평론으로 구성되어 있다. 그래서 이 책은 변화하는 시대에 맞추어서 정전(正典)에 오른 작가들을 올바르게 이해하고 재평가하기 위한 현대적인 비평시각을 제공할 뿐만 아니라, 우리 문학사를 다층적으로 조명하는 새로운 스펙트럼이 되고 있다.

편집위원 : 김 학 동 박 철 희
이 재 선 이 태 동

차　례

이상 문학의 어제와 오늘

이 태 동

한국 현대문학사에서 이상(李箱)만큼 비평적인 논란의 대상이 된 작가도 없다. 그가 1934년 오감도(烏瞰圖)라는 시를 발표한 이래, 오늘에 이르기까지 적지 않은 일부 비평가들은 난해하고 우울한 그의 문학적 자세를 부정적으로 보아 왔다. 그러나 그의 문학에 대해서는 수많은 논문들이 쓰여졌고 앞으로도 그렇게 될 것이다. 그가 이렇게 우리의 마음속에 신화적인 존재로 살아 있고 그의 문학이 문학사 속에 흔들림 없는 정전(正典)으로 남아 있는 것은 비록 그의 문학이 만족스럽지 못한 미완성이라는 문제점을 안고 있지만, 그것 나름대로의 부정할 수 없는 가치를 지니고 있기 때문이다.

그의 문학은 황무지와도 같은 역경 속에서 인간의 궁극적인 가치를 구현하기 위한 견인적인 의지를 상실한 면을 보이고 있지만, 그것은 부조리한 인간조건에 대한 최초의 자의식을 보여주고 있다. 그래서 한국문학사를 쓰는 사람들이 그를 두고 자의식에 바탕을 둔 모더니즘의 깃발을 든 최초의「순수시인」이라고 말하는 데에는 아무런 잘못이 없다.

또 그의 문학은 너무나 난해하기 때문에 그것을 읽는 것이 마치 불가사의(不可思議)한 수수께끼를 푸는 일과 비유되기도 한다. 그러나 그의 문학은 결코 수수께끼가 아니라, 부조리한 삶의 현실을 자의식적으로 표백한 은유적이고 지적인 표현이다. 그래서 비록 그의 문학은 난해하지만 그 속에 부조리한 인간상황에 대한 저항과 분노가 담겨 있기 때문에 비극적인 삶의 현실에 대해 눈뜨는 사람들은 그것에 대해 적지 않은 매력을 느끼지 않을 수가 없다.

그는 28세의 젊은 나이로 요절한 비극적인 천재였다. 그가 남긴 문학이 언어의 유희였든지 아니면 숫자의 장난이였든지, 또다른 의미를 가진 상징적인 은유였든지간에, 그것은 아직까지 쉽게 풀 수 없을 정도의 지적인 문제를 의미심장하게 우리들에게 제시해 주고 있다. 만일 그가 병고(病苦)의 덫에 걸려 적빈한 환경의 희생물로 그렇게 일찍 죽지 않았더라면 어떠한 예술적인 결과를 이룩할 수 있었을 것인가를 우리는 쉽게 짐작할 수 있다.

그는 자의식의 수인(囚人)이라는 비판을 받아 왔지만, 역설적으로 그것 때문에 그는 아직까지 문학사 속에서 죽지 않고 살아왔다. 인류의 문화는「나는 생각한다. 그러므로 나는 존재한다」라는 데카르트의 코기토에서 출발하지 않았는가. 그가 젊음을 꽃피울 젊은 나이에 폐병으로 사형선고를 받고 현해탄을 건너 도꾜(東京)로 건너가서 그곳에 있는 회칠을 한 어느 병실의 딱딱한 침대에서 레몬의 향기를 맡으며 죽음과 대결한 것은 그가 인간이 이룩한 문명과 문화를 얼마나 동경하였는가를 간접적으로 말해주고 있다. 그의 문학이 난해하고 때로는 건강하리 못한 측면을 지니고 있다고 하지만, 그 가운데에는 무감각하지만 냉혹하리만큼 잔인한 자연과의 싸움과 저항을 통해 인류의 문화를 이룩하는데 원동력이 되어 온 지성적인 자의식이 밑도 짙게 깔려있다. 그래서 우리는 그의 문학에 대해 애정을 가질 수 있으며, 그가 던진 수수께끼 같은 존재문제에 대한 회의적인 태도와 의문을 함께 가지게 된다.

그가 이역 땅에서 이방인(異邦人)으로 죽었을 때, 친구들이 데드마스크를 만들면서까지 그의 모습을 남기려고 했던 것은 그가 자연주의적 죽음과 처절하게 싸우면서 죽어간 인간의식이 강한 젊은 국외자(局外者)였기 때문이다. 어떠한 의미에서 그의 문학은 그가 스핑크스와 같은 부조리한 인간 조건과 싸우면서 남긴 데드마스크와 같은 것이다. 그래서 그를 잘못 이해한 사람들은 데드마스크 뒤에 숨겨져 있는 이상이란 존재의 실체를 파악하지 못하고 마는 일을 수 없이 해 오고 있다.

그러나 요절한 천재 작가 이상을 문학사 속에서 살아남게 한 사람들은 역시 그에 대해 애정을 가지고 그의 문학을 이해하려는 이들이다. 다행히 그 동안 적지 않은 학자들과 평론자들이 그의 난해한 문학세계를 이해하기 위해 많은 노력을 기울여 왔다. 여기에 수록한 글들은 비록 퍼스펙티브를 달리한다 하더라도 그의 문학이 제시한 문제점을 함께 생각하고 풀어 나가는데 적지 않은 도움이 될 수 있다. 물론 그의 문학에 대한 비평들이 부정과 긍정의 다양한 곡선과 변주를 변증법적으로 나타내고 있지만, 그것들은 시간과 더불어 그의 문학이 지닌 비밀과 어려움을 발전적으로 풀어 나가고 있음에 틀림이 없다.

이상의 작품에 대한 비평은 1930년대의 김기림으로부터 시작되었다. 그러나 그의 작품에 대한 평가와 연구가 체계적으로 이루어진 것은 1937년 그가 죽고 난 이후부터이다. 해방 이전에 그의 작품에 대한 논의는 그 시대의 대표적인 비평가인 최재서에 의해 이루어 졌다. 그는 「고(故) 李箱예술」이라는 추도문에서 그의 작품올 두고 난해하고 주관적이며 전통적인 문학 형식을 파괴하는 실험정신을 지니고 있다고 말했다. 당시의 몇몇 평론자들은 그의 작품을 두고 난해하고 주관적이며 전통적인 문학형식을 파괴하는 실험정신을 지니고 있다고 말했다. 당시의 몇몇 평론가들은 그의 작품을 두고 「단순한 지적 유희거나 불순한 인기책」이라고 비판했지만, 그는 그것을 실험정신에 바탕을 둔 「고도로 발달된 지적 생활에서 솟아나는 필지(必至)의 소산」이라고 말하며, 그의 죽음으로 인해 그의 예술이 미완성으로 끝나게 된 것을 안타깝게 생각했다. 그 이후 조연현은 이상의 문학사적 의의를 논하면서 1930년대에 조선 청년들은 과거의 낡은 서정의 세계에 안주하기를 거부해야만 하는 지적인 딜레마 때문에 그것이 난해하다는 이유만으로 그의 시를 환영했다고 쓰고 있다. 조연현은 이어서 그의 작품의 핵심적인 의미는 전체적인 것에 있지 않고 지엽적인 부분의 완성된 표현에 있다고 말했다. 그의 부정적인 평가에 의하면 그의 문학이 통합적이지 못하고 파편적인 것이 된 것은 통일된 주체성을 상실한 「근대정신의 해체」를 난해한 수사학을 통해서 반영한 것이라고 한다.

문학사 속에서 그의 문학적인 가치가 올바르게 평가받아 신화적인 존재로 부각된 것은 1955년 당시 서울 문리대 학생이었던 이어령에 의해서 가능했다. 이어령은 식민지 시대에 가난과 질병으로 비참한 일생을 마치면서도 현대적인 자의식의 대명사였던 이상에 대해 남다른 애정과 아쉬움을 보이면서 난해한 그의 작품을 그만이 지니고 있는 예리한 통찰력을 통해 명쾌하게 분석해서 문학사 속에서 그의 위상(位相)을 자리매김 해 주었다. 이어령은 이상 문학을 금지된 지식의 열매를 따먹고 낙원에서 추방당한 비극적인 인간의 초상(肖像)을 순수한 의식으로 표백한 예술이라고 평가하고, 난해하다고만 외면했던 「오감도」와 「날개」를 비롯하여 대부분의 그의 작품의 구조를 남달리 유려하고 시정적인 문장으로 투명하게 분석해서 그 속에 담겨져 있는 숨은 의미를 명쾌하게 파헤치고 있다. 그러나 이어령 역시 이상의 문학이

미완성으로 남겨진 것이라고 지적하는 일은 잊지 않았다.

그러나 문학사 속에서 이상의 위치는 평탄한 것만은 아니었다. 60년대 와서 영향력이 있는 평론자이자 외국문학자인 정명환의 붓끝에 그는 적지 않은 시련을 겪었다. 많은 것을 일깨워주고 생각하게 하는 그의 무게 있는 글에서 그는 프랑스 작가들의 실존적인 삶에 대한 열려진 시각과 이상의 닫혀진 시각을 비교하면서 그의 문학을 두고 부정만 있고 생성(生成)의 모럴이 없는 건강하지 못한 문학이라고 지적했다. 더욱이 그는 이상의 문학은 지적이라는 것이라고 보다는 자학적인 센치멘탈로 가득 차 있다고 까지 말했다. 정명환은 이상작품의 특징이자 약점인 소피스티케이션이 적은「날개」를 분석하면서 까지도 아무런 변증법적인 출구(出口)를 찾지 못하는 아쉬움을 보이고 있다. 물론 그가 어둡고 우울한 이상 문학을 닫혀진 문학으로 진단한 것은 서구 문학과 비교해서 이상 문학을 비하시키려는 것이 아니라, 프랑스 문학이 제시하고 있는 열려진 방향으로 우리 문학을 건강하게 유도하기 위함일 것이다. 아무튼 이어령과 정명환의 이상문학에 대한 상반된 시각은 변증법적인 결과를 가져와서 뒤에 오는 평론가들의 평가에 앞서 작품 속에 숨겨진 진실을 분석하는 결과를 가져왔다.

김현은 실존주의적인 서구문학을 배경으로 이상문학을 이해하려고 하고 있으나, 정명환과는 달리 긍정적인 태도를 보이고 있다. 그는 이상의 문학을 벽 속에 갇혀 있는 고독한 실존주의적인 인물이 여러 타자(他者)와의 만남의 방식을 통해서 자유로운 세계로 탈출하고자 하는 욕망과 좌절에 대한 표백된 의식의 기록으로 보고, 그것의 발전 과정의 편력을 탁월한 논리로서 분석하는데 성공하고 있다. 이 글은 시작 부분에서 외국문학을 지나치게 인용해서 밀도를 다소 흐리게 한 것이 아쉽기는 하지만, 이상 문학을 서구문학에 나타난 의식적인 배경의 문맥 속에 놓고 그것을 분석한 것은 독자들의 설득력을 얻는데 적지 않게 도움을 주고 있는 것은 부정할 수 없는 사실이다.

70년대에 와서 이재선은 멘딜로(A.A Mendilow)가 탐색한「시간과 소설」문제를 디딤돌로 해서 이상이 가지고 있던 시간의식을 통해서 그의 문학이 지니고 있는 현대성과 그것이 지니고 있는 의미를 설득력 있게 규명하고 있다.

필자는 먼저 이상의 문학세계를「비구상의 영역」, 즉 그로테스크한 왜곡된 상태의 불안과 공포, 의식체계와 그 형태의 파괴, 숫자의 뒤트림과 유희, 그리고 자기 분열과 자의식의 과잉 등으로 일관된 비합리적인 세계로 파악하고 있다. 그에의 하면 우리 문학사에서 그 어떤 친족체계도 찾을 수 없다는 것이다. 즉 그의 문학의 특징은 그가 전통의 시학이 완전히 파괴된 채, 주관적인 인칭 시점에 의해 와해된 내면적인 자아의 세계를 잠행하는 모습을 나타내 보인다. 그래서 이상의 세계는 병리적인 명제로 조형된 세계이며, 그것은 바로 시간과 자아의 상호관계와 견인력이 응축되어 있는 현상을 나타내고 있다. 필자는 끈질기게도 권태로운 상태의 법칙과 탈출적인 의미로 파악하고 있는 초월적인 정지된 시간문제에 초점을 두고 이상문학에 나타난 특수한 시간의식 내지는 시간론을 살핀 후, 그것이 그의 소설의 의미를 밝히는데 어떠한 역할을 하는가를 치밀하게 점검하고 있다.

그 결과「날개」의 경우, 이상의 시간의식은「유폐된 잃어버린 신화의 신화에로의 비상」,「지주회시」에서는 '창 밖의 시간(공간적 시간)'과 '창 내부의 시간(심리적이고 개인적인 시간)'의 불균형을, 그리고「실화(失花)」에서는 현재와 과거 시간의 병렬성과 동시성을 밝히고 있다. 그런데 여기서 중요한 것은 이재선이 정명환과는 달리「날개」에서 이상이 보인 노력이 결코 닫혀진 세계로만 향한 것이 아니고, 열려진 세계로 탈출하고자 하는 인간적인 욕망을 보이고 있다는 사실을 시간적이고 공간적인 차원에서 기하학적으로 밝힌 것이다.

이재선의 논문에 이어, 필자의 논문「자의식의 표백과 반어적 의미」는 이상문학이 지니고 있는 가치를 평가하기에 앞서 그의 문학이 지닌 상징성과 그 구조를 문학의 구심이 되는「날개」와「오감도」를 비롯한 대표적인 몇몇 시편을 중심으로 심층적으로 분석하고 있다. 먼저 필자는 인간의 의식을 이중적인 구조, 즉 순수자아와 비순수자아, 본질적인 것과 일상적인 것으로 보고,「날개」에서 이상의 관심은 그가 의식한 순수한 자아인 내면적 현실을 현상적인 자연요소로서 이루어진 감옥으로부터 영원히 해방시키려는데 있다는 것을 지적하고 있다. 또한 필자는 모순된 인간 조건과 자아의 갈등을 표출하는 반어적이고 부정적인 태도는 인간조건과 비순수자아가 일으키는 역학작용에 대한 분노의 간접적인 표현이라고 보고 있다. 이러한 필자의 비평적인 시각은 난해한 그의 시를 이해하는데 필수불가결한 단서가 되고 있다는 것을 몇몇 그의 중요한 시편의 분석을 통해서 논리적으로 뒷받침 해 주고 있다.

오생근은 이상의 작품에서 '언어화된 의식의 표상으로' 나타난 동물 이미지를 통해서 자신을 자조하면서도 우월감을 나타내는 '자아분열' 의식을 나타낸 반면, 타자(他者)를 자연주의적인 덫과 그물을 보고 그것을 경멸하고 조종한다고 분석하고 있다. 비록 그는 그의 작품에 나타난 다양한 동물 이미지를 제한적으로 분석하고 있지만, 그것을 통해서 그의 현실과 이상(理想) 및 꿈을 구조적으로 밝혀 내는 흥미로운 성과를 보이고 있다. 그러나 많은 비평가들이 그의 문학의 목표이자 꿈으로 생각했던「날개」의 이미지를 카프카의「변신」에 나타난 벌레의 이미지와 연결하고 있는 것은 다시 한 번 검토할 문제이다. 왜냐하면 이상이 자신의 꿈을 형상화한 날개의「인공(人工)의 날개」라고 언급하고 있기 때문이다.

수학자인 김용운의 글은 이상 문학에 나타난 수학적인 의미를 밝히는데 중요한 단서가 되고 있다. 그는 비평가 못지 않은 통찰력으로서 숫자로서 이루어진 시적인 표현 가운데 나타난 결정론적인 우주관에 대한 그의 자의식을 읽어 내는데 성공하고 있다. 그가 정수로 쓴 수열과 그것을 뒤집어 표현한 것을 위상수학(位相數學)에서 취급하고 있는 뫼비우스의 띠로 설명한 것은 그의 문학이 지닌 비밀을 푸는데 많은 도움을 제공하고 있다. 특히 그가 이상의 예리한 수학적 통찰력 가운데서 수준 높은 시적인 표현을 발견한 것은 우리에게 시사하는 바가 크다.

김승희는 라캉과 크리스테바의 후기 구조주의적인 이론을 원용해서 전통파괴적인 이상 문학의 위트와 아이러니, 모순어법, 그리고 수학자 김용운이 지적한 뫼비우스의 띠 세계를 형성하고 있는 숫자들의 시적 표현, 그리고 거울 이미지 등에 관한 상징적 의미를 풀어내려는 노력을 보이고 있다. 이 논문은 도입부에서 라캉과 크리스타의 이론을 소개한 양의 길이가 적잖게 길고 난해하며 복잡하게 쓰여진 것이 아쉽지만, 이상 문학세계를 탐색하려는 새로운 시각을 보여주고 있음에는 틀림이 없다. 그러나 방법론이 작품 분석에 완전히 침윤할 수 있었으면 하는 바람이 없지 않다.

최혜실은 이상이 건축기사였다는 점을 착안해서 그의 문학에서 건축학의 필수적인 개념인 대칭 및 균형의 개념을 통해 그의 난해한 시 「오감도」를 분석해서 그의 시를 이해하는데 적지 않은 도움을 주고 있다. 더욱이 그의 작품 가운데 나타난 '남-녀 대칭 모티브'는 물론 그의 소설 가운데 나타난 페로디 등에서도 건축학에서 발견할 수 있는 대칭관계가 있다는 것을 발견한 것은 대단히 흥미롭다. 마지막으로 오랫동안 이상 문학을 연구한 김윤식은 전기적인 시각에서 이상의 비극적인 종말과 당시의 시대적인 상황, 그리고 그가 개척한 모더니즘의 맥이 한국문학사 속에서 어떻게 이어지고 있는가를 남다른 수사학적인 이미지와 '대가(大家)적인 직관'으로 밝히고 있다.

지금까지 살펴본 바와 같이 이상의 비극적인 죽음 이후, 그의 문학에 대해 적지 않은 글이 쓰여져 왔다. 그의 문학이 비록 미완성으로 끝난 것이지만, 문학사적으로 중요한 의미를 띄고 있음에 틀림이 없다. 그러나 앞으로도 그의 문학의 정전(正典) 문제를 두고 우리 문학계에서는 적지 않은 논란이 계속될 것이다. 그러나 그의 문학적인 가치를 얼마나 올바르게 평가할 수 있는가 하는 것도 난해한 그의 문학이 지닌 의미를 얼마나 정확히 설득력있게 풀어내는가에 달려 있다고 하겠다.

근대 정신의 해체

- 고(故) 이상의 문학사적 의의 -

조 연 현

13人의兒孩가도로로疾走하오.
(길은막다른골목이適當하오.)

第1의兒孩가무섭다고그리오.
第2의兒孩도무섭다고그리오.
第3의兒孩도무섭다고그리오.
第4의兒孩도무섭다고그리오.
第5의兒孩도무섭다고그리오.
第6의兒孩도무섭다고그리오.
第7의兒孩도무섭다고그리오.
第8의兒孩도무섭다고그리오.
第9의兒孩도무섭다고그리오.
第10의兒孩도무섭다고그리오.

第11의兒孩도무섭다고그리오.
第12의兒孩도무섭다고그리오.

第13의兒孩도무섭다고그리오.

13의兒孩는무서운兒孩와무서워하는兒孩와그렇게뿐이모였소.
(다른事情은없는것이차라리나았소)

그中에1人의兒孩가무서운兒孩라도좋소
그中에2人의兒孩가무서운兒孩라도좋소
그中에2人의兒孩가무서워하는兒孩라도좋소
그中에1人의兒孩가무서워하는兒孩라도좋소

(길은뚫린골목이라도適當하오)
13人의兒孩가道路하지아니하여도좋소.

이것은 이상의 <조감도(鳥瞰圖)>속에 있는 '시제1호(詩第一號)'라는 작품이다. 이것을 읽고 이 작품이 독자에게 전달하려는 혹은 이 작품이 표현하고 있는 의미와 내용이 무엇인가를 정확히 해득할 수 있는 사람은 아마 드물 것이다. 그러나 이런 투로만 쓰여진 <오감도>라는 이름 아래 발표된 15편의 시가 1930년대(이상의 최초의 시가 발표된 해가 1934년이었으며 <오감도>가 발표된 것도 그 해였다)의 조선 청년들에게는 기묘한 흥분과 호기심으로서 대환영을 받았던 것이다.

누구도 해득할 도리가 없는 기묘하고 난해한 이상의 이러한 시편이 30년대의 조선 청년들에게 특이한 환영을 받게 된 이유는 바로 심리적인 원인에서였다. 만일 이상의 시가 누구에게든지 용이하게 해득되어졌다면 그의 시는 그렇게 특별한 대우를 받지는 못했을 것이다. 그의 시가 환영받게 된 원인은 그의 시가 누구에게도 쉽사리 해득되어지지 않았다는 데 있었던 것이다. 해득할 수 없는 시를 지지하고 환영하였다는 것은 분명히 기묘한 현상이 아닐 수 없으나, 30년대의 조선의 근대 정신은 그러한 자기도 해득할 수 없는 시를 씀으로서 간신히 자기를 유지하였고 그러한 알 수 없는 시를 아는 척함으로써 자기를 위안하지 않을 수 없는 지적 '딜레마'에 빠져 있었던 것이다.

자꾸만 되풀이해 온 낡은 서정의 세계에 피곤과 염증을 느낀 30년대 조선의 근대 정신이 과거의 낡은 서정의 세계에 그대로 안주하기에는 그들의 지성의 자존심이 용서하지 않았고, 그렇다고 관념적으로만 고도(高度)해져 버린 그들의 지성을 만족시킬 수 있는 새로운 시의 세계는 좀처럼 구상화되어지지는 않았던 것이다. 이러한 그들의 과거에의 경멸과 새로운 것에의 조급한 욕구 속에서 발생된 지적 '딜레마'가 이상의 시와 같은 정체를 파악할 길이 없는 일종의 관념도 도본(圖本)에 간신히 자위와 자독(自瀆)을 얻게 되었던 것이다.

그러나 1930년대의 조선의 근대 정신이 가진 이러한 지적 딜레마는 결코 단순한 과거에의 경멸이나 새로운 것에의 무절조(無節操)한 욕구 속에서만 생겨진 것이 아니라, 이러한 지적 딜레마에 빠지게 된 이곳에는 실로 심각한 사상사적인 원인이 잠재되고 있었던 것이다.

그러므로 이러한 1930년대 조선이 가진 지적 딜레마가 어떠한 정신사적인 필연성에서 초래되어진 것인가를 구명해 보기 위하여서는 그러한 지적 딜레마가 자위와 자독을 발견하게 된 이상의 문학사적인 의의를 구명해 보지 않을 수 없을 것이며 그렇게 하기 위하여서는 도무지 무엇을 표현하려고 한 것인지 알 수 없는 이상의 난해한 시의 정체를 해명해 보지 않을 수 없을 것이다.

전기(前記)에 인용해 본 《오감도》속의 <시제1호>와 같은 작품을 예를 들어본다면 이 작품의 난해한 원인이 그가 사용한 용어나 단어에 있지 않은 것은 분명하다. 이 작품 속에 사용된 몇 개의 용어에 대해서 우리가 이해하지 못할 만큼 난해한 것은 하나도 없다. '제1'부터 '제13'까지의 숫자라든지 '아해'라든지 '도로' '질주' '길' '골목' '무섭다' '사정' '적당'과 같은 용어는 누구든지 다 이해할 수 있는 가장 쉬운 일상어일 뿐 아니라, 이러한 가장 쉬운 일상어로써 성립된 각 구절 또한 누구든지 이해할 수 있는 평이한 내용의 문장이다.

「13인의아해가도로로질주하오」라든지, 「길은막다른골목이적당하오」라든지, 「제13의아해도무섭다고그리오. 13인의아해는무서운아해와무서워하는아해와그렇게뿐이모였소」라든지 조금도 우리의 이해에 난해하거나 방해가 되는 용어나 개소(個所)는 없는 것이다. 그럼에도 불구하고 이 작품이 우리의 이해를 난해케 하고 있는 것은 무엇인가. 그것은 이 작품에 사용된 용어나 문장의 각 구절에 있는 것이 아니라 누구든지 알 수 있는 용어와 문장으로써 조직되고 구성된 이 작품의 전체적인 내용과 의미가 난해하다는 데 있는 것이다.

일반 독자들은 작가가 어떤 의미와 내용을 전달하고 표현하기 위해여 「13인의아해가도로로질주하오」라든지, 「길은막다른골목이적당하오」라든지, 「제1(혹은 제2, 제3)의아해가무섭다고그리오」라든지 하는 용어와 구절이 사용되고 있는지를 알 수 없는 것이다. 이러한 것은 분명히 정상적인 문장도(文章道)나 시의 정도(正道)와는 반대되는 것이 아닐 수 없다.

그것은 전체적인 의미나 내용보다도 그것을 표현하기 위한 지엽적인 부분만이 표현의 완성을 얻었을 뿐 어떤 문장이나 시의 근본적인 의도인 전체적인 통인된 의미나 내용은 완전한 표현을 얻지 못했다고 하지 않을 수 없기 때문이다. 중요한 것은 언제나 전체적인 통일된 의미나 내용이지 그것을 표현하기 위한 지엽적인 각 부분이 아니므로 전체적인 의미를 발견하는 데 난해한 지엽적인 가 부분의 완성은 역시 정상적인 문장도나 시의 정도라고는 볼 수 없는 것이다.

영국의 문장 심리학자 조지 세스의 말에 의하면 이러한 주객이 전도된 시의 형태는 근대시의 한 특징이며 이러한 것은 문장(혹은 시)의 '통사적(統辭的, Syntactic)'인 방법에 대한 문장의 '해사적(解辭的, Paractic)' 방법이며 심리학자 프로이트의 설에 의해 문장의 '현실 원리'에 대한 '쾌락 원리'의 표현이라고도 말하고 있다.

그러나 우리에게 중요한 것은 이상의 그러한 시가 문장 심리학상으로 어떻게 규정되느냐 하는 데 있는 것이 아니라 그의 시가 표현하고 있으며 또한 표현하려고 한 것은 자기의 통일된 전체적인 의미나 내용이 아니라 자기의 파편적인 감정이나 영상이었다는 점이다. 이상이 그의 시를 정상적인 문법 형태인 '통사적'인 방법이나 '현실원리'인 방법이나 '쾌락 원리' 위에서 시험한 것은 그것이 그의 의식적인 노력이었다기보다도 자기의 통일된 전체적인 의미나 내용을 갖지 못할 이상의 생리적인 한 필연성에서 초래되었던 것이다.

표현할 자기의 전체적인 통일된 의미나 내용이 없는 사람이 가지는 자기 표현의 필연적인 결과는 자기의 파편적인 감정이나 취미나 영상이 아니 될 수 밖에 없는 것이다. 그러므로 이상은 그의 시가 사용한 용어나 각 구절에 그의 파편적인 모든 감정이나 영상이나 취미를 표현하는 데는 성공할 수 있었으나 자기의 통일된 전체적인 의미나 내용을 표현하는 데 있어서는 완전히 실패하지 않을 수 없었던 것이다.

이상의 시가 난해한 것은 난해한 그의 정신의 한 표현이라고도 볼 수 있으나 난해한 정신은 난해한 대로 결국은 완전한 자기의 표현을 가질 수도 있는 것이다. 발레리의 정신은 확실히 난해한 것이지만 발레리는 그러한 자기의 난해한 정신을 항상 정확하게 완전히 표현하는 데 언제나 성공하고 있었던 것이다. 발레리가 난해한 것은 그의 표현이 난해한 때문이 아니라 그의 정신이 난해한 때문이었다.

그러나 이상의 시가 난해한 것은 그의 정신보다는 그 표현의 난해가 더 많이 작용되고 있는 것이다. 이것이 이상의 시를 이중으로 난해한 것으로 만들고 있는 표면상의 이유의 하나가 되고 있으나 근본적인 원인은 자기의 파편적인 감정이나 형상의 표현으로서 자기의 통일된 전체적인 의미나 내용의 표현으로 삼아 버리지 않을 수 없었다는 데 있는 것이며, 그가 자기의 파편적인 감정이나 형상으로서 자기의 전체적인 통일된 의미나 내용으로 삼아 오지 않을 수 없었다는 것은 이상의 확립된 전체적인 통일된 자기가 없었다는 것을 입증해 주는 것이다.

그러면 이러한 확립된 전체적인 통일된 자기가 없었다는 것은 무엇을 의미하는 것인가. 그것은 이상의 주체가 확립되어 있지 않았다는 것을 의미하는 것이며 그의 통일된 전체적인 의미와 내용을 대신한 그의 파편적이며 지엽적인 모든 것을 그러한 주체의 확립이 없는 이상의 여러 분신의 한 표현이었다는 것을 말해 주는 것이다. 다시 말하자면 이상의 해체된 주체가 '해사적'이며 '쾌락 원리적'인 방법으로서 나타나지 않을 수 없었다는 것이다. 이를 좀더 구체적으로 해명해 보기 위하여 우리는 이상의 <실화(失花)>라는 소설을 검열해 볼 필요가 있을 것이다.

이상의 많지 않은 몇 개의 소설은 그의 많지 않은 몇 개의 시에 대한 해설이라고 우리는 볼 수 있을 것이며, 그의 많지 않은 몇 개의 에세이는 그러한 자기의 시와 소설에 대한 해설이라고 볼 수 있을 것이다. 그러한 의미에서 이상은 시인이나 소설가라기보다는 에세이스트에 가깝다고도 말할 수 있다. 그것은 엄정한 의미에 있어서 그의 시나 소설은 정상적이 아니었을 뿐 아니라 그의 소설은 언제나 에세이 식으로만 서술되었고, 에세이에 있어서만 그는 처음으로 한 완벽을 갖는 데 성공하고 있었기 때문이다. 그러나 이상의 주체의 해체를 해명하는 데 있어서 <실화>는 그의 어떠한 작품보다도 대표적인 것이라 아니할 수 없을 것이다.

<실화>는 이상의 다른 창작과 마찬가지로 일인칭의 설화체로 쓰여진 일종의 독백의 형식을 갖추고 있으나, 구성이 단조한 데 비하여 이에 제시된 독백의 형식은 결코 단순한 것이 아니다. 그것은 <실화>에 제시된 이상의 주체는 '나', '너', '이상'이라는 3분신의 착란으로서 자기를 완전히 해체해 놓았기 때문이다.

<실화>의 작가인 '나'가 서술하는 형식으로 기록된 이 작품에는 '나' 이외의 '이상'이라는 또 하나의 이상이 등장하고 있다.

'나', '너', '이상'은 분명히 '연(姸)'이라는 여주인공과 함께 <실화>라는 한 작품을 성립시키고 있는 네 명의 서로 독립된 작중 인물임에는 틀림없으나, 이 세 명의 작중 인물은 또한 모두가 이상이라는 한 인물의 3개의 분신들이 아닐 수 없는 것이다. '나'는 '그'나 '이상'으로부터 독립되어 있고 '그'는 또한 '이상'과 별도로 존재하고 있으나 '나'. '그', '이상'은 서로 완전히 헤어질 수 없는 관련성을 가지고 있다.

'나'는 '이상'이나 '그'와 떠나서는 무의미한 것이며 '이상'은 '나'나 '그'를 떠나서는 존재하지 않는 것이다. 세 개의 독립된 생명이라고 보기에는 '나', '그', '이상'이 완전히 통일된 한 인물의 표상이라고 보기엔 분명히 세 명의 인물은 별도로 분리되어 있는 것이다. 그러나 역시 이 세명의 관념적인 인물은 이상이라는 한 인격의 3분신이 아닐 수 없으며, 이 3분신의 전체적인 통괄 속에서 이상의 주체를 발견해 보지 않을 수 없는 것이다.

그러나 '나'는 '그'를 희롱하고 '이상'은 '나'를 조소하고 '그'는 '이상'을 위로하는 형식으로 이 세 개의 분신들은 서로 교섭되고 서로 관련되고 있으나 끝끝내 '나'는 '나'요, '그'는 '그'요, '이상'은 '이상'인 것이다. '나'는 '그'에게 합칠 수 없고 '그'는 '나'에게 합칠 수 없으며 '이상'은 '나'나 '그'에게 통괄될 수 없는 것이다. 이 세 개의 분신들은 서로 꼭 같은 인력과 반발력으로써 운행되고 있는 항성과 항성처럼 서로의 궤도를 생활하고 있는 것이다.

'나', '그', '이상'이라는 이 3분신은 서로 완전히 독립된 의미나 내용을 가지고 있지 못한 그 이상으로 이 3분신이 하나로 통괄될 수 있는 한 인격의 주체는 3분신의 어느 곳에서도 찾아 볼 수 없는 것이다. 이상의 주체가 3분신의 어느 곳에서도 찾아 볼 수 없을 뿐 아니라 이 3분신을 아무리 총괄해 보아도 거기에 이상이라는 한 주체가 구성되지 않는다는 것은, 결국은 '너', '나', '이상'이라는 이 3분신이 이상이라는 한 인격의 주체적인 통괄이 없이 그대로 무질서한 세 개의 파편으로서 이상의 주체가 해체되어 있다는 것을 말하는 것이 아닐 수 없는 것이다.

셰익스피어가 <햄릿>속에서 세계의 관절이 무너졌다고 한 생명의 분리와 해체가 이상이 제시한 주체의 분열이요 해체였던 것이다. 이러한 주체의 해체가 자기를 표현할 수 있는 문법이 '해사적'이 아닐 수 없으며 '쾌락 원리'에 의거되지 않을 수 없는 것은 당연한 일이 아닐 수 없는 것이다.

그러면 이상의 해체는 어떠한 문학사적인 의의를 가지는 것인가. 어떠한 사상사적인 필연성에서 이상의 이러한 주체의 해체는 초래되었는가. 나는 이에 대하여 <근대 조선소설 사상계보론 시설>에서 다음과 같은 요지의 말을 한 일이 있다.

즉 「이상의 이러한 주체의 해체는 조선의 근대 정신이 처음으로 붕괴되었다는 것을 의미하는 것이라고……」(동 졸문(卒文) 참조). 이를 다시 반복해서 말해 본다면 이광수 씨의 《무정》이나 최남선 씨의 <해에게서 소년에게>라는 작품으로서 처음으로 서구직 의미에 있어서의 근대 정신이 우리 조선에 막연히 대변되었고 김동인 씨의 자연주의나 이기영 씨의 유물주의나 박종화

씨의 낭만주의로서 그렇게 막연히 대변된 우리의 근대 정신이 처음으로 자연주의니 유물주의니 낭만주의니 하는 구체적인 형태로써 이 땅에 구체적으로 형성되었으나 하나는 현실 폭로의 비애로, 하나는 인간성의 상실로, 하나는 현실 도피로 각각 불행한 결과를 가져오게 되자 여기에서 근대 정신에 대한 회의가 발생되었던 것이다.

이태준, 유진오, 안회남, 박태원, 김남천, 이효석 제씨의 의의는 이러한 정신사적인 견지에서 얼마든지 해석되는 것이다. 이러한 근대 정신에의 회의가 최명익 씨의 자기 분열로 분열 상극케 되어 드디어 이상의 주체의 해체로써 우리의 근대 정신은 한 붕괴의 영역에 도달되었다고 볼 수 있는 것이다. 그러므로 이상의 해체된 주체의 분신들은 서구적인 의미에 있어서의 근대 정신이 이를 영도해 나아갈 민족적인 주체가 붕괴된 것을 말하는 것이며 이러한 붕괴는 우리의 근대 정신의 최초의 해체를 의미하는 것이다. 이상이라는 하나의 완전한 시인도 작가도 못 되는 일개의 특이한 에세이스트가 가진 문학사적인 의의는 바로 이러한 곳에 있었던 것이다.

이러한 정신사적인 위치를 가장 철저하게 완수한 이상의 도무지 그 정체를 해득할 길이 없는 난해한 관념적인 도면인 그의 시가 같은 주체의 붕괴를 경험하고 있었던 1930년대의 조선 청년들에게 매력있는 한 문학작품이 된 것은 당연한 현상이 아닐 수 없었던 것이다.

표현할 자기의 통일된 주체가 붕괴되고 없었기 때문에 그러한 자기의 해체된 주체의 분신들을 파편적으로 제시한 이상의 작품은 역시 자기의 통일된 주체가 확립되어 있지 않는, 오히려 점차로 자기의 주체가 해체되어 가는 불안 속에 놓여 있었던 1930년대의 조선청년들에게는 그 작품의 통일된 전체적인 의미나 내용은 몰라도 자기의 분신처럼 의거(依據)할 주체를 잃어버린 이상의 시편들은 그러한 자기의 해체된 주체를 자위하고 지독하기에는 알맞은 문학적 대상이었던 것이다. 이러한 심리적인 원인이 이상의 난해한 작품을 호의와 특별한 애정으로써 우리 문단에 받아들이게 하였던 것이다.

나는 이상의 작품(시나 소설이나 수필을 막론하고)에 대해서 그것이 문학적으로 높이 평가된다는 데 대해서는 언제든지 반대의 입장에 서는 사람이지만 그의 여상(如上)과 같은 우리의 근대 정신사적인 위치에 있어서의 그의 존재는 퍽 귀중하고 중대한 의의를 남기고 있다는 것만은 깊이 믿는 사람의 하나이다.

-《문예》(1949. 11)

'순수 의식'의 완성과 그 파멸

李 御 寧

서설(序說)

1. '상(箱)'의 죽음

레몬을 달라고 하여 그 냄새를 맡아 가며 죽어 간 '상'의 최후는 1937년 3월 17일 오후, 이역(일본)의 조그만 병실의 한구석 어둠 속에서였다. 우리는 짧은 그의 생애와 작가로서의 생활 종막(終幕)에서 우연히도 하나의 상징적인 뜻을 발견하지 않을 수 없다.

우선 그 계절이 그러하였다. 3월이면 아직도 철 늦은 겨울눈이 녹고 있는 계절이다. 겨울도 봄도 아닌 그러한 불안한 환절기가 바로 '상'이 이 세상에서 머물다간 비창의 계절이었다. 그는 구세대의 서정적 요소와 세기말적인 허무의 잔재물(눈)이 휘황한 현대의 주지적이며 산문적인 정신의 태양 아래 소멸되어 가고 있

『문리대 학보』 3권2호(1955년 9월)

는 계절 속에서 서식(棲息)하고 있었던 까닭이다.

그 지역과 장소가 또한 그러하였다. 정치적인 의미에서 일본이 완전한 이국도, 그렇다고 모국도 아닌 애매한 지역이었던 것과 같이 '상'이 발을 딛고 살아 간 의식 세계라는 것도 남의 땅도 그렇다고 자기 땅도 아닌 그런 반반의 이역 지대였다. 평생을 그는 이렇게 수수께끼 같은 나라에서 살아간 반신(半身)의 에트랑제였다. 더욱이 무수한 성격의 파편과 적빈과 오물의 생활을 내던지고(?) 온 서울을 '해갈의 향수'라고 부르긴 하였으나 끝내 돌아가지 못한 채 동경에서 여생을 마친 역설적 행동이 바로 그가 현실에 대한 정신적 자세와 태도의 일면을 심볼하는 것이다.

'상'이 식어 가는 체온과 고갈한 육체를 겨우 딱딱한 베드 위에 의지하고 의식을 잃어 간 병실의 그것이 또한 그대로 그의 전생활을 에워싸고 있던 애트모스피어였다. '상'에게 있어 인간들의 군상과 그 생활들이란 질식할 것같이 무의미하고 권태로운 병실의 흰 벽이었으며 무늬 없는 커튼처럼 쳐 있는 공백 그것이었다. '상'의 피로할 대로 피로한 육신에서 은화처럼 맑아진 그의 정신을 상징하는 도어의 핸들위에는 무수한 인간의 손때로 함몰되어 빛나는 영롱한 광택과 윤이 흐르고 있었을 것이다.

이렇게 그의 정신적 풍토를 그대로 축소해 놓은 애트모스피어 속에서 '상'은 하나의 향긋한 레몬을 맡아 가며 '현대'가 판결한 처형을 묵묵히 수행한 수인으로서의 일생을 마친 것이다.

레몬의 향기를 맡으며 죽어 간 것은 확실히 불우한 도형수(徒形囚)의 사치한 마지막 의지에서였다. 인생을 아름다운 베에르 밖에서 내다보고 있는 순백(純白)한 어느 소녀의 죽음과도 방불한 그의 최후에선 평시에 품고 있던 처참한 아이러니도 시니크도 찾아볼 수 없었다.

「남들이 생각하는 '상'은 나와는 다른 존재이다. 나는 그러한 '상'의 세계에서 도망쳐 나오고 싶은 것이다.」라는 그 서한문의 비장한 고백과 같이 숨막히는 역사 의식과 현대 의식의 원체인 선악과의 냄새가 아니라 사실은 레몬에서 풍기는 향내에 취해 보고 싶었던 것이다. 그러나 불행히도 그가 평생을 두고 맡아 온 냄새는 '의식'이라는 선악과의 냄새였을 뿐이며 끝내 화려한 레몬의 홍수 같은 향기란 마음에 간직한 영원한 동경이었다. 죽음에 이르러 레몬의 홍수 같은 향기란 마음에 간직한 영원한 동경이었다. 죽음에 이르러 레몬의 냄새를 맡았다는 것은 끝내 완수하지 못한 그 의욕의 조그만 모형적 실험을 의미할 뿐이다.

이상 같이 '상'은 죽었다. 많은 사람들의 애도와 혹은 무관심 속에서 그의 죽음은 벌써 이십 년 전의 일이 되고 만 것이다. 그러나 '상'의 슬픈 죽음은 오히려 왜경(倭警)의 각고한 학대와, 음준한 감방의 공기와, 병균의 잠식에서 입은 육체적 죽음이 아니오, 그의 '오해 받은 예술과 인격'으로 인한 정신적인 죽음이었던 것이다. 홍진의 상식과 낡은 관습에 그대로 추종하는 아나크로니스트들의 독소적 분비물이 그의 정신을 무참히도 매몰시키고 말았다. 혹자는 그를 난해시를 쓰는 짖궂은 장난꾸러기의 악동이라 하였고, 혹자는 특수한 인간—호평이면 천재, 불연이면 병적 인간—만이 느끼고 필요로 하는 기형 작가라 하였고, 혹자는 무턱대고 천재적 작가라고 갈채만을 보내기도 했다.

어쨌든 '상'은 현실에 앞선 선각자로서 고독하였고 그의 예술은 오해당한 채 위축받기가 일쑤였다. 이런 점에서 '상'은 그의 육체와 작품에 나타난 정신까지 멸하고 만 것이다. 그러나 지금 현존하는 어느 작가보다도 도리어 20년 전의 '상'으로부터 더 참신하고 친근한 호흡을 느끼게 되는 것이 내 일개인의 독단이 아니라면 현대라는 시공적인 의미에서 결코 '상'의 고독한 오해당한 정신만이라도 부활될 것을 의심하지 않겠다.

그러나 여기 이 소론은 죽은 '상'의 정신을 부활시키려는 어마

어마한 작업이라기보다 그의 죽음을 애석히 여기고 그의 세계와 예술을 이해하기까지의 조그만 길잡이로서의 구실만 하면 그로써 족할 것이다.

2. 선악과의 신화

선악과를 따먹기 이전의 인간은 자기 자신이 신의 맹목적 취미에서 제작된 습작물이라는 것을 인식할 수 없었다. 다른 신의 습작물(생물)들과 마찬가지로 의식을 의식할 줄 아는 재능이 없었던 것이다.

신은 다른 습작물(생물)들의 경우와 똑같이 인간을 창조해 놓고서도 역시 그것에 대하여 일정한 목적도 모랄도 부여하지 않았다.

이 서투른 창조 사업의 동기 자체가 거의 무목적이며 우연한 것이었기 때문이다. 그러나 신은 그 대신 이 불행한 습작물들이 그를 생명의 영속과 행동성을 지탱해 낼 수 있도록「생식하라, 먹어라, 그리고 죽어라」하는 허망한 명제에 대한 절대 의지를 부여한 것이다.

그러나 신이 가장 두려워한 것은 에덴 동산의 '선악과'였다. 이 선악과란 '뱀'의 달변한 유혹적 언사와 같이 신의 전능한 의식과 독지와 창조의 재능을 생성케 하는 영특한 열매였다.

만약 이렇게 무한한 의식이 담겨 있는 선악과를 그의 습작물 중의 어느 하나라도 따먹게 된다면 무책임하고 졸렬한 그의 창작적 플롯이 무참하게도 폭로될 것이며 그와 부수되어 그의 잔인과 무지를 향해 무수한 조소와 원성이 던져지리라는 것을 예상한 것이다.

어떻든 습작품들이 영원히 그의 창조 정신과 그 의도를 느낄 줄 몰라야 하며「생식하라, 먹어라, 그리고 죽어라」라는 허망한 명제에 대한 반성과 비판이 없어져야지만 신으로서의 자기 전능과 오소리티를 지킬 수 있었던 것이다.

또 한 가지의 염려는 신 자신에 대한 타산이 아니라 그 서글픈 습작품들 자체에 대한 동정에서 우러나온 성스러운 자비심(?)에서였다. 유한한 존재에게 무한한 의식을 갖게 한다는 것은 너무나 큰 예후이며 자기 분열을 의미하는 비극이었기 때문이다. 마치 그것은 철책에 감금당한 동물원의 짐승들에 밀림의 향수를 일으키게 하는 것과 같은 것이다. 신과 같은 절대자 이외의 것이 그러한 선악과의 의식을 갖게 된다면 마침내 그들은 그 의식 과잉으로 인하여 자기 자신을 파괴하는 자멸 행위를 초래할 것이며 항상 비절대자인 자기를 절대자화하려는 무의미한 노력 속에서 그들의 육체와 정신을 탕진하고 말 것이다.

모랄을 부여해 준 일이 없는 그 습작물(생물)들에게 창조의 재능과 숙지를 갖게 한다는 것은 면허증 없는 이발사에게 서슬이 푸른 면도칼을 내맡기는 것이나 다름없이 위태로운 것임을 알았기 때문이다. 그리하여 신은 자기 자신의 절대적인 위신을 위해서나 그들(생물)자신의 평화를 위해서도 '선악과'는 불완전한 그의 습작품들이 범해서는 아니 될 금단의 과(果)라는 철칙을 내린 것이다. 이렇게 신의 비장한 금단의 열매에 대한 철칙은 다름아닌 그의 모순과 무책임과 무지로서의 실패에 대한 합리화였다.

그러나 그 많은 신의 걸작품들 중에서 인간만이 그 같은 절대의 철칙을 범하고 선악과를 따먹고 말았다. 신보다 더 교활한 뱀은 그의 얄미운 합리화에 대하여 울분을 느끼고 그의 능숙한 달변으로 화려한 이브의 숨결에 모든 것을 밀고해 준 것이다.

이렇게 해서 마침내 선악과를 따먹은 인간은 신이 예상한 대로 신을 배반하고 무의미한 그 숙명적인 습작물로서의 자기 조건을 의식하기 시작하였다.

인간에게 선악과의 힘에 제일 먼저 발현한 것은 자기의 추한 육체에 대한 수치감이었으며 그것을 은폐하기 위한 의상의 창제

(創製)였다. 이 수치에 대한 의식과 의상의 창제야말로 인간 독자의 막막한 여정에 오른 첫 출발이었으며 그 비극의 첫 단계였던 것이다. 신도 아니고 그에 부수된 습작물만도 아닌 인간의 존재는 설사 신이 에덴동산에서 추방하지 않았더라도 이미 그 치욕적이며 굴욕적인 그의 영토(領土)에서 간사한 신의 추리를 기대하여 살 수 없이 되어 버렸다.

이 때부터 에덴에서 하락한 인간은 신이 준 우연적이며 무의미한 '이미 존재하고 있는 자기'와, 선악과에서 얻은 절대와 전능의 '의식자로서의 자기'와를 동시에 향수하지 않으면 아니 될 비극을 꾸며 나가기 시작하였다. 유한의 조건을 가진 채 느껴야 되는 무한의 세계와, 무의미와 맹목에 대한 하나의 의미와 모랄의 설정과 즉 본래적인 것에 대한 비본래적인 것과…… 이러한 두 가지 상극 대립한 두 조건을 한꺼번에 수행하여 할 휴머니티는 그야말로 낭자한 유혈극의 참상을 자아냈다.

몇 천 겁을 두고 무한히 되풀이될 「생식하라, 먹어라, 그리고 죽어라」라는 허실의 목적에 대한 묵묵한 복수와 이에 대한 비판과 반성이 점차적으로 심각해짐에 따라 휴머니티는 다양성의 면모로 변질되어 갔다. 현대에 이르러 가속도적인 선악과의 효능이 최대한도로 완숙해짐에 따라 그 비극도 그 절정에 달하고 만 것이다.

그러므로 현대인이 느끼는 의식의 비극은 필연성을 띤 절대의 사실이므로 그들의 '의식' 작업을 중단하거나 허식과 기만의 안일성으로 모면되는 그러한 종류의 것은 아니었다. 이것은 하나의 신화라기보다 너무나 절실하고, 숙명적인 인간 비극의 이야기다.

이상은 이런 신화의 가장 전형적 희생물의 표본이다. 그러므로 신이 이미 만들어 놓은 무의미하고 무질서하고 맹목적인 '일상성으로서의 현실'과 그를 의식하고 그 공백 가운데 '자기 생'을 설정하려는 선악과의 '의식 세계'와…… 이런 부단의 모순으로 찬 인간 조건을 한 몸에 향수하며 살아가지 않으면 아니 될 고난과 그 비극이 곧 '상'의 예술이 되었으며 거기에서 자기를 해방시키고자 한 의지가 그 예술의 완성을 의미하는 것이었다.

적어도 이상의 예술이 개인의 병적 성격에서 표출된 분비물이 아니라 전인류 현대인의 고민이며 그 비극 앞에서 이루어진 것이라는 것은 선악과에서 온 자의식의 숙명만 생각하여도 알 노릇이다.

이상의 예술

1

1. 그의 situation과 parasélène

이상의 '생(生)에의 표랑'은 끝없이 황망한 의식의 사구(砂丘)에서부터 출발한다. 그의 의식은 노쇠한 인간의 역사와 위선과 인습으로 도장(塗裝)된 현실의 일상적인 생활에 대한 부정이며 회의다. '닫친 문 앞에 탄생'한 그의 숙명적 자의식의 세계는, 과거의 역사를 그대로 이어받는 상속자로서의 의무를 거부하며 보편적인 '일상성'의 욕구와 목적을 조소한다.

<오감도 시제2호>에서와 같이 「나의아버지의아버지의아버지노릇을한꺼번에하면서살아야하는」 현대인의 무거운 짐과 <시제3호>의 인생의 무의미한 격투의 관객자와 피관객자의 노릇을 동시에 하는 비참한 피에로의 행동을 의식하는 이상은 초조한 마음으로 부단히 전개되어 가고 있는 역사와 현실을 비판하였다.

그러나 그의 눈에 비친 역사(전통)란 「묘혈에 계신 백골까지가 내게 무엇인가를 강청하고 있는」 완고한 의지의 소유자며 「그 인감이 이미 실효(失效)된 지 오래인」 현대에 있어서의 한 노망한 시대 착오자일 따름이다. 그리고 현실이란 「남편만 없었던들, 남편이 용서만 한다면 하면서 지켜진 아내의 정조」와 같이 절대

적인 감정을 상실한 추악하고 부박한 창부의 모습에 지나지 않았다.

서정과 절대 애정의 낙원을 상실한 그에게 이미 '별'과 '달'은 '시상의 대상'도 천문학의 대상도 아닌 것이다.

이러한 현대적 자의식의 세계 앞에 나타난 현실의 세계란 그에게 있어 또 하나의 '실화(失花)'와 '실락원'이었다. 그 실락원의 일상 생활 가운데 '천사는 아무데도 없으며', '파라다이스는 빈터'인 것이다. 천사의 시체만이 사는 현실적 일상 세계에는 '절대적 공허'뿐이며 그 속에서 단조한 허실적 목적을 위한 정신의 굉대한 동원(動員)이 분망하게 벌어지고 있는 것뿐이다.

이렇게 추악한 창부성을 드러낸 아내(현실)를 발견하고 이상은 곧「간음한 계집은 버리라」는 철칙에 의하여 실망한 일상 생활적인 무의미한 제반 의식과 제행(諸行)에 대하여 홀홀히 고별을 하지 않으면 아니 되었다. 그러나 이 일상적인 것과의 이혼 수속은 극히 복잡한 난문제이었다.

일상 생활적인 것을 버릴 때 우선 이상은 자의식의 세계에서만 머물러야 되었기 때문이다. 그러나 일상성의 인생에서 도주한다는 것은 길이 막힌 도로를 공포에 싸여 질주하는 도로의 비극이며, 혹은 그러한 공포의 상태로써만 무한히 질주하는(뚫린 골목) 또 하나의 무의미한 짓에 불과한 것이다. 도주하여도 도주를 하지 않아도 결과는 마찬가지의 것이다. (질주하지 아니하여도 좋소)(<오감도 시제1호>).

또한 이 의식 과잉 상태의 세계란 본능을 박탈당한 '짖지 않는 개'로서의 무서운 권태의 세계인 것이다. 오늘은 내일과 같고 모래는 오늘과 같은 per demper의 연속은「답답한 하늘 답답한 지평선 답답한 풍경, 답답한 풍속 가운데서 이리 디굴 저리 디굴 굴고 싶을 만치 답답해 하고 지내야만 되는」 참을 수 없이 괴로운 감금 상태를 의미한다.

이렇게「생물의 이렇다는 의의를 훌쩍 잃어버린」「환관과 같은」자기를 발견하게 되고,「산다는 것이 필요 이상의 야유에 지나지」않음을 느끼게 된다. 「사물의 어떤 포인트로 이 믿음이라는 역학의 지점을 삼아야겠느냐는」대상이 전연 발견되지 않는 그의 세계에서는「육친까지를 미워하기 시작하여 이 세상에 의지할 곳을」상실한 고아의 막막한 심정이 있을 뿐이며 내일이란 것도 한낱「흉맹한 형리」로밖에 생각되지 않으니 아무런 미래에의 희망도 의미도 기대도 목적도 찾아볼 길이 없는 것이다. 이렇게 일상성의「날개가 부러지고 퍼렇게 멍들은 흔적만이 남아있는」그에게 어떠한 의미와 행동을 부여하는 동력이 그런 세계에는 존재하지 않는다.

그렇다고 그는 무의미와 맹목의 '일상적 현실' 속에 머물러 있을수도 없을 노릇이다. 그는 덧없이「불 속으로 뛰어드는 불나비」와 같이 무모한 정열도 뛰어들 불도 발견할 수 없을 뿐 아니라「모르는 척하고 그저 모이만 주워 먹는」「철망 너머의 암탉을 보고 공연히 성이 나서 근기 있게 자꾸 덤벼드는 수탉」과 같이 무의미한 도로를 꾸준히 되풀이할 수도 없는 것이다.

다시 한번 싱거운「인생의 제행(諸行)」을 시정하고 현실에 되돌아간다는 것은「새로운 감정으로 간음한 아내」를 용서한 남편의 일생과 같이「이놈의 계집이 또 간음하지나 않을까 하고 전전긍긍하다가 그만두는 가없이 허무한 탕진」이라는 것을 그는 너무나도 잘 알고 있었다.

그리하여 그는 하는 수 없이「될 수 있으면 그것이 간음은 아니라는 결론이 나도록 자신의 준엄 앞에 애걸」하듯이 현실에 관대하려하고 또 선의로써 어떠한 의미를 부회(附會)하려고도 해보고, 혹은 이 실낙원의 현실 세계에「천사를 다시 불러서 돌아오게 하는 응원기」같은 것을 생각도 해보는 것이다.

그러나 이렇게「무슨 방법으로든지 생활력을 회복하려 꿈꾸는 때도 없지는 않지만」 숙명과 같이 뿌리박은 그의 자의식은 도저히 그러한 맹목의 '일상적 현실' 세계에의 순응을 불허하였던 것이다. 그렇다고 「현실은 나를 결박하라고 하고 꿈은 나를 추방하라」는 발 디딜 틈 없이 절박한 이 세계에서 그는 자살조차 할 수 없는 것이다.

「경칠 화물 자동차에나 질컥 치어 죽어 버리지 그랬으면 이렇게 후덥지근한 생활을 면허기라두 허지」 하다가도 「짜장 화물 자동차가 탁 앞으로 닥칠 적이면 덴 겁을 해서 피하는 재주가 세상의 어떤 사람보다도 능히 빠르다고는 못해도 비슷한」, 역시 어쩔 수 없는 동물의 본성이 있었고, 또는 「자살의 단서조차를 찾을 길이 없는 극권태의 생활」에서 죽는다는 것까지가 귀찮아진 상태에 놓여 있었기 때문이다.

그러면 이것도 저것도 아닌 이러한 불안한 세계에서 어떻게 살아야 할 것인가? 「나는 어떻게 해야 하나, 거암(巨岩)과 같은 불안이 공기와 호흡의 중압이 되어 덤벼든다.」

이것은 '상' 일개인만이 외치는 처절한 비명과 통곡이 아니라 전 현대의 지성인들이 부르짖는 두려움의 규성인 것이다.

2

나는 나의 親舊들의 머리에서 나의 番地數를 지워 버렸다. 아니 나의 服裝까지도 말갛게 지워 버렸다. 은근히 먹는 나의 朝夕이 게으르게 나은 肉身에 蔓延하였다. 나의 營養의 찌꺼기가 나의 皮膚에 지저분한 수염을 낳았다. 나는 나의 讀書를 뾰죽하게 접어서 종이 飛行機를 만든 다음 어린아이와 같이 나의 自棄를 태워서 죄다 날려 버렸다.

아무도 오지 말라. 안 들일 터이다. 내 이름을 부르지 말라. 七面鳥처럼 심술을 내이기 쉬웁다. 나는 이 속에서 全部를 살라 버릴 작정이다. 이 속에서는 아픈 것도 거북한 것도 동에 닿지 않

> 는 것도 아무것도 없다. 그냥 쏟아지는 것 같은 기쁨이 즐거워할 뿐이다.
>
> 내 맨발이 값비싼 香水에 질컥 질컥 젖었다.
>
> —<공포(恐怖)의 기록(記錄)> 중에서 (방점 필자)

그러나 '상'은 드디어 이렇게 일상성의 인생으로부터 그러한 자기 자신으로부터 외부의 것으로부터 완전히 자기를 절연하고 만 것이다. 의식의 문을 밖으로 향해 굳게 쳐닫고 그 속에 농성(籠城)해 있는 채로 자기 생을 기획한 것이다. 자기가 일상성의 인생과 그 생활로부터 고별한 것과 같이 현실이 또한 자기를 내버리기도 한 것이었다. 그는 '일상성'을 호위하는 의장병의 대열 속에서 퉁겨져 나오고 말았다. 그 화려한 제복을 벗어 던지고 그 공동체의 테두리 밖에서 존재한다.

> 墓碑銘이라. 一世의 鬼才 李箱은 (……) 여기 白日 아래서 그 波瀾萬丈(?)의 生涯를 끝막고 문득 卒하다. (……)嗚呼라! 傷心커다. 虛脫이야 殘存하는 또 하나의 李箱 九天을 우러러 號哭하고 이 寒山一片石을 세우노라. 愛人 貞姬는 그대의 歿後 數三人의 秋妾된 바 있고 오히려 長壽하니 地下의 李箱아! 바라건댄 瞑目하라.
>
> —<종생기(終生記)>중에서 (방점 필자)

여기에서 보는 것과 같이 일상적 현실 속에 사는 이상은 이렇게 '종생(終生)'하였고 그 일상성으로부터 허탈하여 잔존하는 또 하나의 이상만이 남게 된 것이다. 이렇게 일상성의 이상을 완전히 죽이고 모든 것에서 허탈한 또 하나의 이상이 앞에 나타난 것이 소위 paraphronique(천치 바보의 상태) 즉 완전한 무관심과 '게으름'으로 그에 대한 조소와 야유와 malice(장난)는 무관심으로 비약 발전한 상태다.

이미 이 절정에 달한 의식 세계는 '일상성'의 가치 규준과 행위의 촉수가 이를 수 없는 순수 지대다.

이러한 사계에는 그냥 쏟아지는 것 같은 기쁨과 값비싼 향수가 질컥거리는 것 같은 '의식의 평화'가 군림해 온다. 금전도 시간도 애욕도 일상적인 감정도 관능까지도 문제시되지 않는다. 희망도 절망도 아닌 행복도 불행도 아닌 그러한 '절대의 상태'가 있을 뿐이며 그의 성격마저「서랍 같은 그릇에 담어」「간데온데 없어지고」「탄도를 잃지 않는 질풍이 가르치는 대로 곧잘 가는 황금과 같은 절정의 세월」이 있을 뿐이다.

이 같은 paraphronique의 무관심의 세계에는 일상성의 모든 기반과 질곡에서 벗어나 왕양(汪洋)한 자유 같은 것까지가 있는 것이다.

> 나는 바른 대로 말하면 애정 같은 것은 희망하지도 않는다. 그러니까 내가 결혼한 이튿날 新婦를 데리고 外出했다가 다행히 길에서 그 신부를 잃어버렸다고 하자. 내가 그럼 밤잠을 못 자고 찾을까?
>
> 그때 가량 이런 엄청난 글발이 들어왔다고 나는 은근히 희망한다.
>
> 『人生이 某月某日 길에서 주은바 少女는 貴下의 新婦임이 確實한 듯하기에 通知하오니 찾아가시오』
>
> 그래도 나는 고집을 부리고 안 간다. 발이 있으면 오겠지, 하고 나의 念頭에는 그저 汪洋한 自由가 있을 뿐이다.
>
> —<동해(童骸)>중에서 (방점 필자)

그는 또한 이와 같은 '의식의 평화와 자유'를 위해서 무관심과 게으름을 지속시키고 외부의 일절 자제를 의식적으로 계속하여 두절하려고 한다.

> —그저한없이게이른것—사람노릇을하는체대체어디얼마나기껏게

으를수있나좀보자—게으르자—그저한없이게으르자—시끄러워도 그저모른체하고게으르기만하면다된다. 살고게 으르고죽고—가로대 사는것이라면떡먹기다. 오후네시. 다른시간은다어디갔나. 대. 수냐. 하루가한시간도없는것이라기로서니무슨성화가생기나.

반닫이는참보기싫다. 대체세간이싫다. 세간은어떻게하라는것인가. 왜오늘은있나. 오늘이있어서 반닫이를보아야되느냐. 어둬졌다. 계속하여게으르다. 오늘과반닫이가없어져라고.

—<지주회시>중에서 (방점필자)

이와 같은 게으름은 그렇게 땀흘리며 억지로 사는 생활을 떡먹기 같이 쉽게 만든다. 그래서 세간(생활 도구 즉 일상 생활적인 것)이, 오늘이 미워서 그는 게으름으로 그들에 대하여 무관심하려고 한다.

그야말로「그저 까닭없이 펀둥펀둥 게으르고만 있으면 만사는 그만이었던 것이다.」(<날개>)

여사(如斯)한 무관심과 게으름의 paraphronique 세계는 그의 '불행의 실천'과 최대한도의 현실의 체험 끝에 이른 자의식의 종착점이다.「감정의 포—즈가 부동 자세에까지 고도화하여 감정의 공급을 딱 정지한 상태」이다. 즉 자의식의 의식마저 의식하지 않게 된 그러한 결과라고 말할 수 있다.

3

그러나 이상과 같은 paraphronique의 상태는 그에게 있어 하나의 'pied-à-terre'에 지나지 않는다. 너무나 순간적이며 잠정적인 것이었다. 이러한 paraphronique한 순의식 세계와 일상적인 현실의 세계는「흡사 두 개의 태양처럼」상극 대립하여 존재하는 것이다. 왜냐하면 paraphronique한 의식 세계가 '일상성'을 양기(陽棄)하여 이루어진 것이 아니고 일방적으로만 고도로 발전한 상태기 때문이다. 그러므로 이 무관심과 게으름의 paraphronique한 세계는 항상 '일상성'의 현실 앞에 상대하여 임하게 되는 또 하나의 숙명을 지닌 '생'이었다. 즉「'방심 상태'—paraphronique를 꾸미고 방안에 서는 천정(天井)만 쳐다보거나 나오면 허공만 쳐다보거나 하재도 역시」주위에「싸고도는 온갖 것—täglichkeit 일상성—에 대한 증오의 염이 무럭무럭 구름 일 듯하는 것은 영막을 길이 없는」불가항력의 일이며(내부적)「아무리 방 덧문을 첩첩 닫고 일년 열두달을 수염도 안 깍고 누워있다 하더래도 —paraphronique—세상은—täglichkeit—그 잔인한 관계를 가지고 담벼락을 뚫고 스며들고야」마는(외부적인 것) 절대의 관계를 가지고 있다. 그러므로 이상은 다시 자기 내부에서 분열된 이 두 세계의 자기 분신을 결합하지 않는 이상 역시 불안한 기압권에서 헤어나올수 없는 것이다. 그는 이 두 세계의 생을 다시 연결하는 투쟁을 계속한 것이다.

이 두 가지 세계를 관계 지우는 것이 그의 예술에 있어 본질이 되는 것이며 그의 전작품이 향하는 하나의 결론이 되는 것이다. 따라서 그 자신의 마지막 희구한 새로운 '인생'이기도 한 것이다.

그러나 현실과의 이혼이 극히 불가능하였듯이 이제 그 현실과의 재혼이 또 커다란 난관이며 거의 절대적인 의식이었다. 그는 여기에 이르러 여러 가지 수단과 모색으로 이를 두 세계를 관계 지우려고 갖은 애를 다 썼으며 그를 작품에는 그 방법적 차이에서 오는 착잡한 혼동을 피하여 편의상 그 성격—현실에 대한 태도—을 대분(大分)하여 약술코자 한다. A(型)형을 제외한 B·C·D의 각 형은 바로 그가 현실과 자기 순의식 세계와를 관계 지우려는 시도이며 각기 다른 방법적 성격의 제시인 것이다.

A형 관계 지울 수 없는 두 세계에 대한 고민

시 <거울>과 <오감도 시제10호>는 이 부류에 속하는 것이다. 거울속에 비친 자기 모습과 본래 있는 자기 모습은 두 가지 세계로 분열된 상극 대립한 자기 분신을 못한다. 거울 속의 자기가 의식 내부에 들어가 있는 paraphronique(무관심)의 자기이며 그 거울 밖에 선 자기가 의식 외부의 täglichkeit—일상성—의 자기를 뜻하는 것이다.

거울속에는소리가 없소.
저렇게까지조용한세상은참없을것이오.

거울속에도 내게 귀가있소.
내말을못알아듣는딱한귀가두개나있소.

거울속의나는왼손잡이오
내握手를받을줄모르는—握手를모르는왼손잡이오
거울때문에나는거울속의나를만져보지를못하는구료마는
거울아니었든들내가어찌거울속의나를만나보기만이라도했겠소

나는至今거울을안가졌소마는거울속에는늘거울속의내가있소
잘은모르지만외로된事業에골몰할께요

거울속의나는참나와는反對요마는
또꽤닮았소
나는거울속의나를근심하고診察할수없으니퍽섭섭하오.

—<거울>

얼마나 절실하게 분열할 채 개별로 존재하는 두 분신을 그려낸 시인가? 의식(거울)속에 침참해 있는 paraphronique의 세계는얼마나 고요하고 조용한 세상이었을까. 그러나 그런 거울 속의 자기는 거울(의식) 바깥의(일상성) 자기와 악수(결합)를 할 줄 모를 뿐만 아니라 그 행동도(거울속의나는왼손잡이요) 반대인 것이니

이 얼마나 놀라운 상극의 분신들인가? 자기 말을 알아듣지 않는 귀가 있고 의식(거울)의 장벽으로 인하여 그의 손길이 닿지 않는 (거울 속)의 자기는 일상적인 자기가 전연 반대의 의도된 사업을 하고 있는 것이다.

그러나 형태는 서로 닮은 사람이다. 그러나 그 거울 속의 자신을 근심하고 진찰할 수 없으니 이것 또 무슨 어처구니없는 해학적인 비극인 것인가?

'상'은 이렇게 결합할 수도 이해할 수도 없는 두 개의 분신을 향하여 곡(哭)하고 고민하였다. <오감도 시제15호>도 이와 마찬가지다. 두 개의 분신이 서로 작용하는 허무한 관계와 서로 일치할 수 없는 숙명에 대한 통곡이다.

일상 생활적인 자기 분신은 거울이라는 의식 세계에 감금되어 있는 자기를 두려워하고 있는 것이며 ① 그로써 일상적인 자기는 자기꿈(일상 생활자의 최고 목표)에 결석한 자로서 그의 꿈을 망쳐 놓은 것이다.

② (일상 생활에의 실패—의식 세계의 분신이 타분신에 대한 작용화) 또한 이 두 분신은 각각 영어(감금)당해 있는 것이다. '의식 세계'의 분신은 '일상적 세계'의 분신으로 하여 감금당하게 되고 또한 '일상적 세계'의 분신은 '의식 세계'의 분신에 의해 감금당하게 된 것이다.

③ (두 분신의 libération에 대한 실패—두 분신의 상호적 작용화) 의식 세계에 감금당한 분신을 향하여 타의 분신이 자기의 libération을 위하여 자살을 권유하나 paraphronique로서의 자신은 일상적인 분신의 동시적 자살이 없지 않은 한 그의 자살도 불가능한 것이기 때문에 거부되고 마는 것이다.

④ (두 가지 분신의 동시적 존재성과 무관계의 관계) 이 불가능한 두 가지 세계의 동시적 존재성을 제거하기 위하여 일상적인 분신은 그 '의식 세계'의 분신을 능동적으로 감형(減刑)시키려

하였으나 그 심장의 위치가 정반대에 있어서 그가 발사한 탄환은 그의 심장을 꿰뚫지 못한 것이다.

⑤ (동시적 존재의 순환성을 거부하기 위한 수단의 실패—숙명적인 것) 이와 같은 동시적 존재성을 띤 두 가지 순환의 결렬 상태를 영원히 결합지을 수도(악수할 수조차 없는 두 사람) 그 하나의 제거도 할 수 없는 데서 오는 자기도 모를 거대한 죄의식만을 느끼게 된다.

⑥ (숙명적인 죄의식) 이와 같은 예는 그의 시에서 얼마든지 찾아 낼 수 있는 것이다. <오감도 시제8호>는 '일상적 현실'속에 존재하고 있는 분신을 '의식 작용'에 의하여 libération을 꾀하는 실험의 실패를 말한 것이다. 이 '실험'은 「시험 담당인은 피시험인과 포옹함을 절대기피」하라는 수술적 제한을 받는다. 그러나 그 1부, 2부가 모두 「만족한 결과를 수득(收得)치 못하였거나」 전연 불가능한 「미상(未詳)」으로 끝나고 만 것이다.

그럼 만약에 이와 같이 상극하는 두 세계를 그냥 그대로 억지로라도 결합시킨다면 어떠한 결과가 생기는 것인가.

> 내키는커서다리는길고왼다리아프고안해는작아서다리는짧고바른다리가아프니내바른다리와안해왼다리와성한다리끼리한사람처럼걸어가면아아이부부는부축할수없는절름발이가되어버린다無事한世上이病院이되고꼭治療를기다리는無病이끝끝내있다.
>
> —<지비(紙碑)>

그의 세계는 이러한 <지비(紙碑)>의 시에 나타난 「무병의 병자」로서 「절름발이의 생」이 되어 버리고 마는 것이다. 물론 이 시에서 부부라고 한 것은 그의 의식 내부의 자기와—paraphronique—의식 외부의 것—täglichkeit—등의 두가지 존재를 의미한다.

그는 이상과 같은 여러 작품에서 상극된 두 세계의 동시적 공존성의 모순과 또한 평행적 분열 상태나 그 결합의 불가능함을 말하였다. 그저 이런 절실한 체험 가운데 무엇인가를 기대하려고 하였던 것이다.

B형 현실에의 '재귀'(wiederkehren)

<날개>의 작품에서 '나'와 '아내'라는 것도 다름아닌 paraphronique와 täglichkeit를 각각 뜻하는 것이며「한 방이 가운데 장지로 말미암아 두 칸으로 나뉘어 있었다는 그것이 내 운명의 상징이었던 것을 누가 알랴」고 하는 말도 바로 의식의 장지로 인하여 분열되어 버린 세계를 표백(表白)한 것이다. 또한 이와 같이 분열된 두 세계가 결합지을 수도 분열한 채로 같이 평행선 운동을 할 수도 없는 비극과 고민을 나타내고 있는 것이다.

즉 주인공 '나'는 일상성—돈, 시간, 야망, 생활 감정 등의 모든 '제행'에 무관한 채「행복이니 불행이니 하는 그런 세속적인 계산을 떠난 가장 편리하고 안일한 절대적인 상태에서」「그냥 그 날 그날을 그저 까닭없이 펀둥펀둥 게으르고 있으면 만사가 그만」이었다. 그러나 '의식의 평화' 속에 살던 「박제가 되어 버린 천재」—나, 주인공—가 끝내 그러한 절대 상태의 '볕 안 드는 자기 방'에서만 살지 못하고 '볕드는 방'의 화려한 의상과 화장품이 진열된 '여왕봉'(아내)의 방을 왕래하여 드디어 한 비극을 촉발시키고 만 것이다. 그러나 그가 아내 방을 왕래하게 된 것에는 한 필연성이 있었고 따라서 그 비극의 내도(來到)에도 피치 못할 필연성이 있었다.

결국 그가 아내가 외출하고 난 후에 아내의 방에 가서 화장품 냄새를 맡고 돋보기로 지리가미를 태우고 하는 그러한 관능의 유희가 정신적인 유희로 비약하여 의상에서 풍기는 아내의 '체취의 파편'을 맡게 되고 또 이러한 교통이 드디어 필연적으로 그를 아내의 방으로 유인하여 육체적인 쾌락을 맡게 하는 결과를 자아냈다. 그 결과로 아내는 일상 생활의 제행을 충족케 할 영리

행위(금전을 취득키 위한 내객과의 매음 행위)에 대한 장애를 느끼게 되고 그를(주인공, 나) 그의 '볕 안 드는 방'에서 나오지 못하도록 아스피린 대신 아달린의 수면제를 주게 된 것이다. 환언하면 paraphronique 의식 세계에 그대로 잔존한 관능의 욕구에 의하면 täglichkeit의 현실 사회와 필연적으로 접촉하게 되고 그 관계는 다시 일상성의 영리적 제반 속성에 의하여 다시 배격 분열되고 만다. 즉 그러한 자기 존재를 일상성의 현실이 수납하지 않는다.

이상 여기까지는 'A형'과 같은 것이다. 그러나 그는 다시 아내 방과의 왕래와 아내의 육체를 이미 인식해 버린 이상 그전과 같이 모순의 분열 상태에서 그대로 살아 갈 수 없는 것이다. 그렇다고 paraphronique한 의식 세계의 평화를 고수할 수도 없게 되는 것이다.

그러므로 분열도 결합도 있을 수 없는 절대 모순의 양 세계에 레몬과 같이 가로놓인 아스피린과 아달린의 존재와 그 비밀에 의해서 일상성(아내)의 재비판과 paraphronique한 자기 자신에 대한 재검토를 하게 되는 것이다. 메꿀 수 없는 간격의 재인식이다.

「서서히 아내에 관하여서 연구할 작정이다.」「아스피린과 아달린에 관하여 연구하였다.」「나를 밤이나 낮이나 재워 놓고 그리고 아내는 내가 자는 동안에 무슨 짓을 했나?」「나는 거기 아무데나 주저앉아서 내 자라 온 스물 여섯 해를 회고하여 보았다.」

이렇게 그는 그의 '볕 안드는 방'에서 나와, 산 속의 정숙 가운데서 모든 것을 성실한 마음으로 생각해 보는 것이다. 이 현실 세계와 의식 세계의 재비판이 끝내는 그를 현실에의 '재귀'의 욕망으로 이끌어 들어가게 하였다. 어항 속 금붕어에서 현실에 대한 향수를 느끼게 되고「피곤한 생활이 똑 금붕어 지느러미처럼 흐늑흐늑 허비적거리며」「눈에 보이지 않는 끈적끈적한 줄에 얽혀서 헤어나지를 못하는」「오탁(汚濁)의 거리」에 다시 한 번 그의 시선을 던진다. 이러한 '일상성'의 현실에 대하여 열린 그의 의식의 눈은 우선 부조화의 조화로써 모순을 그대로 지닌 채「사실은 사실대로 오해는 오해대로」「숙명적으로 발이 맞지 않는」「절름바리」의 결합을 기도하다가「다시 이 발길이 아내에게로 돌아가야 옳은가」하는 보다 큰 모순을 발견한다. 드디어는 현실에의 '재귀'에 대한 욕망을 상징하는 '날개'의 재생이라는 결론을 생각해 내고 마는 것이다.

한번 '의식'이라는 집달리(執達吏)에 의하여 박탈당하였던 인공의 '날개'란 바로 '일상성'의 희망과 야욕에 대한 행위의 '날개'며 '의식의 아성'에 감금된 자기를 libération하는 비약의 날개를 뜻한다. 모든 인간의 생활 대열 속에 다시 섞여서 살아 갈 수 있는 미래의 자기를 의미하며 상극된 두 세계를 관계 짓는 실재의 힘이기도 한 이 '날개'의 재생은 일상적 현실 세계에 '재귀'한 또 하나의 이조(李朝)의 탄생을 기약해 주는 것이다.

> 이때 뚜우하고 정오 사이렌이 울었다. 사람들은 모두 네 활개를 펴고 닭처럼 푸드덕거리는 것 같고 온갖 유리와 강철과 대리석과 지폐와 잉크가 부글부글 끓고 수선을 떨고 하는 것 같은 찰나, 그야말로 현란을 극한 정오다.
>
> 나는 불현 듯이 겨드랑이가 가렵다. 아하, 그것은 내 인공의 날개가 돋았던 자국이다. 오늘은 없는 이 날개, 머릿속에서는 희망과 야심의 말소된 페이지가 딕셔내리 넘어가듯 번뜩였다.
>
> 나는 걷던 걸음을 멈추고 그리고 어디 한 번 이렇게 외쳐보고 싶었다.
>
> 날개야 다시 돋아라.
>
> 날자. 날자. 날자. 한번만 더 날자꾸나.
>
> 한번만 더 날아 보자꾸나.
>
> —<날개> 중에서

오랫동안 잊고 있었던 행동의 날개가 바로 지금 돋우려 하고 있다. 「인간 사회가 스스로웠고」 「생활이 스스로웠고」 「모두가 서먹서먹할 뿐이었던」 이 ausnahme에게 다시 일상적 행동의 날개가 돋아서 과연「유리와 강철과 대리석과 지폐와 잉크」의 이러한 「일상적 현실」에 뛰어들 수만 있다면 이상의 모든 고민과 그 비극은 변모하여 그 앞에 새로운 분열된 두 세계가 합친 빛나는 '생의 문'이 열리게 될 것이다.

<날개>의 작품은 이상과 같이 '날개'의 재생으로써(현실에 재귀)보다 완전한 그의 평화의 지대를 설정하려 한 것이다.

C형 일상성의 아우푸헤에벤

<실락원>의 '월상'은 <날개>에서 paraphronique의 의식 세계를 '일상성적 현실'의 인생 앞에 '재귀'시키려던 방법과는 반대로 「산비(酸鼻)할 악취가 미만」 하고 「만신창이」 가 되어 버린 일상성의 세계(月)가 완전히 부식되어 버린 그 오혈(惡血)을 지상 최후의 비극을 예감하는 자기 의식 내부로 흡수(아우푸헤에벤) 동화시켜 화려하고 홍수 같은 새로운 세계(月)을 그앞에 존재시키려 하였다.

말하자면 그가「심통한 차림차림의 썩은 달의 반대 방향으로 걷기 시작한」 자기 앞에서 새로 나온 홍수같이 신선한 별개의 달을 발견한 것은 일상 생활을 지양시킨 그 의식 세계의 승리를 뜻하는 것이다. 이것은 곧 '향하선(向下線)'을 걷는 일상성적 인간의 현실을 지양하고 '향상선(向上線)'의 의식 세계로써 그를 개혁시키려는(썩은 달을 새로운 달로써 개조하는) 작업의 완성인 것이다.

소극적인 의미에서 소설 <봉별기(逢別記)>도 이와 유사한 것이라고 볼 수 있다. 왕복 엽서처럼 부단히 왕래하는 아내 금홍이의 무수한 지문 묻은 존재는 일상성의 현실을 의미한다. 창부의

'금홍'은 맹목적인 일상성적 제행에 지배된 인간이어서 수시로 거짓과 간음과 출분(出奔)을 하는 것이다. 그러나 주의할 것은 이러한 가장 추악할 존재에 대한 '나'(이상)의 너그럽고 따뜻한 관유(寬宥)의 태도다.

> 錦紅이의 모양은 뜻밖에도 憔悴하여 보이는 것이 참 슬펐다. 나는 꾸짖지 않고 麥酒와 붕어菓子와 장국밥을 사먹여 가면서 錦紅이를 慰勞해 주었다.

이렇게 출분한 아내에 동정의 염을 베풀기는 하나 그대로 아내와 헤어진다.

그러나 다시 돌아온 금홍이와의 마지막 재봉(再逢)에와서 이와 같은 관유의 마음은 노골화된다.

> 錦紅이는 亦是 憔悴하다. 生活戰線에서의 疲勞의 빛이 그 얼굴에 如實하였다.

그는 이 출분한 아내의 얼굴에 떠도는 일종의 고독과 피로를 이해하고 있는 것이다. 허망한 일상성에 대한 부드럽고 따뜻한 이해, 이러한 심정이 발전하면 일상성의 현실을 그대로 폐기하지 않고 어떠한 양기의 형태로 나타나게 될 것이 아닐까. 확실히 우리는 <봉별기> 전편에 떠도는 이상하고 흔흔한 정을 놓칠 수 없다. 말하자면 출분한 아내에 대한 준엄한 선언과 그 허망한 사실에 대한 그의 '아이러니컬'한 증오와 질책이 나타난 <이유이전(理由以前)>(가제—미발표였던 유고)과는 다른 무엇이 있음을 발견할 수 있는 것이다.

> 先行하는 奔忙을 실고 電車의 앞 窓은 내 透思를 막는데
> 出奔한 아내의 歸家를 알리는

「페리오드」의 大團圓이었다.
너는 어찌하여 네 素行을 地圖에 없는 地理를 두고
花瓣 떨어진 줄거리 모양으로 香料와 暗號만을 携帶하고 돌아왔음이냐.

時計를 보면 아무리 하여도 一致하는
時日을 誘引할 수 없고
내 것 아닌 指紋이 그득한 네 肉體가
무슨 修文으로 내게 求刑하겠느냐

그러나 이곳에 出口와 入口가 늘 開放된 내 私事로운 休憩室이 있으니
내가 奔忙中이라도 네 거짓말을 적은 紙片을「데스크」위에 놓아라.

이상의 시에서 보면 출분한 아내에 대한 한없는 의혹과 일치할 수 없는 숙명적 별리—또한 차디찬 분노와 따라서 어느 정도의 무관심 등이 나타나 있지만 똑 같은 situation이 있는 <봉별기>에선 그렇지가 않다.

술床을 보았다. 나도 한잔 먹고 錦紅이도 한 잔 먹었다. 나는 寧邊歌를 한 마디 하고 錦紅이는 육자백이를 한 마디 했다.
밤은 이미 깊었고 우리 이야기는 이生에서의 永離別이라는 結論으로 밀려갔다. 錦紅이는 銀수저로 소반전을 딱딱 치면서 내가 한번도 들은 일이 없는 구슬픈 唱歌를 한다.
「속아도 꿈결 속여도 꿈결 굽이 굽이 뜨내기 世上 그늘진 心情에 불질러 버려라 云云」

—<봉별기> 중에서

여기에선 오히려 '나'와 '금홍'이가 생(生)이라는(각기 다르기는 하지만) 비극 앞에서 온화하게도 일치되어 결합해 있는 것 같은

기분을 준다. 하나는 <영변가>를 부르고 또 하나는 구슬픈 듣지 못한 창가를 하고 이렇게 깊어지는 밤 술상 앞에 마주앉은 이 두 모습은 다같이 어찌할 수 없는 숙명 속에서 괴로워하고 슬퍼하는 똑 같은 존재인 것이다. 일상성의 무의미한 욕구에 이끌려 생활 전선에서 피로할 대로 피로한 금홍이의 불행이나 부박한 현실을 놀리고 야유하고 혐오하고 그것마저 피로하게 되어 모든 것을 두절하고 감금된 형수와 같은 '나'(의식자)의 고독과 무능이나…….

그렇다고 <봉별기>에서 이상이 그 아내(일상성)에 대한 동정과 유화의 상태가 어떠한 '새로운 감정으로' 간음한 아내를 용허하는 자기 위조에서 오는 것은 아니다.

말하자면 그것은 '일상성'을 소극적이나마 자기 세계로 아우푸헤에벤시킨 경우에서만 일어나고 있는 평온 상태라고 말할 수 있다.

D형 '일상성'에 대한 레지스트

<지주회시>는 그의 '일상성'에 대한 태도와 자기 의식 세계를 장 치밀하게 실감 있게 그려 놓은 작품이다. '그'(주인공)와 '아내'의 설정 인물은 <날개> <봉별기> 등의 두 경우와 조금도 틀리지 않는다. 「생명에 뚜껑을 덮고—온갖 벗에서, 관계에서, 희망에서, 욕구에서, 사람과 사람이 사귀는 버릇과 자기 자신을 닫은 채 버선짝만한 방안에서 게으름만을」 꾸준히 이수(履修)하고 있는 '그'는 <날개>의 '나'나 <봉별기>의 '나'와 똑같이 paraphronique한 의식 세계의 절정에 달한 인간이며 「양말 사이에서 밤마다 지폐와 은화」를 쏟아놓고 때로는 예고 없이 출분도 하는 그의 아내는 <봉별기> 혹은 <날개>의 아내와 같이 일상성이 「북어와 같은 종아리에 난 돈자죽」처럼 그 살결로 파고들어 간 현실 생활의 노예—창부인 것이다.

'그'는 이러한 자기와 아내와의 모순된 공존성을 <날개>에서와 같이 (—볕 드는 방이 아내 방이오 볕 안 드는 방이 내 방이오 하고 아내와 나 둘 중에 누가 정했는지 모른다—)「아내는 무슨 연줄로 언제부터 이렇게 있게 되었는지 도무지 기억에 없고」 자기도「어떤 거대한 모체가 여기다 갖다 버렸는지」 알 수 없는 숙명적인 우연성으로 수납하고 그것으로 인하여 전개되는 비극들을 말하였다.

'일상성'에 배어 흐느적거리는 아내와 그 아내가 사는 방과 그 뱉어 논 돈과—이러한 것들은 모두가 '그'에게 있어 하나의 '거미'의 존재로서 나타난다.

자기의 피를 빨고 있는 '거미'의 냄새란 바로 '일상성'에서 생활에 풍기는 독소며 꾸물거미는 그 '거미' 다리는 일상성의 기반(羈絆)에 얽혀 몸부림치는 행동을 말하는 것이다. 「어쩌다가 한 부부가 되어 버린」 '거미'의 아내를 통하여 인간의 일상 생활적 공가에 부득이 접촉되고 바꿔 신는 아내의 양말에서 계절의 변화를 식별하는 필연적인 '관계'가 드디어 자기의 paraphronique 한 의식 세계가 붕괴되고 다시 '일상성'과의 관계를 맺게 되는 것 등은 모두가 다른 작품과 유사한 것이다.

그러나 <지주회시>에는 친구 '오(吳)', R 회관의 '뚱뚱 신사', 창녀 '마유미', A 취인소 '전무' 등의 또 다른 인물을 설정한 것이다. 이들도 '일상성'의 현실에 이끌려 살아 가는 인간이긴 하지만 아내의 그 경우와는 또 다른 것이다. 아내는 송곳처럼 야위어만 가는 대신 이들은 하나 없이 지방기로 윤택하게 비대해지기만 한다. 즉 '일상성'에 젖어 있는 인간들의 계급성을 말한다. R 회관의 '뚱뚱 신사'와 '전무'나 같은 창부인 '마유미'는 '일상적 생활'에 성공한 충실한 하복(下僕)의 표본들이라면 자기 아내는 이의 학대받는 하복으로서 그 생활에 실패한 표본이다. 그러나 아내는 '그'(주인공)와 같은 자의식이 없기 때문에 흉칙한 일상성의 끈적끈적한 거미줄에 매달린 채로 비참한 '거미' 노릇만을 하고 있는 것이다.

이런 아내를 통하여 드디어 그에게까지 '일상성'의 제왕인 황금의 권력이 침투해 들어온다. 아내는 이들 사이에서 쇠꼬챙이처럼 말라가고 그는 그 말라 가는 아내에게서 풍기는 '거미' 냄새로 인하여 야위어 가는 것이다. 결국 그 '일상성'의 권화(權化)인 금전에서 받는 '그'의 굴욕과 환멸과 상처가 이윽고 '거미'란 다름 아닌 자기라는 것은 인식케 하고 paraphronique한 안일한 자기 생활 태도에 대하여 절실한 회의를 일으키게 하였다.

뚱뚱이 전무에게 '양돼지'라고 한 것이 화근이 되어 아내는 발길로 채여 층계에서 굴러 떨어졌고 그로 인하여 그들이 추렴낸 위자료 20원의 모욕이 '그'에게 쏟아졌다. 아내는 그런 그 모욕의 돈을 얼마나 반갑게 받아들이고 어린애와 같이 즐거워하였던가.

그러나 <지주회시>에 있어서 이와 같이 자기 세계로 재침입해 온 일상성의 독소에 대하여 어떤 반발적 행동으로 이들과 저항하려는 의욕을 보인다. <날개>에 있어선 그런 일상 생활로 '재귀'하는 행동의 '날개'를 재생시키려 하였지만 <지주회시>에서는 레지스탕스의 '노한 촉수'였다.

> 요새큼한내음새—요것때문에세상은가만있지못하고생사람을더러잡는다—더러가뭐냐, 얼마나많이축을내나. 가다듬을수없는어지러운심정이었다. 거미—그렇지—거미는나밖에없다. 보아라. 지금이거미의끈적끈적한촉수가어디로몰려가고있나—쪽소름이끼치고식은땀이내솟기시작이다.
>
> —<지주회시> 중에서

금전의 탈을 쓴 '일상성'의 현실을 향하여 분노와 항거의 기를 든 '노한 촉수'는 모든 것과 두절한 채로 게으름만으로 살아 가던 그에게 새로운 호흡과 '생'에의 힘을 부여한 것이다.

그 '노한 촉수'는 아내 대신으로 그 돈을 가지고 미욱한 현실에 대하여 보복하려는 의지를 나타낸다. 살만 쩌가는 '카페' 여급인 '마유미'—황금의 하복인 '오(吳)'며 '그'를 모멸한 '오'의 자신 있는 계집 '마유미'에게 그는 가서 '양돼지'라고 모욕할 것이다. 그리고 그들이 그의 아내에게 하듯이 돈을 내던지고 오면 그만이다. 아내가 또 층계에서 굴러 떨어지고 그래서 돈이 20원이 생기면 또 그 돈을 찾아가 '마유미'를 모욕하고……. 이렇게 아내를 통하여 모욕해 오는 황금의 현실에 대하여 꾸준한 레지스트를 기획한 것이다.

4

이상의 situation에서 이상의 모든 예술 작품 속에 흐르고 있는 이데와 의지는 분열되어 버린 두 세계의 상극 대립한 모순을 해결하기 위한 투쟁이었음을 알 수 있다. 일상 생활에서 '재귀' 일상 생활의 아우푸헤에벤 혹은 그에 대한 끊임없는 레지스트 등의 다양적 시도로써 의식의 성안에 감금당해 버린 자기 libération의 작업을 수행하려 한 것이다.

그러나 모두가 소극적인 것이었으며 비행동적인 것이었고 보다 심오하고 줄기찬 작업이 아니었던 까닭에 우리는 그의 작품에서 어떠한 완성된 세계와 통일을 기대할 수 없는 것이다. 일상 생활적인 것과 엄청난 거리를 가지고 있는 자기의 의식 세계를 끝내 일상적 현실성과 중화(中和)하지도 융합하지도 타협시키지도 못한 것이다. 그는 초월자로서의 과감성을 가지고 일상적 인생을 지배하지도 못하였고 모든 것을 현실 속에 완전히 재귀시키지도 못하였다.

또는 무(無)의 절대 심연 앞에서 자비로운 무한의 대상도 발견하지 못하고 혹은 현실을 굽어보고 고고한 elevation도 하지 못했다. 그저 현실과 자기와의 숨막히는 대결로써 꾸준히 무엇인가 얻으려고 그 생명에서 흐르는 임리(淋漓)한 유혈의 흔적을 무늬 놓고 있었을 따름이었다.

그는 오로지 「이것이 내 생이다」라고 말할 수 있는 미지의 경지를 향하여 묵묵히 접근해 갔었을 뿐이다.

그렇지만 결코 이상의 하나의 완성된 자기 세계를 그리지 못하였다는 것이 그의 흉과 결함은 되지 않는다. 애석한 마음을 줄지언정 그것을 탓하거나 무시할 수는 없다. 도리어 자기 기만과 경솔로 얻어진 어설픈 결론에서부터 박빙의 세계를 조형하고 이것을 위하여 대담하게도 무수한 언어와 수사학을 안배한 어느 작가보다도 위대한 것이다.

그의 예술이 완성되기는 아직 현대라는 것이 혼돈 그것이었고 무질서한 채 그대로였으며 또한 그의 27세라는 생명은 너무나도 짧은 시간이었다.

단지 우리가 그의 예술을 말할 수 있는 것은 그가 차디찬 지성의 작업으로 이루고 간 교교한 반월(半月)이다. 그러나 채 완성되지 못한 반월의 고휘(孤暈)에는 그 여백을 메우는 희미하게 서린 어두운 그림자가 있는 법이다. 그 그림자야말로 그 예술의 만월(滿月)을 기약하는 부분이며 그가 정작 말하고 싶어하는 그의 예술의 세계인 것이다.

그 어두운 또 하나의 암월이 완전한 빛을 띠고 ful moon으로서 나타나게 될 때 비로소 무지개와 같이 빛날 paraséléne가 있는 것이다. 그 paraséléne가 사실은 그의 원예술의 빛깔이 될 것이며 '이상'의 진정한 생명이 될 것이다.

우리는 그 paraséléne가 어떠한 것이었을지 잘 모르기는 하지만 그러나 그것은 그가 희구하던 현실과 그 생활과의 '온혼식'을 조명하는 축등이었음에 틀림없다. 모든 것을 체험하고 '나'와 '너'

와의 모든 간극을 의식하고 생활의 채념하고, 그리고 난 다음에 다시 올리는 '은혼식'—격정도 후회도 번민도 분열도 이제 그 의식 속에서는 발견할 수 없다.

새로 차임 차린 어색한 예식복을 입고 재차 등장한 늙은 '은혼식'의 부부—이미 서로의 매력도 신비도 사라지고 또한 증오와 경멸과 환멸도 지나가고 서로의 간격도 사라진 이 두 부부는 거칠게 균열한 손들을 부여잡고 '새로운 생'을 함께 기획하는 것이다.

잃어버린 생활에의 행동과 육체를 찾은 이 '은혼식'에 높이 든 축배는 그 전의 신혼 식장에서 있었던 그것처럼 사치하지는 못할지언정 거기에는 허영과 흥분과 덧없는 희망에 빛나던 수포의 기쁨이 아니라 성실한 생에의 충족으로 넘친 희열이 흐르고 있는 것이다.

어쨌던 현실 속에 뛰어들어 가고, 그곳에서 그 현실을 영도한느 진정한 '생'에의 사회에의 인간에의 예술이었을 것을 의심할 수는 없다.

주 : 이 글 가운데「 」표로 구분된 부분은 이상의 원 작품에서 인용해 온 것이다. 지면상 일일이 그 출전 작품명을 밝히지 않았음을 말해 둔다. (필자. 국문학과 4년)

否定과 生成

鄭 明 煥

모든 文學이 표명하는 것은 主體와 對象이 충돌하는 어떤 방식이다. 그리고 한 작품이나 작가의 外向性과 內向性은 對象에 대한 主體의 反應의 양식에 의해서 결정되는데, 主體가 對象에 작용을 가하느냐, 혹은 반대로 對象의 작용을 겪느냐에 따라 대체로 이런 차이가 생길 것이다. 그러나 이와 같은 대상에 대한 能動性과 受動性은 기계적으로 구별될 수 있는 성질의 것이 아니라, 그 양자 사이에 부단한 교류가 이루어지고 또 一者가 他者에 의존하는 듯이 보인다. 적어도 그런 경우에 위대한 문학이 태어날 것이다. 自己省察은 外的 對象에 대한 企圓의 地盤을 형성하고, 반대로 對象에 작용한 自我는 다시 反省과 靜觀을 통해 스스로의 비밀과 조건을 더욱 깊이 파악하게 될 것이다. 카뮈를 예를 들면 『表裏』로부터 『페스트』에 이르는 과정은 內向性으로부터 外向性으로의 轉移이며, 이와 반대로 『페스트』에 뒤이어 나온 『轉落』은 카뮈의 새로운 內向性을 보여 주는 것이라고 말할 수 있으리라.

이러한 견지에서 볼 때, 李箱의 문학은 內向性의 文學, 즉 對象을 자기 속으로 흡수하는 문학이다. 그에게 있어서는 內向性과 外向性의 辨證法的인 움직임은 찾아 보기 어렵고, 自我는 閉鎖的인 상태에 머물러 있다. <發達하지도 아니하고 發展하지도 아니하고 이것은 憤怒이다>(「異常한 可逆反應」, 全集 第 2 卷, p.108)라고 적은 1931년에서부터 <溺愛에 든 이 文學病을—이 溺愛의 이 陶醉의[……]이 굴레를 제발 좀 벗고 飄然할 수 있는 제법 斥量 나가는 人間이 되고 싶소>(「私信」, 全集 第 1 卷, p. 276) 하며 한탄한 1936년에 이르기까지 李箱은 항상 <날개>를 가지고 싶으면서도 날지 못하고 말았다. 그는 對象에 자기를 내던짐으로써 미지의 자아의 모습을 찾는 近代的 冒險을 몰랐다. 植民地 韓國이라는 따분한 생활의 바탕과 문단이라는 좁고 自衛的인 테두리는 무한에 대한 그리움과 대지와의 접촉을 동시에 가로막았다. 그러나 날지 못하고 자아 속에 갇혀 있던 이상은 그 대신 두더지가 되었다. 남들이 마르크스主義나 모더니즘의 구호에 편승해서 헛되게 날기를 흉내내고 있었을 때 箱은 날 수 없는 韓國의 近代的 自我의 樣相을 파 내려가 보는 苦行을 겪은 存在이다.

悲劇으로 끝난 이 드문 視點의 전환을 살핌에 있어서 필자는 「날개」와 「終生記」의 두 작품을 다른 작품들보다도 더 자주 참고로 삼을 것이다. 그것은 「날개」에서 폐쇄된 自我의 存在의 문제가 가장 분명히, 그리고 箱의 한 고질인 소피스티케이션 없이 나타나 있으며, 「終生記」는 폐쇄된 自我가 시도할 수 있는, 그러나 실패로 돌아가고 마는 行動의 문제를 다른 작품들보다도 두드러지게 보여 주고 있기 때문이다.

箱의 문학이 絶望의 표현이라는 것은 이미 여러 논문에서 언급된 바 있다. 과연 그의 全集 3 卷의 어느 장을 들추어 보아도 絶望이라는 怪物에 마주치지 않을 수 없다. 그리고 이 絶望을 지니는 태도가 知的이었다는 점에서 韓國文學史에 있어서의 箱의 독자적이며 선구적인 중요성이 있는 것도 앞서 말한 바와 같다. 허나 絶望이라는 극한적인 感情이 과연 무엇에 의해서 싹텄으며 그것이 思考를 어떤 방향으로 발전시켰느냐는 것이 규명되지 않으면 안 된다. 다시 말하면 現實의 否定을 유발한 내용과 그것이 남긴 無의 地帶에서의 몸가짐이 문제가 되는 것이다.

찢어진 자아

箱의 문학이 內向的 閉鎖的이라는 말을 할 때, 우리는 그 말이 불어일으킬지도 모르는 한 커다란 誤解를 방지해야 한다. 왜냐하면 그는 현대 사회에 등을 돌린 로빈슨 크루소가 아니라, 어떤 사회적 환경과 긴밀한 관계를 맺고 있었고, 그가 보여 주는 自意識의 과잉은 自我와 社會 사이에 이루어진 어떤 특징된 관계를 전제로 하고 있기 때문이다. 또한 그의 絶望을 빚어낸 것은 결코 철학적으로 성찰된 人間條件의 문제가 아니다. 神이나 죽음에 대한 形而上學的 考察은 그의 작품 속에서 찾아 보기 어렵다. 그는 오직 자기가 당면한 직접적인 사회적 상황하에서, 그리고 그 狀況 때문에 절망한 것인데, 우리는 그 因子를 세 가지로 나누어 볼 수 있다. 그것은 新舊思想의 대립과, 俗惡한 삶의 환경과, 이룩될 수 없는 對他關係이다. 그의 작품을 밝히는 데 큰 도움이 되는 「날개」의 序文에서 이 絶望의 3因子는 각각 이렇게 表明되어 있다.

> 19世紀는 될 수 있거든 封鎖하여 버리오[……] (테잎이 끊어지면 피가 나오. 傷채기는 머지 않아 完治될 줄 믿소.)
>
> 나는 아마 어지간히 人生의 諸行이 싱거워서 견딜 수 없게끔 되고 그만둔 모양이오[……] 나는 내 非凡한 發育을 回顧하여 世上을 보는 眼目을 規定하였소.

> 이런 女人의 半—그것은 온갖 것의 半이오—만을 領收하는 生活을 設計한다는 말이오. 그런 生活 속에 한 발만 들여 놓고 恰似 두 개의 太陽처럼 마주 쳐다보면서 낄낄거리는 것이오.

그러면 우선 箱의 絶望을 초래한 제 1 의 요소, 즉 思想의 相値現象과 이에 대한 그의 반응을 살펴 보자. 그리고 그가 <19世紀>라는 말로서 의미한 것은 理性·科學的 精神·人間發展의 可能性에 대한 신념과 같은 서구적인 개념이 아니라 <韓國的인 旣存秩序>였다는 것을 미리 이해해 두고 이 고찰을 시작하자.

箱은 그 자신의 말을 빌자면 <完全히 20世紀 사람이 되기에는 (그의 血管에) 너무도 많은 19世紀의 嚴肅한 道德性의 피가 威脅하듯이 흐르고 있는>(第 1 卷, p288)것을 의식한 사람, 말하자면 自我의 역사적 전환이 이루어지기 어려운 것을 자각한 최초의 한 사람이었다. 그리고 그가 소위 20세기의 사람이 되는 데 방해가 된 것은 무엇보다도 가족 제도라는 현실이었다. <내 一生을 押收하려는 氣色이 濃厚한 模造基督>(父)과 <내 筋肉과 骨片과 또 若少한 立方이 淸血과의 原價 償還을 請求하는 심술궂은 女人>(母)과 심지어는 <내게 무엇인가를 强請하려는 墓穴에 계신 白骨>(祖上)이 있는 것이다.

아무리 새로운 감각과 사상으로 비약을 꾀할망정 그는 그의 가족과 가족이 상징하는 <19世紀의 嚴肅한 道德性>에 의해서 지배되어 있었다. 여기서 우리는 젊은 시절의 지드를 괴롭히던 것과 흡사한 경험이 箱에게 재현되어 있는 것을 본다. 그러나 지드와 箱은 다르다. 지드에게는 탈출의 가능성이 있었고 아프리카가 그의 정열적 생명을 베풀어 준 반면에, 탈출로가 막혔던 箱은 <20世紀를 生活하는 데 19世紀밖에는 없는 永遠한 절름발이>(第 1 卷, p. 88)였으며, 이 절름발이가 억지로 現代를 포옹코자 할 때 그 괴벽스러운 스타일의 작품이 태어났기 때문이다.

다시 말하면 現代를 맞이할 소지가 없다는 自意識은 그로하여금 누구보다도 현대적이며 새롭게 보이려는 逆說的 試圖로 나서게 했고, 가령 수자를 뒤집어 놓는다거나 혹은 띄어쓰기를 하지 않는다는 따위의 그 이지러짐과 괴벽스러움으로 발전한 것이다. 그의 속에 도사리고 앉아서 그의 變身을 가로막는 소위 19세기적 遺産에 대한 예민한 자각은, 자기의 內部와 外部에 존재하는 일체의 것을 19세기적인 것으로 판정해 놓고 이에 전적으로 반발하는 극단적이며 매저키스트적인 반응을 초래케 했단 말이다. 겉으로 나타난 파격적인 모더니스트는 가장 봉건적인 自我의 산물이었던 것이다.

더구나 箱은 소위 19세기적 遺産에 피동적으로 끌릴 뿐만 아니라, 때에 따라서는 그것을 스스로 받아들이고 있기까지한다. 그는 여자의 정조에 관해서는 거의 절대적인 준엄성을 표명하고 있고, 또 「妹像」을 보면 <내가 아무리 이 社會에서 또 우리 家庭에서 어른 노릇을 못 하는 변변치 못한 人間이라기로서니 그래도 너희들보다야 어른이다>라고 말하면서 <어른>으로서의 간절한 충고를 줄 줄 아는 훌륭한 오빠의 모습을 보여 주고 있다. 그러나 떨쳐 버려야 할 19세기적인 것에 지배될뿐더러 자기 스스로가 그것을 지니기를 바라고 있다는 矛盾된 思想의 生理作用을 意識하니까, 箱은 그만큼 더욱 자기 속에서 커다란 分裂을 느꼈음에 틀림없다. <19세기와 20세기 틈바구니에 끼여 卒倒하려드는 無賴漢>(第 1 卷, p.288) 李箱에게는 지양될 수 없는 분열이 있을 뿐, 의지해야 할 <아무 記憶도 遺言되어 있지는 않다. 文字가 닳아 없어진 石碑처럼 文明의《雜踏한 것》이 귀를 그냥 지나갈 뿐이다.<(第 3 卷, p.201)

그러나 한편으로 箱은 그렇게도 자기의 소유로 하고 싶었던 20世紀的인 것이 무엇인지에 대해서 어떤 구체적인 생각을 가지고 있지는 않았다. 그의 전작품을 통해서 <完全히 20世紀 사람이

되는> 것이 지닐 수 있는 적극적 의의를 피력한 글을 찾아 볼 수 없다. <허허 벌판에 쓰러져 까마귀 밥이 될지언정 理想에 살고 싶구나!>(第 3 卷, p137)하는 청년다운 탄식에도 불구하고 그 이상이 무엇인지에 대해서 그는 뚜렷한 견해를 가지고 있지 않았다. 도시 그가 바란 <로만틱하지 아니한 眞正한 作家의 모양>(第 3 卷, p.166)이란 무엇이었을까? <電氣機關車의 미끈한 線・鋼鐵과 유리・建物構成・銳角, 이러한 데서 美를 發見할 줄 아는 世紀의 人>(第 3 卷, p.106)이 되고자 한다는 것이 이 대답일까? 그러나 그의 數學的 建築工事的인 詩句가 箱이 19세기와의 틈바구니에서 찾는 20세기의 표현이라고는 생각할 수가 없다. 왜냐하면 이러한 시도는 <19世紀의 道德>과의 기본적인 안티테제에 설 성질의 것이 아니며, 따라서 箱의 實存과 관계가 없기 때문이다. 그것은 도리어 19世紀적 自我로부터의 가장 안이한 도피의 길을 제공해 주었을 뿐이다. 箱 자신의 말을 빌자면 20世紀人임을 보증해 주는 듯한 <僅僅한 포우즈>에 불과하며, 가령 서양 사람 같으면 理性과 感情, 神과 惡魔 등을 한 몸에 지닐 때의 괴로운 모순에 상당하는 것이, 봉건적 사상 對 線의 美學으로 정립될 수는 없는 것이다.

더구나 20세기는 반갑게 맞이해야 할 것이 되지는 못했다.

<線과 形態의 美>는 비단 19세기뿐만 아니라 20세기로부터의 도피이기도 했다. <生活이라는 重壓은 늘 喧噪하며 人間의 부드러운 情緖를 억누르는 것이다. 더욱이 現代라는데 깃들이는 사람들은 이 重壓을 한층 더 確實히 感知하지 않을 수 없다>(第 3 卷, p.106). <Magasin de Nouveautés>에 들어가면 <快晴의 空中에 鵬遊하는 Z伯號에 蛔虫良惡이라고 씌어져 있고>, <屋上庭園에서는 猿猴를 흉내내이고 있는 마드모아젤>(第 2 卷, p.180)이 現代文明의 쓰디쓴 아이러니를 새겨 놓고 있다. 결국 箱에게 있어서 問題는 분명히 提示되어 있지 않은 것이다. 반가이 맞아

야 할 20세기가 무엇이며 그것이 19세기와 어떤 점에서 안티테제를 形成하는지, 그리고 <로만틱하지 않은 眞正한 作家의 모습>이 무엇인지 그는 분명한 생각을 갖지 못했으며, <19世紀와 20世紀의 틈바구니에 끼어 있다>는 말조차 하나의 <僅僅한 포우즈>였다고 단정해야 옳을지도 모를 일이다. 그의 東京行은 19세기에 묻힌 이 나라에서 해방되어 20세기를 살려는 것이었다기보다도, 관념적으로만 막연하게 존재할 뿐 아무런 현실성을 지니지 못했던 그 20세기를 찾아내려는 시도였을 것이다. 그렇지만 이 탈출 역시 그에게 아무런 적극적인 의의를 베풀어 주지 못했다. <어디를 가도 口味가 당기는 것이 없소그려! 기자나 表皮的인 西歐的 惡臭의, 말하자면 그나마도 그저 分子式이 겨우 여기 輸入이 되어서 흠모노行列을 하는 꼴이란 참 구역질이 날 일이오. 나는 참 東京이 이 따위 卑俗, 그것과 같은 시로모노인 줄은 몰랐소. 그래도 뭐이 있겠거니 했더니 과연 속 빈 강정 그것이오>(第 1 卷, pp.286~7)

그러나 <속 빈 강정>은 李箱 자신이기도 했다. 그 무슨 기발하고 획기적인 變身을 위해서 19세기를 否定했으나 진실한 歷史意識의 성립에 필수적인 反對項이 구체적으로 정립되어 양자 사이에 변증법적 긴장이 이루어지는 일 없이, 오직 커다란 空虛를 지닌 인간의 답답함과 몸부림이 남았을 뿐이다. <물은 흐르면서 가끔 웅덩이를 만나면 썩는다. 내가 있는 데는 그런 웅덩이가 있다. 내 앞에서 물은 조용히 썩는다(第 3 卷, p.237). 이것이 箱 자신의 이미지이다. 다만 李箱이라는 물은 웅덩이를 만날 때 <요란스럽게> 썩은 것만이 다를 뿐이다. 현대적이 된다는 것이 무엇인지 몰랐던 이 과거의 破壞者는 生成이 없는 동일한 병적 상태의 요란스러운 반복에 시종했던 것이다.

日常的 現實로부터의 逃避

時代的 斷絶의 의식이 가져온 絶望, 그리고 이 斷絶의 양상과 의미가 막연했으니까 더욱 깊었던 絶望은 이번에는 일상적 현실과의 마주침에서 또 다시 태어난다. 그 자신의 말을 따르면 <도야지가 아니었다는 데서 悲劇은 出發한다>(第 3 卷, p.161). 이 말은 인간 활동의 가장 근본적인 모습을 부여 주고 있는 듯이 생각된다. 사실 돼지가 아니라 생각하는 갈대이기 때문에 인간은 불행할 것이다. 그리고 우리는 이 말을 여러 가지로 부연해 볼 수도 있다. 돼지가 아니기 때문에 無限大로서의 인간의 形而上學的 苦惱가 있을 수 있고 또 사회 개조를 위한 恣意的 苦行이 가능하게 되기도 한다. 그러나 箱의 경우에는 아마도 그 자신의 의도와는 반대로 이 말은 다음과 같이 해석돼야 할 것이다. 즉, 돼지가 될 수 없는 자가, 절대적 지배력을 가지고 있는 영원하고 무수한 돼지떼들에게 압도되는 데서 비극은 태어난다고.

일상적 현실에 대한 고발, 그러나 고발된 현실에 대해서 無九한 自我의 테마는 소설「날개」의 중요한 한 부분이다. 한 番地에 18家口가 모여 사는 그 추잡한 집에는 <해가 들지 않는다. 해가 드는 것을 모르는 체하는 까닭이다>(第 1 卷, p.7). 심지어 <턱살 밑에다 철줄을 매고 얼룩진 이부자리를 널어 말린다는 핑계로 미닫이에 해가 드는 것을 막아 버린다>(第 1 卷, p.9). 우리는 지금 인용된 상징적인 두 구절을 통해 생활의 메카니즘이 초래하는 無感覺化가 고발되어 있는 것을 안다. 생활과 생명을 맞바꾸어 버린 이 집의 구성 인원들에게는 개성이 없으니까 <대문에 그들의 18家口의 문패를 보아 붙인다는 것은>(第 1 卷, p.8) 마치 돼지들에게 각각 이름을 붙여 주는 것처럼 의미가 없다. 생활은 저속하고 樣式化된 몸짓만을 강요하는 것이다. <나는 또 회탁의 거리를 내려다보았다. 거기서는 피곤한 생활이 똑 금붕어 지느러미처럼 흐늑흐늑 허비적거렸다. 눈에 보이지 않는 끈적끈

적한 줄에 엉켜서 헤어나지들을 못한다>(第 1 卷, pp.45~46).

그러나 뜻없이 반복되는 이런 생활과 그 생활을 영위하는 돼지들에게는 보상이 있다. <안해의 방은 늘 화려하였다. 내방이 벽에 못 한 개 꽂히지 않은 소박한 것인 반대로……>(第 1 卷, p.13). 사회는 인간이 그 규칙에 따라 춤출 때에 비로소 嫡子의 신분증을 내주고 정신의 아웃사이더를 헐벗겨 놓는다는 생각은, 가령 알프레드 드 비니의 여러 작품에 표현된 바 있는데, 우리는 箱에게 있어서도 이와 유사한 정신적 選良의 不適應性의 테마를 볼 수가 있다. 그러나 箱은 비니가 아니다. 경제적 여유가 있고 절대적 진리의 파수병으로 자처할 수 있었던 비니의 孤高性을 箱에게서 찾아 보기는 불가능한 일이다. 정신적으로나 경제적으로 恒産이 없었던 箱은 그가 타기하는 돼지의 사회에 얽매여 살 수밖에 없었다. 장지로 막힌 방이 아내와 <나>를 영원히 갈라 놓았지만, <나>는 내 아내와 인사하고 의논하지 않을 수 없는 寄生蟲的 성질을 면치 못한다.

즉 생명의 유지를 위한 일상적 현실의 불가피한 受容이다. 箱은 일상적 현실에 반발하고 또 이 반발이 지어 놓은 <볕 안드는 방>에 갇히기를 스스로 승낙한 듯하면서도, 사실은 그런 일상적 현실로부터의 동냥을 바라면서 산다는 매우 끈적끈적하고 애매한 처지에 놓여 있던 것이다. 심지어 자기의 안팎에서 구역질을 일으키는 이 日常的 現實에 대해서 그는 意識的인 輕蔑을 던지면서도 한편으로는 그것을 부러워하는 感情을 抑制할 수가 없었다.

> 그들은차점에서우선홍차를마셨다. [……] 두루마기처럼기다란털외투 — 기름바른머리 — 금시계 — 보석박힌넥타이핀 — 이런모든몃의차림이한없이그의눈에거슬렸다. 어쩌다가저지경이되었을까. 아니. 내야말로어쩌다가이모양이되있을까. (돈이었다)사람을속였단다. 다털어먹은후에는볼품좋게여비를주어서쫓는것이었다. 30까지백만원. 주체할수없이달라붙는계집. 자네도공연히꾸물꾸물하지

> 말고청춘을이렇게대우하라는것이었다. (거침없는吳이야기) 〔……〕다만모든이런吳의저속한큰소리가맹탕거짓말같기도하였으나또아니부러워할래야아니부러워할수없는형언안되는것이확실히있는것도같았다. (第 1 卷, pp.76~7)

우리는 여기에서 <19世紀와 20世紀의 틈바구니에 끼어서> 분열된 箱이 이번에는 넘어서야 하지만 넘어설 수 없는 일상적 현실의 捕虜가 되어 있는 것을 알게 되는데, 이 포로의 경우에도 역시 일상적 현실을 넘어서는 絶對的 現實이 무엇인지에 대해서는, 20世紀의 意味에 대해서와 마찬가지로 아무런 분명한 認識이나 또는 인식을 위한 노력을 찾아 볼 수 없다. 따라서 그의 自我는, 밖으로의 投企와 그것을 가로막는 정신의 본능이 빚어내는 動的 矛盾에 있어서 捕捉되지 못하고, 閉鎖的 自我의 모습을 보여주고 있을 뿐이다. 어디 간들 天使를 찾아낼 수 없는 이 失樂園에서 강요된 喜劇을 연출하고 또 이 희극을 스스로 조소할 뿐, 다른 도리가 없는 이 무력한 自我에 있어서 시간이란 파멸로의 軌跡일 따름이다. <그저께는 그끄저께보다 여위고, 어저께는 그저께보다 여위고, 오늘은 어저께보다 여위고, 내일은 오늘보다 여윌 터이고 — 나는 그럼 마지막에는 보숭보숭한 骸骨이 되고 말 것이다>(第 3 卷, pp.225~6). 그리고 시간과 더불어 악회되어 가는 이 閉鎖的自我는 매저키스트의 쾌감마저 자아내기도 한다, <나는 빈대에게 물려서 가려운 자리를 피가 나도록 긁었다. 쓰라리다. 그것은 그윽한 쾌감에 틀림없다.>(第 1 卷, p.15).

箱에게 있어서 생각한다는 것은 제 몸을 스스로 파먹는 것이다. 그냥 제 몸을 파먹기만 할 뿐 <殺身成仁>은 이루어지지 않는다. <밤이면 나는 幽靈과 같이 興奮하여 거리를 뚫었다. 나는 目標를 갖지 않았다. 空腹만이 나를 指揮할 수 있었다. 性格의 破片 — 그런 것을 나는 꿈에도 돌아보려 않는다. 空虛에서 空虛로 말과 같이 나는 狂奔하였다. 술이 시작되었다>(第 3 卷,

p.224). 그렇다면 意識하는 인간이 겪는 이 불행 앞에서 그것을 지양하거나 적어도 변질시키기 위한 辨證法的 努力을 추구하지 못하고 그 불행을 하나의 숙명처럼 겪는 피동적 상태에 머무른 箱은 어떻게 존재를 이어 나갈 수 있었을까? 현실의 否定이 남긴 無의 地帶, 가장 괴로운 實存的 體驗의 지대 한가운데서 對自的 投企로 나서지 않고 존재의 세계에서 이탈하려는 유혹은 箱의 경우에 어떻게 나타난 것일까? 그것이 바로 意識의 絶滅을 위한 가지가지의 수단이다.

우선 게으름이라는 것이 있다. <發達하지도 아니하고 發展하지도 아니하는 憤怒>(第 2 卷, p.108)만을 그냥 느낄 뿐 그 외의 다른 도리가 없는 自我, 요컨대 倦怠에 싸인 自我로부터 시민권을 빼앗으면 우리는 발달도 발전도 없는 상태에서 도리어 쾌적함을 느낄 것이다. 게으름의 세계에서는 시간이 정지되고 意識은 半睡狀態의 자극 없는 쾌감을 맛볼 수가 있다. 이때 對象과 나 사이의 거리가 없어지고 反省作用을 수반치 않는 순수 감각의 상태가 성립한다. 「날개」의 <나>는 자기가 아내에게 대해서 <거북살스러운 존재>라는 괴로운 감정에서 벗어나기 위해 狀況意識이 소멸되는 이러한 상태로 들어가기를 시도한다. <나는 어디까지든지 내 방이〔……〕 마음에 들었다. 방안의 기온은 내 체온을 위하여 쾌적하였고 방안의 침침한 정도가 또한 내 안력을 위해서 쾌적하였다.> 그 방의 분위기 속에 잠겨 意識의 眞空地帶가 이루어질 때 <나는 내가 행복되다고도 생각할 필요가 없었고 그렇다고 불행하다고도 생각할 필요가 없었다〔……〕 세속적인 계산을 떠난 가장 편리하고 안일한, 말하자면 절대적인 상태인 것이다>(第 1 卷, p.10). 그리고 헤밍웨이나 카뮈의 경우와는 정반대로 이렇게 게으름을 부리는 것이 箱으로서는 <하루치씩만 잔뜩 사는 것>이 된다. 왜냐하면 反對項의 引力作用을 받지 못하는 箱에게 있어서는, 앞서 말한 바와 같이 흐르는 시간을 느낀다는 것은 消耗와 破壞의 궤적을 확인하는 것일 따름이며, 깨어 있는 意識은 自虐만을 자아내는 自意識의 과잉으로 귀착되어 버리기 때문이다.

> 그저한없이게으르는것—사람노릇을하는체대게어디얼마나기껏게으를수있나좀보자—게으르자—그저한없이게으르자—시끄러워도그저모른체하고게으르기만하면된다.살고게으르고죽고—가로대사는것이라면떡먹기다.(第 1 卷, p.170).

그러나 게으름이 베푸는 萬金의 시간은 유지될 수가 없다. 왜냐하면 意識은 항상 무엇에 대한 의식이며 의식을 眞空狀態에 머무르게 할 수 있는 소위 <絶對的인 狀態>란 순간적인 환상에 지나지 않기 때문이다. 對象은 우리들 속에서 연달아 闖入하여 自我와의 관계를 맺으려 한다. 人間條件이란 바로 생각지 않을 수 없다는 조건, 즉 虛脫狀態의 불가능성에 그 특징이 있다. <나는 아침을 먹었다. 할 일이 없다. 그러나 無作定 넓다란 白紙 같은《오늘》이라는 것이 내 옆에 펼쳐져 있으면서 무슨 記事라도 좋으니 强要한다. 너는 무엇이고 하지 않으면 안 된다>(第 3 卷, p.232). 이와 같이 箱은 게으름에 의한 도피를 유지시킬 수 없고 생각한다는 조건에 불가피하게 다시 얽매이게 되는데, 이것은 결국 출구 없는 악순환을 초래할 위험을 내포한다. 생각한다는 것은 어떤 방식이든간에 대상과 자기와의 관계를 맺는 것이며, 箱의 경우에는 자기가 벗어나려는 괴로운 삶의 현실을 다시 意識하는 것이 되겠으니까 말이다.

따라서 이번에는 <생각=對象+主體>라는 필연적인 인간 조건을 따르지 않을 수 없으면서도, 그것이 동시에 自我忘却이 되도록 對象을 파악하는 요술을 스스로 마련해야만 했었다. 만일 여기에 실패해서 생각된 對象이 人間的인 意味를 띤 경우에는 또 다시 그 <兇惡한 倦怠>가 들어앉게 될 것이다. 그 실패의 일례로 <웅덩이 속의 송사리떼>는 箱에게 純粹觀察의 대상이 되지 못하고 끔찍한 象徵과 같이 여겨진다. 그의 눈에는 웅덩이란 웅덩이 그 자체가 아니라 생활의 배경으로서의 의미를 띠고 그 속에서 준동하는 송사리떼는 인간이라고 해석되는 것이다. 또 마이크로코즘的인 견지에 서서 보면 웅덩이는 自我이며 송사리떼는 그 자아 속에서 꿈틀거리는 모든 뜻 없고 더러운 욕심이 될 수도 있다. 그리고 箱을 <적잖이 興奮시킨> 이 송사리떼의 이미지는 그가 바란 바와 같이 깨끗이 잊혀지지 않고 空腹과 더불어 되살아난다. <自己腐敗作用이나 하고 있는 웅덩이 속을 實로 송사리떼가 쏘다니고 있더라. 그럼 내 臟腑 속으로도 나로서 自覺할 수 없는 송사리떼가 蠢動하고 있나 보다>(第 3 卷, p.249).

생각하고 보고 들으면서도 존재의 難問과 마주치지 않게 되는 기술, 즉 파스칼이 말하는 소위 <심심풀이>는 箱에게 있어서 무엇보다도 비인간적인 視覺의 세계를 통해서 가능해진다. 송사리떼를 볼 때와는 달리, 어떤 대상을 오직 그 자체를 위해서만 보고 거기에 어떠한 象徵的 意味도 부여하지 않을 때, 잠시나마 삶의 현실로부터의 망각과 도피가 성립된다. 가령 아내의 테러리즘에 못 견디어 밖으로 튀어나온「날개」의 주인공은 해답 없는 自己省察의 괴로움에서 잠깐 동안 일망정 풀려 나올 수가 있었다. 인생에 무슨 욕심이 있느냐는 질문에 대해서 대답하기가 싫었고, 또 거의 자신의 존재를 인식하기조차도 어려웠던 自己解體의 극한적 경험이 엄습해 오는 순간, 바로 눈 앞에 있는 금붕어가 그의 시선을 끌어 주었기 때문이다. 금붕어들의 모습과 빛깔과 움직임은 그를 狀況外의 노우 맨즈 랜드로 금시 초대하고 그의 意識은 일체의 인간적인 것을 떠난 대상 속으로 녹아 들어가 버리는 것이다. <금붕어는 참 잘들도 생겼다. 작은 놈은 작은 놈대로 큰 놈은 큰 놈대로 다 — 싱싱하니 보기 좋았다. 내려 비치는 5月 햇살에 금붕어들은 그릇 바탕에 그림자를 내려뜨렸다. 지느러

미는 하늘하늘 손수건을 흔드는 흉내를 내인다. 나는 이 지느러미 수효를 헤어 보기도 하면서 굽힌 허리를 좀처럼 펴지 않았다. 등어리가 따뜻하다>(第 1 卷, p.45). 그러나 이러한 狀況外의 幸福한 意識도 거리를 내려다보는 순간 상황 속으로 다시 끌려들어가고 또 拷問이 시작된다. 금붕어의 지느러미는 이때 이미 순수한 視覺의 對象이 아니라, <피곤한 생활>의 象徵이 되고 마는 것이다.

게으름과 마찬가지로 유지되기 어려우면서도 존재의 煉獄으로부터의 일시적 도피를 가능케 하는 <심심풀이>로서의 對象을 찾아내려는 노력은 箱의 모더니즘의 중요한 일면이 되어 있다. 문제는 인간적인 의미를 지닐 필요 없이 그것 자체의 존재성만을 가지고 우리의 의식을 사로잡을 수 있는 대상을 구하는 것인데, 이에 적합한 것이 우선 無機物의 세계이며 특히 線과 形態의 새로운 美를 보여 주는 근대 문명의 산물들이기 때문이다. 그래서 1930년대의 韓國에는 없거나 드물었던 <電氣機關車의 미끈한 線·鋼鐵과 유리·建物構成·銳角>이 想像作用을 통해 箱의 정신을 실존의 彼岸으로 옮겨놓아 준다. 허나 이러한 근대 문명의 산물이 그 아름다움을 발휘하기 위해서는, 바로 그 近代文明의 심각하고 비극적인 또 하나의 산물인 <醜惡한 奴隷>들과 그것이 결부되지 말아야 한다. 만일 그렇지 않을 경우에는 순수한 美的 對象으로서의 근대 기계 문명의 제품은 인간의 때에 의해서 오염되고 말 것이다. 箱의 눈에 비친 낮의 銀座는 바로 이 汚染狀態의 標本이다. 視界를 가로막는 것이 없는 낮의 도회 중심지에서는 사물이 인간으로부터의 독립성을 획득할 수 없기 때문이다. <낮의 銀座는 밤의 銀座를 위한 骸骨이기 때문에 적잖이 醜하다.《사롱하루》 구비치는《네온사인》을 構成하는 부지깽이 같은 鐵骨들의 얼크러진 모양은 밤 새고 난 女給의《퍼머넨트 웨이브》처럼 襤褸하다>(第 3 卷, p.172).

<심심풀이>를 위해서 인간적인 것을 배제하려는 箱의 노력은 그것이 언어의 유희로 발전될 때 가장 뚜렷하고 효과적으로 나타난다. 그리고 그가 습득한 과학적 지식이 여기에 동원된다. 사실 그것 자체로서의 독립적이며 순수한 존재성을 가지면서도 인간을 매혹시키는 것으로서는 數學公式이나 그밖의 과학적 표현만큼 적합한 것이 없다. 그 앞에서 우리는 인생의 뜻을 묻지 않는다. 다시 말하면 인간은 對象에 정신을 쏠리게 하면서도 자신의 상황의 밖에 설 수 있는 요행이 성립되는 것이다. 이렇게 보면 箱의 경우에 있어서 가장 내면적인 고뇌를 표현하는 詩句와 인간의 냄새를 풍기지 않는 과학적 언어의 유희가 서로 병행하고 동일한 시기에 생산되었다는 사실이 그리 놀라운 일은 아닐 것이다. 차라리 內的인 괴로움이 절실하면 할수록 그 괴로움을 잠시라도 속여 넘기려는 충동이 더욱 커지고, 이 二者는 箱의 非實存的인 정신 생활을 유지시키는 상호 보충적인 역할을 하는 것이라고도 말할 수 있으리라. 여기에 그의 모더니즘의 한 중요한 뜻이 있는 듯이 여겨진다. 그것은 西歐의 모더니스트의 경우와 같이 근대 문명과 근대인의 복잡한 양상을 표현하기 위한 불가피한 수법이 아니라 도리어 근대인으로서의 自我로부터 도피하기 위한 수단이다. 가령 다음과 같은 詩句를 보자.

> 彈丸이一圓壔를疾走했다(彈丸이一直線으로疾走했다에있어서의誤謬等의修正)
> 正六雪糖(角雪糖을稱함)
> 瀑苗의海綿質塡充(瀑布의文學的解說)
>
> —線에 關한 覺書 4

이 詩句에서 우리가 찾아 볼 수 있는 것은 近代的 世界의 모습이 아니라 말하자면 과학적 팬터지라고도 부를 수 있는 것이다. 彈丸·雪糖·瀑布가 불러일으킬 수 있는 어떤 감정의 영역을 떠나서 그것이 지닌 형태적 또는 운동적인 모습을 과학적 언어에 의해서 수정하고 고정시켜 놓았다는 점에서만 이 詩는 모더니즘과 관련이 있다. 이것은 분명히 대상을 파악하는 하나의 방법임에 틀림없다. 詩의 非人格化는 벌써 19세기 말엽의 高踏派가 던져 놓은 하나의 커다란 문제였으며, 또한 대상을 새롭게 보려는 近代繪畵의 시도나 마리네티의 未來主義運動 등도 이런 實驗的 詩句를 이해함에 있어 함께 고찰되어야 할 것이다. 그러나 우리의 목적은 여기에서 詩論을 展開하려는 것이 아니다. 우리는 다만 이러한 인간의 地平을 떠난 <보는 법>이,

> 나의步調는繼續된다
> 언제까지도나는屍體이고자하면서屍體이지아니할것인가
>
> —BOITEUX · BOITEUSE

와 같은 따위의 <너무도 人間的인> 답답한 호소와 때를 같이하여 생산될 수 있었다는 사실에 注目하면 되는 것이다.(「線에 關한 覺書 4」는 1931年 9月 12日 「BOITEUX · BOITEUSE」는 동년 6월 5일의 날짜를 지니고 있다.) 그리고 存在의 苦惱와 심심풀이에 의한 도피가 동시에 표현될 때 箱의 가장 독특한 시 형태가 성립된다. 우리는 「詩 第四號—患者의容態에關한問題」에서 수자를 뒤집어 놓는 <장난>을 통해서 그가 가치의 전도를 표현하고 있는 일례를 볼 수가 있다.

意識絶滅과 無實한 希望

허나 <심심풀이>는 물론 存在의 難問에 대한 근본적인 해결을 가져오지 않는다. 일상적 생활은 그의 의식을 항상 인간의 持平으로, 그리고 自我의 煉獄으로 끌어들이기를 멈추지 않는다. 그렇다면 箱에게는 어떤 구원이 있을 수 있었을까? 시인으로서의 비젼이나 불교적인 극기의 과정은 그와는 무관하다. 앞서 말한

바와 같이 箱은 相對와 絶對의 테마(이것은 특히 基督敎 文化圈의 테마이다)에서 멀고, 또한 解說을 바라면서도 해탈의 先要條件인 知的인 자기 통제를 계산에 넣지도 않았다.(여기에서 箱이 <知性>이라는 말로써 무엇을 뜻했는지 밝혀 두는 것도 無意味하지 않으리라. 우리는 「斷髮」에서 다음과 같은 귀절에 마주친다. <知性 — 흥 지성의 힘으로 세상을 조롱할 수야 얼마든지 있지. 있지만 그게 그 사람의 생활을 리이드할 수 있는 근본에 있을 힘이 되지 않는 것을 어찌하랴. — 第 1 卷. p.59.> 知性이란 그가 보기에 조롱하는 힘에 지나지 않았던 것이다!).

견해와 행동에 있어서 환경과 단절된다는 것 자체를 가지고서 작가나 시인을 시비할 수는 없다. 그것은 도리어 위대한 작품을 태어나게 하는 선요 조건이며, 箱 역시 그런 경험을 가진 우리나라 희유의 존재이다. 그러나 斷絶이 새로운 生成에의 서곡 역할을 하지 못할 때 문학자는 백기를 들고 만다. 사회와 단절한 箱에게는 自我分裂과 虛無라는 연쇄 반응이 왔을 뿐이다. 사회에 대한 優等感情은 자신에 대한 열등 감정과 표리를 이루었다. 그는 基督敎徒가 아니니까 기도의 효능을 몰랐고, 知性을 조롱하는 힘으로만 알고 있었으니까 生成의 논리를 따를 수 없었다. 그렇다면 비전과 기도와 知性을 모르는 絶望者란 무엇인가 하고 물을 때 우리는 패배한 센티멘털리스트로서의 李箱의 모습을 발견하게 되는 것이다. 폐병과 자의식에 벌레먹힌 25세의 老靑年 箱은 란도셀을 걸머지고 가는 한때의 소학생을 부럽게 바라본다. <그저 먼 — 꿈의 世界를 너무나 똑똑히 눈 앞에 보는 것 같아서 가슴이 뿌듯할 적이 많다 〔……〕 우리는 一生을 通하여 完全한 거짓말 속에서 始終하라는 건가보다>(第 3 卷, pp.55~6). 그리고 모든 센티멘털리스트와 마찬가지로 箱이 찾으려는 마지막 것은 意識絶滅이 열어주는 탈출구이다. 이것이 곧 존재의 고뇌에서 벗어나려는 箱의 第3의 試圖, 가장 비실존적이면서도 가장 어려운 시도인 것이다.

사실 그의 작품에서 자주 반복되어 나타나는 테마의 하나는 잠에서부터 자살에 이르기까지의 意識絶滅의 유혹이다. 箱은 스스로를 소외된 인간의 처지에 놓았지만 이 自意識인 소외가 가져올 수 있는 自尊을 모른다. 詩를 진리의 등불이며 최후의 거점으로 삼았던 알프레드 드 비니의 경우와는 반대로 箱은 詩를 씀으로써 對社會的 絶望과 自己分裂을 더욱 깊게 확인할 따름이다. 그러니까 <될 수만 있으면 이 무의미한 인간의 탈을 벗어 버리고도 싶었다. 나에게는 인간 사회가 스스로왔다. 생활이 스스로왔다. 모두가 서먹서먹할 뿐이다>(第 1 卷, p.15). 그리고 이런 감정이 肺菌과 함께 번식해 나갈 때 箱은 다음과 같은 결론에 이른다. <나에게 남아 있는 이 치사스러운 人間利慾이 다시없이 밉다. 나는 이 마지막 것을 免해야 한다. 倦怠를 認識하는 神經마저 버리고 완전히 虛脫해 버려야 한다>(第 3 卷. p.233)

가지가지의 형태를 띠고 나타나는 이 意識絶滅의 유혹의 마지막 형태는 물론 自殺이다. 즉 否定의 작업이 완전한 自己否定으로의 길을 트게 해 놓은 것이다. 앞에서 지적한 사상적 요인에 그의 육체가 겪은 괴로움을 가산하면 우리는 自殺의 악령이 그의 뇌리에서 떠나지 않은 것을 이해하기 힘들지 않다. <나날이 눈에 보이듯이 기운이 줄어들어간다. 영양 부족으로 하여 몸뚱이 곳곳이 뼈가 불쑥불쑥 내어밀었다. 하룻밤 사에에도 수십 차를 돌쳐 눕지 않고는 여기저기가 배겨서 나는 배겨내일 수가 없었다>(第 1 卷. pp. 8~9). 그러나 자살은 箱에게 있어서 관념적인 유혹으로만 머물러 있었을 따름이다. 카뮈의 말대로 도시 논리적인 自殺이란 성립할 수 없기때문인지도 모르지만 그보다도 箱은 자살을 하고 싶다는 말을 되풀이함으로써 도리어 자살할 수 없는 자기의 조건을 재확인하는 역설적인 효과를 얻게 되었다고도 생각할 수 있으리라. 그 자신이 한 주인공의 입을 통해서 하고 있는 말을 빌자면 <죽음은 食前의 담배 한 모금보다도 쉽다. 그렇지만 죽음은 결코 그의 窓戶를 두드릴 리가 없으리라고 미리 넘겨 짚고 있는 그였다>(第 1 卷. p.53). 자살을 바라는 主體가 자살의 불가능성을 미리 짐작하고 들어간다는 것은 자살이 관념의 유희에 지나지 않는다는 것을 의미한다. 그리고 이 무력한 집단은 箱을 악순환 속에 갇히게 한다. 存在의 無意味性 — 답답한 감정 — 自殺의 유혹 — 그 불가능성 — 다시 대면해야 하는 뜻 없고 따분한 일상적 현실과 自殺 — 다시 自殺의 誘惑…… 이런 식으로 思想의 生成을 거부하고 또 絶滅조차 거부하면서 다람쥐처럼 쳇바퀴를 굴리는 것이다. 우리는 다음에 인용하는 詩의 최초의 구절을 말미에 갖다 붙여서 되풀이해 읽으면 箱에게 있어서의 사상의 악순환의 근본 구조를 얻을 수 있을 것이다.

> 죽고싶은마음이칼을찾는다. 칼은날이접혀서펴지지않으니날을怒號하는焦燥가絶壁에끊치려든다. 억찌로이것을안에떠밀어놓고또懇曲히참으면어느결에날이어디를건드렸나보다. 內出血이뻑뻑해온다. 그러나皮膚에傷채기를얻을길이없으니惡靈나갈門이없다. 가친自殊로하여體重은점점무겁다. (「沈沒」, 第 2 卷. p.167)

箱이 自殺에 의한 근본적인 意識絶滅을 그렇게도 바란 듯하면서도 결국인 觀念의 유희에 시종하고 말았던 이유를 물을 때 우리는 우선 만사에 있어서 자기 스스로가 인정한 의지력의 부족을 들 수 있을 것이다. 따라서 죽음에 의한 청산 역시 그는 자신이 감행할 수는 없고, 말하자면 主體의 적극적 참여 없이 우연적으로 찾아드는 자살에 기대를 거는 듯한 구절에 마주치게 된다. <인간 세상이 너무도 심심해서 못 견디는> 그에게는 <불의의 재난이 즐거웠고>(第 1 卷. p.33) <경칠 貨物自動車에나 질컥 치어 죽어버리지. 그랬으면 이렇게 후덥지근한 生活을 免허기라도 허지 하고 주책없이 중얼거려 본다>(第 3 卷. p.220). 그러나 인간의 운명에 대해서 매우 상징적이며 시비적인 생각을 가졌던 메테를링크의 말마따나 이 세상에서 일어나는 모든 사건은 우리가 바라는 대로 일어나기만 할 뿐이다. 그러니까 진실로 죽음을 바라지 않고 자살이라는 언어의 반복을 통해 그 執念으로부터의 카타르시스를 꾀한 箱에게는 <벼락은 내리지 않았고> 또한 <짜장 貨物自動車가 탁 앞으로 닥칠 적이면 질겁을 해서 避하는 재주가 世上의 어떤 사람보다도 能히 빠르다고 못 해도 비슷했다.>(上揭書. 同面)

이렇게 보면 箱도 또한 생명 보존의 맹목적 본능 때문에 자살을 못 했던 점에서 그 누구와도 다름이 없는 듯이 보인다. 그러나 좀더 생각해 보자. 그는 형식화되지 않고 따라서 主體에 의해서 자각적으로 파악되지 않은 채 우리의 육체를 지배하는 영겁의 본능에 그대로 끌려갔던 것일까? 혹은 다른 지성인들의 경우처럼 이 본능에 스스로 이름을 붙이고 이름 붙여진 생명의 본능을 하나의 指向의 원리로 전환시키려고 했던 것일까? 이렇게 생각할 때 만일 제2의 질문에 긍정적인 대답이 내려질 수 있다면 箱에게 있어서 意識絶滅의 유혹과 동시에 존재하면서 그 유혹을 제어하는 어떤 적극적인 대립물을 발견함으로써, 우리는 그가 자살하지 않는 이유를 단순히 의지력 부족에 돌리지 않을 수 있는 근거를 갖게 될 것이다. 카뮈의 用語를 빌자면 箱 또한 <노우와 예스 사이에> 찢겨 있었고, 存在에 뜻이 없다는 인식과 존재에 뜻이 있어야 한다는 욕구 사이에서 자기의 위치를 발견했다고 말할 수 있을지도 모르는 것이다. 그렇다면 箱에게 있어서의 예스의 요소는 과연 무엇일까? 우리는 여기에서 그것이 어느 정도의 힘을 발휘할 수 있었던가. 진실로 對立의 一項으로 작용했을까 하는 의심을 간직하면서, 자주 인용되는 「날개」의 그 유명한 한 구절을 생각해 보자.

나는 걷던 걸음을 멈추고 그리고 어디 한 번 이렇게 외쳐 보고 싶었다.
날개야 다시 돋아라.
날자. 날자. 날자. 한번만 더 날자꾸나.
한 번만 더 날아 보자꾸나. (第 1 卷. p.47)

현실, 자아 그리고 타인과 <숙명적으로 발이 맞지 않는 부부생활을 해 오던> 箱이 던진 이 안타까운 호소가 무슨 뜻인지를 알기 위해서는 <날다>라는 동사의 의미를 살피는 것이 중요하다. 그 말은 일반적으로 구속으로부터 해방으로, 그리고 폐쇄된 時空으로부터 개방된 時空으로의 옮아감을 뜻할 것이다. 그러나 해방이란 무엇이며 개방된 시공은 무엇을 가져오는 기능을 하는 것이냐는 문제가 여전히 남는다. 만일 이것이 규정되지 않을 때 그 말은 구체성과 지향의 원리로서의 가치를 잃고 단순한 감정적 포우즈만을 표명하게 될 것이다. 이 점을 좀더 분명히 하기 위해서 동일한 <날다>는 동사가 발자크에게 있어서 어떤 뜻을 띠는 것인지 먼저 조르쥬 풀레의 說明을 들어 보자.

발자크의 思想은 우선 하늘로 또는 미래로 헤엄쳐 나가는 것, <未來로 하늘로 달려가는 것>, 시간적인 동시에 공간적인 넓이를 가진 어떤 세계를 거쳐서 나가는 것으로부터 시작된다. 그것은 일상적인 自我가 자기의 내부에 파 놓는 엄청난 突破口이며 갑자기 터지고 벌어지는 이 突破口는 정신의 廣場 <思想이 발전하는 環境>을 이루는 것이다. 날다·헤엄치다·여행하다·자신을 내던지다·달려나가다, 이 모든 말은 原初的이며 무한히 다시 시작되는 創造的 思想의 경험을 나타내는 동일한 용어들이다.(「內的 距離」第 2 卷, p.126).

풀레에 따르면 <날다>는 말은 결국 <絶對의 探究>를 위해서 인간의 현실적 조건을 넘어서려는 움직임인 것을 우리는 이 글에서 알 수 있다. 그것은 閉鎖的이며 얽내여 있는 個我로부터 벗어나 우주의 비밀을 찾아내고 그것과 동시에 탄생하는 것을 自我의 기능으로 삼으려는 형이상학적인 움직임이다. 그것은 또한 불교의 絶對無에 대한 絶對有의 세계의 구성이라고도 볼 수 있으리라. 그렇다면 비록 발자크뿐만 아니라 플라톤으로부터 카프카에 이르기까지 西歐의 文學精神의 가장 중요한 한 표현을 이루어온 이러한 욕구가 箱에게 있어서도 <날다>는 말에 깃들여 있는 것일까?

이런 물음에 대해서 肯定的으로 대답하는 것을 가능케 하는 요소가 전혀 없지도 않은 듯이 보인다. <나는 嚴冬과 같은 天文과 싸워야 한다. 氷河와 雪山 가운데 凍結하지 않으면 안 된다. 그리고 나는 달에 대한 일을 모두 잊어버려야 한다. — 새로운 달을 發見하기 爲하여>(上點 筆者)라는 「月傷」의 한 절은 보들레에르를 연상시켜 주기까지 한다.

이 불꽃이 정녕 머리 속에 타오르니
지옥인들 낙원인들 심연에 다다라서
미지의 밑바닥에 새로움을 찾아내리

—旅行

또한 「絶壁」의 다음 詩句는 우리에게 여러 가지 암시를 던져 주기만 할 뿐, 우리 앞에 그 실체를 드러내지 않는 카프카의 세계와 비교될 수 있을지도 모른다. 더구나 꽃의 향기를 맡으면서도 그 앞에서 墓穴로 끌려들어가는 인간은 어떤 超現實의 부름을 듣는 듯하면서도 자꾸만 그것을 등지고 마는 우리의 일상적 조건을 반영하고 있는 듯이도 보인다.

墓穴은보이지않는다. 보이지않는墓穴로나는꽃을깜빡잊어버리고 들어간다. 나는정말눕는다. 아아. 꽃이또香기롭다. 보이지않는꽃이

—보이지도않는꽃이(第 1 卷, p.168)

그러나 우리는 외견상의 유사성에도 불구하고 그들을 갈라놓고 있는 더욱 중요한 사실상의 차이점에 주목해야 할 것이다. 그것은 箱에게 있어서는 일상적 현실을 넘어서서 절대를 찾으려는 충동이 한 지속적인 기도로서 발전하지 않았다는 사실이다. 카프카나 보들레에르의 경우에는 未知의 것을 찾는 것이 그들의 문학의 전부였던 반면에, 箱의 경우에는 그것이 극히 드물게 幼想처럼 나타났다가는 이윽고 일생 생활의 중압에 짓눌려 버렸다고 생각해 볼 수 있는 것이 기껏이다. 하물며 일상적 현실이 『城』이나 보들레에르의 「相應」에 있어서처럼 현실을 넘어서는 것의 象徵으로서의 가치를 띠는 일은 없다. 현실을 넘어서는 것은 탐구의 대상이 아니라 순간적이며 감상적인 絶望의 대상일 뿐이다. 시간의 征服을 통해 分裂意識 없는 완전한 自己同一性에 이르려는 희망은 아무런 궤적도 그려 보이지 못하고 <充足될수야없는 永遠의童心>(第 2 卷, p.153)으로 남아 있다. 또한 새로운 달이 떠오른다 해도 그것은 우주의 第 1 原理가 아니라 <太陽을 斷念한 地上最後의 悲劇>에 의식을 직면케 하는 카타스트로프의 상황하에서이다. 이런 사실은 箱의 경우에는 <날다>는 동사가 <原初的이며 무한히 다시 시작되는 創造的 思想의 經驗>과는 거리가 멀다는 것을 가르쳐 준다.

그렇다면 이번에는 <날다>는 말에 현실을 부정하려는 뜻을 그대로 부여하면서도, 그것이 미래로의 投機가 아니라 과거에 대한 다분히 감상적인 향수를 나타내는 것이 아닐까 하는 다른 가정을 세워 볼 수가 있을 것이다. 이 점에서 <나는 불현 듯이 겨드랑이가 가렵다. 아아 그것은 내 인공의 날개가 돋았던 자국이다. 오늘은 없는 이 날개. 머릿속에서는 희망과 야심의 말소된 페이지가 딕셔내리 넘어가듯 번뜩였다>는 구절은 매우 啓示的이다.

그리고 보이지 않는 꽃을 그리워하는 「絶壁」이 발표된 것도 「날개」와 마찬가지로 1936년임을 고려할 때, 그 꽃 역시 향기를 풍기던 과거의 꽃이라고 상정하기 어렵지 않다. 시간이 발전의 계기가 아니고 破滅의 궤적만을 그리는 것을 의식하자 우리는 시계 바늘을 거꾸로 돌려 과거를 재생시켜 보려고 애쓴다. 요행히 과거가 永遠化될 때 우리는 變轉의 고역에서 벗어나고 죽음 앞에서 우리의 정신을 견디어내게 할 수조차 있을 것이다. 그러면 箱이 되찾아야 했던 과거의 시간은 어떤 것이며 아로새겨 놓아야 했을 과거의 대상은 무엇이었을까? 箱은 언제 날개가 돋은 일이 있었으며 언제 향기로운 꽃밭은 꾸몄었던가? 날개 꺽인 보들레에르는 난 일이 있었고 또 앞으로도 날 수 있다는 것을, 연속되는 두 편의 詩 「信天翁」과 「飛翁」에서 분명히 표명하고 있다.

그러나 그 옛날 날개가 돋아 있었을 때 그가 어떤 희한한 체험을 가졌는지 箱의 작품에서 알아내기는 매우 어려운 일이다. 도리어 그는 작품 활동의 시초부터 날개가 꺽여 있었다. <빠르게 달아나서永遠에살고過去를愛撫하고過去로부터 그過去에산다. 童心이여, 童心이여, 充足될수야없는永遠의童心이여>라는 詩句에는 1931년 9월 12일의 정확한 날짜가 붙어 있으니까 우리는 초기 작품에 있어서조차 1936년의 「날개」의 테마가 그냥 나타나 있는 것을 알 수가 있다. 그런데 「날개」에 있어서 <희망과 야심의 말소된 페이지가 딕셔내리 넘어가듯 번뜩>일 뿐 그 희망과 야심이 규정되지 못했듯이, 다시 찾을 수 없는 童心을 그리워한 詩句에서도 箱이 자신의 內的 經驗으로서 어떤 과거를 가지고 있었는지 알 길이 없다. 만일 童心·野心·希望이 서양의 허다한 시인들의 경우처럼 사고와 경험의 지향점을 베풀어 주는 구체적 내용을 지닌 것이었다면, 우리는 잃어버린 樂園을 다시 찾으려는 거의 본능적인 기도를 볼 수 있었으리라. 혹은 侵蝕作用을 하는 현재와, 저 멀리 응고되어 있는 듯하면서도 인간이 소급·포착할 수 없는 어떤 본질의 세계와의 사이에 가로놓인 무한한 거리에 詩人과 함께 압도될 수도 있었으리라. 그러나 箱의 과거는 어떤 실체성을 지니고 현재에 작용하거나 또는 象徵的 暗示的인 성격을 띠고 우리의 탐구를 최촉하는 것이 아니다. 필경 그의 야심과 희망이란 삶과 문학의 적극적이며 한정된 의미를 파악하기 이전에 우리가 모두 가질 수 있는 일반적인 無效한 慾望—자기의 재능으로 천하를 뒤흔들어 놓고 싶다는 그 욕망에 지나지 않았으리라. 그리고 自意識과 肺病과 貧困에 시달리는 27세의 文學青年은 大志를 품을 수 있었던 어린 시절, 날아 본 일이 없지만 날개가 돋아 있는 듯이 생각되면 그 시절이 눈물겹게 그리웠을 것이다.

이 점에서 箱이 마침내 東京으로 떠난 사실과 그 전후에 주로 金起林 앞에서 보낸 몇몇의 서한은 하나의 조명을 던져준다. 우선 우리의 주목을 끄는 것은 그가 渡日 직전에 「終生記」를 쓰면서 보낸 서신의 한 句節이다. <拙作 「날개」에 對한 兄의 多情한 말씀 骨骸에 스미오. 方今은 文學千年이 灰燼에 돌아갈 地上最後의 傑作 「終生記」를 쓰는 中이오>(第 1 卷, p.284—上點筆者). 우리는 과장되고 또 다분히 아이러니컬 하기도 한 이 표현 속에 숨어 있는 그의 野望을 看過할 수 없다. 날개가 꺾인 자리가 자꾸만 가려운 것이다. 그리고 그의 정신적 육체적 물질적 조건이 악화되면 될수록 이룩되지 못한 지난 날의 야망은 그에게 일종의 고문이 되고 마침내는 환경의 변화에 의한 기적을 바라게 된 것이다. <膏肓에든, 文學病을-溺愛의……이 굴레는 제발 좀 벗고 飄然할 수 있는 제법 斥量나가는 人間이 되고 싶소. 여기서 같은 環境에서는 自己腐敗作用을 일으켜서 그대로 煙火할 것 같소>(第 1 卷, p.276)

여기에서 우리는 그가 自殺할 수 없다는 사실이 <날다>는 동사와 맺게 되는 관련을 알 수가 있다. 허나 그것은 앞에서 말한 것처럼 어떤 형이상학적 현실을 찾기 위하여 미래로 뻗어 가거나, 혹은 상실된 絶對의 회복을 위하여 과거의 실마리를 풀어 나가는 企圖와의 관련이 아니라, 未分化의, 無規定의 大志와의 관련일 따름이다. 더구나 箱에게 있어서는 작품 창조에 의한 自己救濟의 의욕이 반영되어 있지도 않다. <文學千年이 灰燼에 돌아갈 地上最後의 傑作> 「終生記」는 狂亂에 가까운 意識分裂과 自己幽閉性을 보여 주고 있을 뿐이다. 규정되지 않은 채 살아 남은 희망이란 방황 이외의 아무것도 아니다. 줄기차게 그를 괴롭히던 <傑作에의 意志>라는 亡靈은 그의 자살을 막으면서도 그를 더욱더 絶望과 虛無 속으로 빠뜨리는 반비례적인 효과를 가져오기만 했다. <그《白白시꾸나이》文學은 그만두겠다.(第一卷 p.278) 고 하던 李箱은 그《白白시꾸나이》文學을 과연 어떻게 청산할 것인지 아무런 프로그램을 지니지 않은 채 渡日로 말미암아 과거가 깨끗이 가시는 기적을 바랐던 것이다. 그러나 과거를 불사른다는 기적적인 재주는 인간에게는 부여되어 있지 않다. <모든 것을 깨끗이 걷어치우고 영원히 斷絶을 하고 自我로부터 해방되어 새출발을 한다는 것은 불가능한 일이다>(미셸 뷔토르『目錄』, p.263). 變身이란 결코 飛躍이 아니다. 그것은 끈질기게 방법적인 지속과 심화를 통해서 <過去의 徐徐한 變質作用>을 겪어야 비로소 이룩되는 것이다. 미셸 뷔토르가 레리스를 두고 한 다음의 말은 벅차지만 무력한 희망을 안고 東京으로 떠난 箱의 경우에도 들어맞는다. <그는 아프리카로 떠난 다음 1933년에 다시 돌아왔는데 적어도 하나의 神話를 破壞한 효과는 있었다. 즉 도주의 수단으로서의 旅行이라는 신화가 무너진 것이다>(上揭書, p.264). 다만 다른 것은 레리스는 프랑스로 돌아오고 난 다음에 <過去의 徐徐한 變質作用>을 스스로 課할줄 알았으나, 箱은 돌아오고 싶으면서도 <친구·家庭·燒酒 그리고 치사스러운 義理 때문에>(第 1 卷, p.295) 돌아오지를 못하고, 주착없는 希望의 亡

靈과 虐待·幻滅·悔恨의 現實사이에 찢겨 세상을 떠나고 말았다는 사실이다.

여기까지 더듬어 볼 때 箱의 일생은 좌절의 일생이었음을 알 수가 있다. 그러기에 否定이 生成과 결부되지 못하고 自己破壞로 귀착되어 버린 이 궤적 앞에서 우리는 <箱이 좀더 오래 살았더라면> 하는 안타까움을 느끼게 되는 것도 무리가 아닐 것이다. 클로드 에드몽드 마니는 그녀의 評論集『엠페도클레스의 짚신』에서 이런 말을 하고 있다. <모든 작품에는 만일 그것이 어떤 價値를 지니는 것이라면, 두 가지의 不可缺한 樣相이 있다. 우리는 그것을 각각 散發의 樣相과 創造의 樣相이라고 부를 수 있을 것이다>(p.204). 이 말은 개개의 작품에 대해서와 마찬가지로 한 작가의 全作品을 하나의 단위로 볼 때도 적용될 수 있는 것이다. 그리고 제 1 의 양상과 제 2 의 양상의 比重은 한 작가의 성장의 단계와 관련이 있는 듯이 보인다. 다시 말하면 전자는 주로 否定과 破壞의 작업이 진행되는 초기 단계의 소산이며 후자는 어떤 原理를 중심으로 작가의 세계가 괴롭게 형성되어 나가는 후기 단계의 특징이다. 이러한 견지에 선다면 箱은 제 1 의 단계에서 죽고 말았다는 말을 할 수 있을 법하다.

그러나 이런 구분을 箱에게 적용한다는 것은 별 뜻이 없는 것이다. 왜냐하면 제 2 의 단계는 제 1 의 단계와의 유기적 관계하에서만 의미가 있는 것인데, 우리는 <箱이 좀더 오래 살았더라면>이라는 공허한 가정하에서 이런 이야기를 하는 데 지나지 않기 때문이다. 그것은 마치 요절한 젊은이를 두고 <그는 유망한 청년이었는데>라고 말하는 것과 비슷하다. 그가 과연 유망했는지 아닌지는 오직 그가 앞으로 겪어야 했을 인생과의 관련에서만 논의될 수 있었을 것이다. 과거란 있는 것이 아니고 현재에 의해서 부단히 만들어지는 것이다. 우리가『앙드레 왈테르의 手記』를 두고, 그것이 지드의 發散의 단계라고 말할 수 있는 것은 다만 『테제우스』로 끝나는 그의 후일의 작품과 조명하에서 그의 과거를 거슬러 볼 수 있기 때문이다. 만일 지드가 『앙드레 왈테르의 手記』만을 남기고 다른 작품을 쓰지 않았다면 그것은 갈피를 잃고 熱에 떠 있는 한 靑年의 病的 現象밖에는 보이지 않았을 것이다. 箱을 평가할 때 중요한 것은 존재치 않는 것의 亡靈을 규준으로 존재하는 것을 다루려는 태도를 警戒해야 한다는 것이다.

우리 앞에는 이미 끝나 버리고 에벌류우션이 있을 수 없는 몇몇의 작품이 남아 있을 뿐이다. 거기에 굳이 發散의 요소를 찾아본다 하더라도 그것은 創造의 길로 뻗어 나가지 못한 發散에 불과하며 따라서 마니의 정의를 뒤집어서 말하면, 단계가 이루어져 있지 않으니까 어떤 위대한 가치를 지닌 작품이 될 수 없는 것이다. 더구나 시초로부터 마지막에 이르기까지 그의 내적 경험의 발전은 작품상에서 찾아 볼 수 없다는 사실은 <箱이 만일 살았더라면>이라는 가정의 無效性을 더욱 확인시켜 줄 따름이다. 그가 6년간에 걸쳐 남겨놓은 작품을 앞에 놓고 기왕에 實效없는 가정을 농할 바에야 그는 더욱 따분한 센티멘털리스트가 되었으리라고 생각해 보는 편이 보다 나을 것이다. 왜냐하면 해가 갈수록 絶望과 不幸을 치장하던 言語의 化粧이 벗겨지고(그의 시는 거개가 최초의 1·2년의 산물이다), 「逢別記」·「病床以後」·「早春點描」·「秋燈雜筆」 등을 통해서 볼 수 있는 바와 같이 自己憐愍的인 한탄의 액선트가 더욱 짙어 갔기 때문이다.

態度의 喜劇

그러나 이러한 挫折의 과정은 이상하게도 箱의 존재를 이 세상에서 유지시켜 줄 수 있는 최후의 거점이 된다. 이루어지지 않는 自己統合의 대신으로 그는 남의 눈에 비친 자기의 좌절의 모습을 통해서 존재를 확정시키려는 것이다. 이 문제를 다루기 위해서 우리는 이제 箱에 있어서의 對他關係에 언급하지 않으면 안 된다.

모든 문학작품, 특히 소설은 二重의 의미에서 타인을 불가결한 요건으로 삼는다. 소설은 그것이 어떤 종류이건간에 인간 관계의 연구이며 가장 고독하게 보이는 인물에 있어서조차 타인이 스며드는 것이다. 타인은 우리의 內部와 外部에서 우리와 동시적으로 존재할뿐더러 우리의 存在樣式 그 자체를 규정하는 것이기 때문이다. 이와 아울러 작품을 써서 발표한다는 행위는 작가의 어떤 면모를 그가 원하건 원치 않건간에 남에게 보이는 행동이다. 우리는 작가가 가장 잘 隱蔽되고 전혀 그 모습을 나타내고 있지 않은 듯한 작품의 경우에도 그 작가의 인생관이나 세계관을 작품을 통해 짐작하고 비평하여 그의 존재와 관련을 맺을 수가 있게 된다. 이런 의미에서 작품이란 작가와 독자 사이의 對話의 형식이라고 말할 수 있으리라. 箱의 경우에도 우리는 그의 對他關係를 이 두가지 면에서 살필 수 있다. 작품에 나타난 인물의 행동뿐만 아니라 그가 작품을 발표한 목적과 동기, 즉 그가 누리고 싶었던 독자와의 관계에 대한 고찰은 어떤 작가의 경우보다도 중요하다. 왜냐하면 <보바리는 나다>라고 공표해야 했을 정도로 작품에서 자신의 존재를 은폐하기에 애썼던 플로베르와는 정반대로 箱은 자기의 한 樣相을 독자의 腦裡에 강압적으로라도 세겨 놓기에 전렴한 사람이있기 때문이다.

對他關係의 최초의 경험을 통해 箱은 진정한 他者所有가 있을 수 없다는 것을 드러낸 점에서 현대 서구의 몇몇 대표적 작가들과 의견을 같이하고 있다. 내가 남을 포착하려는 노력앞에서 남은 항상 달아난다. 소유당하지 않으려는 의식적인 기도가 있을 뿐만 아니라, 남은 언저나 알 수 없는 神秘體로 남아 있다. 「날개」에 있어서 주인공과 그의 아내는 한 지붕밑에 사는 고립된 意識體이며 방이 얇은 간막이로 나누어져 있다는 말은 이것을 상징한다. 그는 아내의 몸에서 나는 냄새의 정체를 알아내려고 그녀의 화장품을 살핀다. <아내는 어느 부분에서 요 내음새가 났던가를 생각해 본다…… 그러나 그것은 분명치 않다. 왜? 아내의 체취는 여기 늘어섰는 가지각색의 향기의 합계일 것이다.>(第 1 卷, pp.12~3). 그러나 이 합계를 내는 것은 우리의 능력을 넘어서는 일이다. 우리는 각자의 망막에 비친 타인의 일국면을 타인의 전체인 줄 생각하고, 또 우리의 추구에도 불구하고 他人의 전체를 이루는 이 합계는 드러나지 않기 때문이다. 출타해서 남의 지문을 묻혀 가지고 돌아오는 여인의 테마가 그의 작품 도처에서 나타나는 것은 타인의 실체를 파악할 수 없는 우리의 안타까움의 표현이다. 따라서 對他關係란 타인과의 교섭이라기보다도 우리가 임의로 빚어 놓은 극히 부분적이며 늘 무너지게 마련인 진흙의 인형과의 교섭일 따름이요, 오해와 환상에 입각한 마스터베이션이 그 근본 구조이다. 그렇다고 타인의 피안에서 자아의 고독에 잠기는 길이 열려 있는 것은 아니다. 타인이 존재한다는 것 자체가 나의 존재를 부자유스럽게 만들고 필연적으로 우리의 의식의 대상으로 등장하는 것이다. <아랫방에서 아내와 그 남자의 내 귀에도 들리지 않을 만치 옅은 목소리로 소근거리는 기척이 장지 틈으로 전하여 왔던 것이다. 청각을 더 예민하게 하기 위하여 나는 눈을 떴다[……]그러나 그때는 벌써 아내와 남자는 앉았던 자리를 툭툭 털며 일어섰고……>(第 1 卷, p.25). 他人은 나를 거북하고 불안하게 만든다. 그것은 우리의 잠을 빼앗는다. 그러나 이 거북살스러운 존재 의식을 내게 대해서 무슨 살인광선처럼 발사하는 他人은, 내가 그 本體를 파악하려고들자마자 사라져 버린다. 他人과 타 사이에는 귀결 없는 숨바꼭질이 계속될 따름이다. 箱 자신의 표현을 빌면 <우리 부부는 숙명적으로 발이 맞지 않는 절름발이인 것이다>(第 1 卷, p.46).

그러나 他人은 그의 의향과는 상관없이 본래적으로 나의 소유에서 벗어날 뿐 아니라 나에게 소유당하지 않으려고 의식적인 행동을 취한다. 이리하여 소유의 의욕과 被所有의 거부를 위한 투쟁은 對他關係의 근본 양식이 되는데, 被所有에 대한 타인의 이 거부가 箱에게 있어서는 <속인다>는 동사로 표현된다. 우리는 우리 스스로가 남을 잘못 생각할 뿐 아니라 남에게 속음으로써, 存在 상호간에는 더욱더 깊은 深淵이 파여지는 것이다. 아내는 나로서는 알 수 없는 지문을 묻혀 가지고 올 뿐 아니라, 나의 追窮에서 벗어나기 위해 지문의 흔적을 없애도록 애쓴다. <아내는外出에서돌아오면房에들어서기전에洗手를한다.닮아온여러벌表情을벗어버리려는醜行이다>(第 2 卷, p.166). 이리하여 타인의 존재 자체에서 우러나는 나의 오해와 타인이 적극적으로 시도하는 欺瞞 앞에서 나는 他者所有의 충족될 수 없는 꿈을 지닌 채 무력하고 어리석기만 할 뿐이다. <나는 일즉이 어리석었더니라. 모르고 姸이와 죽기를 約束했더니라. 죽도록 사랑했건만 面會가 끝난 뒤 大略 20分이나 30分만 지나면 姸이는 내가 설마 하고만 여겼던 S의 품안에 있었다>(第 1 卷, p.70). <나는 속고 또 속고 또또 속고 또또또 속았다>(第 1 卷, p.270).

그러면 他者所有가 성립될 수 없는 이 세계에서 箱은 어떠한 반응을 보였을까? 오해와 기만이 너와 나를 잇고 있는 끈임을 인식할 때 箱에게는 어떠한 행동의 가능성이 남아 있었을까? 우리의 관심의 초점이 될 이 문제에 대해서 「날개」에 나오는 아스피린과 아달린의 이야기는 제 1의 해답을 던져 준다. 감기가 든 주인공에게 아스피린 대신에 수면제를 속여 먹인 아내는 앞으로 인용한 姸이의 행동과 같이 欺瞞이라는 他者關係의 상징이다. 그리고 타자로부터의 자유를 얻기 위한 이 기만을, 우리는 모르고 지내거나 혹은 때늦게서야 발견할 따름인데, 수면제에 의해서 잠들어 있는 시간은 속는다는 현실과 속은 것에 대한 인식 사이에 개재하는 벌충할 수 없는 거리를 의미할 것이다. 그러나 箱은 이

기만의 정체와 기만의 뒤에 숨은 존재의 遊戱를 탐구하려는 知的 努力을 기울이지 않는다. 알베르토 모라비아의『倦怠』에서는 <속고 또 속고 또또 속고 또또또 속으면서도> 그 속임수를 꿰뚫어서 他者를 捕捉하려는 불가능한 시도가 自己破綻의 순간까지 지속된다. 그 주인공은 他者의 비밀을 캐내기 위해서 적극적인 실험을 가한다. 그러나 箱은 일체의 탐구를 포기하고 심지어는 他者所有의 노력이 가장 안이하고 발광적인 형태인 복수의 길로 나서지도 않는다. 다만 기만당했다는 사실이 <인간 세상의 아무것도 보기 싫었다>(第 1 卷, p.41)는 感傷的인 반응을 초래하고 망각에 의한 구제를 바라게 했을 뿐이다. <걸으면서 나는 아무쪼록 아내에 관계되는 일은 생각하지 않도록 노력하였다>(第 1 卷, p.41). 비록 <서서히 아내에 관해서 연구할 작정이었다>는 말을 남기고는 있지만, 이 유예 상태의 自請이 결국 무실했다는 것은, 이 단편이 끝나갈수록 우리에게 안타까운 감정만을 남겨 주고, 또 다른 어떤 작품에서도 이 연구가 이루어져 있지 않은 것으로 증명될 수 있을 것이다.

지금 본 바와 같이 他者所有는 불가능하기 때문에, 즉 他者는 우리가 꿰뚫을 수 없는 비밀을 지닌 神秘體로 남아 있는 동시에 소유당하지 않으려고 기만에 의한 방어진을 치기 때문에, 우리의 대타 관계는 <不相通成>을 그 본질적인 속성으로 지니게 된다. 따라서「날개」에는 대화가 없고 모든 언어는 상대방 속으로 뚫고 들어가지 못하는 뜻 없는 중얼거림에 불과한 것이다. <우리 부부는 이야기하는 법이 없었다. 밥을 먹은 뒤에도 나는 말이 없이 그냥 부시시 일어나서 내 방으로 건너가 버렸다. 아내는 나를 붙잡지 않았다>(第 1 卷, p.33). 그리고 이러한 여건하에서 箱이 불가능에의 도전을 모르고 감상적인 고독에 빠져 버린 것은 방금 언급한 바와 같다.

그러나「날개」는 對他關係의 함정에서 箱이 취한 또 하나의 태도, 차라리 앞에서 말한 태도로부터 발전해 나온 태도를 보여 주니, 그것은 孤獨의 자연적인 감정으로부터 의식적인 고립으로의 이행이다. 타인의 세계에서 우리는 三重으로 괴로움을 느끼게 된다. 첫째는 他者의 所有의 불가능성, 둘째는 他者에게 소유당하지 않으려는 나의 본능적인 경계와 긴장, 그리고 셋째는 이 2者가 빚어내는 自意識, 즉 무력감과 비굴감이다. 따라서 箱은 他者와의 교섭이 없는, 다시 말하면 타인의 시선이 없고 나의 시선이 지향될 대상이 없는 안전 지대를 찾아 고립을 자청한다. <거기는 우선 아무도 아는 사람이 안 온다. 설사 왔다가도 곧들 가니까 좋다. 나는 날마다 여기 와서 시간을 보내리라 속으로 생각하여 두었다>(第 1 卷, p.35). 허나 이러한 고립이 苦行으로서의 의미를 지닐 수는 없다. 그것은 自我까지를 포함해서 일체를 絶對的 無로 환원시킴으로써 궁극적인 구제를 얻으려는 적극적인 企圖가 아니라, 다만 껍질 속으로 몸을 옴츠리는 달팽이의 반응에 지나지 않는다. <문을닫자. 생명에뚜껑을덮었고사람과사람이사귀는버릇을닫았고그자신을닫았다. 온갖벗에서온갖관계에서 — 온갖희망에서 — 온갖慾에서 — 다만방안에서만그는활발하게방황할수있다>(第 1 卷, p.175—上點筆者). 그러나 인간의 생활이란 <서로 뜯어먹는 거미>의 생활이다. 일체의 교섭을 끊고 幽閉해야 한다는 이 自己閉鎖性은 箱에게 있어서 유유자적이라는 우리의 전래적인 고립의 효과조차 거두지 못했다. 自我란 우주의 諸相이 반영되고 또 새로운 宇宙가 형성되는 마이크로코즘이기는커녕, 箱이 스스로 바랐듯이 <활발하게 방황할 수 있는 터전>도 아니었다. 그가 自己幽閉를 통해서 얻은 결과와 현실의 自我로부터 탈출하기 위한 무익하고 더욱 해로왔던 시도를 우리는 前項에서 자세히 살펴 보았다.

여기에서 우리는 한 가지 사실을 주목해 두자. 그것은 방금 언급한 감상적인 고독감과 실패한 의식적 고립은 對他關係에 있어서 箱이 自己閉鎖的이라는 것과 아울러, 그 타자의 작용을 겪는 입장에서 초래된 것임을 말해 준다는 사실이다. 「날개」를 보면 <아내>의 존재가 오직 <나>를 통해서만 나타나는데, <나>는 <아내>에게 대해서 피동적인 위치에 서 있으며, <내>가 <아내>에게 대해서 피동적인 위치에 서 있으며, <내>가 <아내>에게 작용을 가하는 경우에 일어날 수 있는 對他關係는 그려져 있지 않다. 그리고 이와 같이 특정의 한 인물의 눈을 통해서만 대상(자신을 포함해서)을 파악하고 있다는 점에, 이 단편의 현대성이 있는 동시에(傳統的 小說에 있어서는 作家는 遍在的이다. 그는 모든 人物의 마음 속으로 自由로이 드나든다), 또한 작용과 반작용의 착잡한 양상이 없는 점에서 그 靜的 性格을 볼 수 있으리라. 한데, 우리가 「終生記」를 대할 때 이 관계는 뒤집어지는 것이다.

「終生記」는 「날개」와 반대로 작용을 가할 때의 對他關係의 실험이다. 그러나 잊어서는 안 될 것은 箱은 작용을 가할 때 역시 自己閉鎖的이라는 사실이다. 따라서 이 경우에 있어서는 나를 남 앞에 내던짐으로써 얻을 수 있는 효과, 즉 호소를 통한 구제의 효과가 나타나지 않는다. <나는 내가 무엇인지 모른다. 내게 길을 가르쳐다오>하는 自己破産의 솔직한 고백은 「終生記」와는 무관한 것이다. 하물며 내가 의식적이건 무의식적이건 작용을 가할 때, 나 때문에 남이 겪게 되는 상태에 대한 성찰은 있을 수 없다. 호수에 돌을 던지면 무수한 파문이 일 듯, 나의 행동이 남들의 의식에 파급하는 숙명적인 영향을 드러내고, 존재 그 자체가 죄라는 것을 보여준 카프카의 「變身」은 「終生記」의 세계가 아니다. 箱은 自我를 개방하지도 않고 남의 의식 속으로 들어가 보려고도 하지 않는다. 그러면 箱은 허약하고 상처투성이의 그의 自我를 그대로 유지하면서, 그러나 그 모습을 솔직히 보이지도 않으면서 어떻게 남에게 작용을 가하는 것일까? 그리고 작용을 가하는 목적은 무엇일까? 대답은 그렇게 어렵지 않다. 그는 남의 시선 앞에서 춤을 추는 것이며, 이 춤으로 말미암아 그가 고립으로 얻을 수 없었던 *存在意義*을 획득하려는 것이다.

알베르스의 용어를 빌자면 <態度의 喜劇>이라고 부를 수 있는 이 춤을 추기 위해서 箱은 배우이며 감탄하는 관객으로부터 그 관객에게 비친 자기의 모습을 다시 빼앗아 옴으로써 자기의 가치를 스스로 확인하려고 한다. 이와 마찬가지로 箱이 바라는 것은 *貞姬*의 머릿 속에 자기의 모습을 아로새겨 놓고, 그녀에게 비친 꾸며진 自我를 다시 자기에게로 반사시켜 자기의 *存在性*을 고정시켜 놓으려는 것이다. 그러므로 타인에게 작용을 가하는 목적은 스스로 믿을 수 없는 自我의 卽自化에 있으며, 타인은 이 卽自化를 위한 겨울의 역할을 할 따름이다. 箱의 自我는 끝끝내 닫혀 있는 것이다.

이것은 곧 <있는 것 *Etre*>과 <나타나는 것 *Paraitre*>의 문제로 귀결된다. *存在*에 있어서 파산한 箱은 외양을 통해서 自我를 정립하려 하고 이 정립을 위해서 他人의 시선을 요청하는 것이다. <나는 내 感傷의 꿀방구리 속에 靑山 가던 나비처럼 痲醉昏死하기 자칫 쉬운 것이다. 조심조심 나는 내 맵시를 고쳐야 할 것을 안다>(第 1 卷, p.243). 「終生記」의 이 한 구절은 箱의 모든 것을 설명할 수 있는 기초가 되는 가장 중요한 것이다. 날고자 하는 大志를 품던 이 나비는 <亂痲와 같이 갈피를 잡을 수 없는 얼마간의 悲劇的인 自己探究>(第 1 卷, p.253)가 빚어낸 <感傷의 꿀방구리>에서 죽지 않기 위한 수단으로서 <나타남>에 의한 自己欺瞞을 선택한 것이다. 그의 노력은 이제 <어찌하면 나의 非凡性을 남에게 보여 주고, 그럼으로써 나 자신에게 그것을 증명하느냐?>는 데 바쳐졌다. 그렇기 때문에 <죽는 限이 있더라도 이 珊瑚채찍일랑 꽉 쥐고 죽으리라>(第 1 卷, p.237)는 것이며 <天下 눈 있는 선비들의 肝膽을 서늘하게 해 놓기를 애

듯이 바라는 一念 아래>(第 1 卷, p.237)에서 「終生記」를 쓴 것이다. 俗衆과 다르다는 것을 보일 수 있는 행동이면 무엇이든 좋았다. 공연히 서먹서먹하게 굴어서 자기의 불행에 고귀한 탈을 씌워 놓을 수도 있었고, 한 일꾼이 자기의 이름을 잘못 불렀다고 해서 <李箱>이라고 자칭하는 애교를 부리기도 했다.

그러면 <사람들은 나를 보고 짐짓 奇異하기도 해서 그러는지 驚天動地의 육중한 經綸을 품은 사람인가 보다고 속는다. 그러니까 그렇게 하는 것이 내 시시한 姿勢나마 維持시킬 수 있는 唯一無二의 秘訣이었다. 즉 나는 남들 좀 보라고 낮에 잔다>(第 1 卷, p.246). 그리고 내가 衆生과 다르다는 것을 표시하기 위한 가장 효과적이고 손쉬운 수단은, 天才란 언제나 세상에 적응할 수 없다는 신화를 이용해서 스스로를 詛呪된 존재로 만드는 것이다. <나는 無綠한 衆生의 惡疫의 犯함을 입었고>, <한 개 妖物에게 負傷해서 죽는 것이 아니라 27歲를 一期로 하는 不遇의 天才가 되기 위하여 죽는 것이다>(第 1 卷, p.85). 과연 箱의 언어는 바로 이 <不遇의 天才>를 남들과 자기 자신에게 증명하기 위한 쇼우에 지나지 않았다.

여기에서 箱의 문학의 구석구석까지 배어 있는 절망은 하나의 적극적인 뜻을 갖추어 이 쇼우맨십을 발휘하기 위한 근원적인 밑천을 이루게 된다. 1900년 초기의 西歐의 絶望과 모더니즘은 일종의 문명 비평이었는데 반하여 역사적 콘텍스트가 다른 이 나라에 수입된 그 絶望의 언어는 순전히 개인적이며 병적이기까지 한 自意識을 길러내고, 카인의 後裔로 자처하는 (<카인 末裔에 罪業에, 文學 때문에 가져야 하는 後天的인 듯도 싶어 보이는 宿命에……>第 3 卷, p.162) 아웃사이더는 이 病的 狀態를 選者意識으로 전환시키려고 했던 것이다. 그리고 絶望을 밑천으로 삼는 選者意識의 객관화에 필요한 수단이 곧 언어의 遊戱인데 箱은 이것을 위티즘·이이러니·패러독스, 또는 에피그램이라고 부른다. <剝製가 된 天才>의 최후의 소원, 그것은 인생 전체를 요약해서 남을 깜짝 놀라게 할 수 있는 한 짤막한 에피그램을 얻는 것이다. <나는 찬밥 한 술, 氷水 한 모금을 먹어도 넉넉히 一世를 滅壓할 만한《苦言》을 摘出할 수 있는 그런 知慧의 實力을 가졌다>(第 1 卷, p.252). 우리는 여기에서 인생을 한 에피그램으로 요약하려는 무모하고 애교 있는 한 문학 청년의 시도에 대해서 운위하기보다도 이 시도조차 이룩하지 못한 그의 안타까움에 주목하자. 왜냐하면 그는 <孤獨한 晩年 가운데 한 句의 에피그램을 얻지 못하고 그대로 悽慘히 物故하고>(第 1 卷, p.242) 말았기 때문이다.

자기의 존재를 스스로 정당화시킬 수 없어서 남의 驚愕을 통해 자기의 정당화를 바랐던 이 絶望者의 언어가 挫折의 운명을 겪고 만 곡절을 우리는 「終生記」의 貞姬를 통해서 알수가 있다. 포우즈가 성립하기 위해서는 나의 포우즈를 바라보는 他者가 그것을 포우즈라고 의식하지 말아야 한다. 거짓말은 상대방에게 정말로서 인식되는 오해의 관계하에서만 효과를 거둘 수 있는 것이다. 따라서 다음의 두 가지 조건하에서는 <나타냄>의 喜劇이 이루어질 수 없다. 첫째는 나의 포우즈를 포착해 주어야 할 상대방이 무감각할 경우이며, 둘째는 상대방이 나의 포우즈를 꿰뚫어 볼 경우이다.

만일 이 두 가지의 불리한 조건이 생길 때는 포우즈를 취하는 主體는 自爆을 하고 만다. 사실 「終生記」는 바로 이 自爆의 기록이다. 더구나 貞姬는 무감각한 것이 아니라 그의 포우즈의 裏面을 탐지할 줄 아는 남이다. 단순히 이해되지 않는다, 내 포우즈가 불발판이다라고 생각될 때는 우리에게는 그나마 쓰디쓴 입맛과 아울러 두 가지의 위안이 베풀어질 수 있다. 우리는 포우즈에 무감각한 衆生을 경멸하는 동시에 그 포우즈가 명중될 대상을 다른 곳에서 찾을 수 있다는 희망을 간직하는 것이 가능하다. 그러나 貞姬와의 경우에는 이런 위안마저 남지 않는다. 왜냐하면 그녀는 箱의 포우즈가 명중되기 전에 그것을 폭파시켜 버리고 그 破片은 箱 자신에게로 날아가 致命傷을 입히기 때문이다. 상대방을 소유하기 위한 기도는 마침내 상대방에게 소유당하는 부끄러움으로 그 결과가 전도되는 것이다. 우리는 앞에서 箱이 존재의 苦海에서 벗어나기 위해 意識絶滅의 유혹을 느꼈다는 말을 했지만, 이 意識絶滅조차도 箱에 있어서는 쇼우로서의 가치를 갖는다. <自進한《愚昧》·《歿覺》이 참 어렵다. 보아라, 이 自得하는 愚昧의 絶技를! 沒覺의 絶技를>(第 3 卷, p.254). 그러나 이 <어려운 絶技>를 보아 주는 사람은 아무도 없다. 그의 절규는 허허벌판에서 그냥 사라질 따름이다. 그리고 貞姬와 같은 對象에 부딪히면 그것은 毒失처럼 다시 돌아오는 것이다. 「終生記」의 허다한 이 自爆의 기록 중에서 대표적인 두 구절을 인용해 둔다.

> 大體 貞姬라는 可憐한 <石女>가 제 어떤 재간으로 그런 陰凶한 내 奸計를 요만큼까지 看破했다는 것이냐. 一時에 氣盡한다. 脈이 탁 풀리고는 앞이 팽 돌다……(第 1 卷, p.263)

> 接戰 數十合, 左衝右突. 貞姬의 허전한 關門을 나는 老死의 힘으로 들이친다. 그러나 돌아오는 反撥의 凶器는 갈 때보다도 몇 倍나 더 큰 힘으로 나 自身의 손을 시켜 나 自身을 殺傷한다(第 1 卷, p.256)

箱 자신의 말마따나 이와 같이 <愛好하는 假面을 도적을 맞은 위에 그 가면을 뒤집어 利用당하면서 놀림감이 되고>(第 1 卷, p.52) 만 지금, 그에게는 對他關係에 있어 무엇을 또 바랄 수 있을 것인가? 우리는 言語에 의한 他者所有가 불가능할 때의 마지막 수단이 테러리즘이라는 것을 안다. 아니, 언어 자체가 일종의 테러리즘이 될 수 있지만, 언어에 의한 테러리즘은 상대방이 자

유를 행사할 수 있는 여지를 남기는 것인데, 이와 반대로 상대방의 자유 그 자체를 말살하려는 직접적 폭력의 테러리즘이 있는 것이다. 그런데 이 마지막 수단이 箱의 경우에는 酒亂으로 나타난다. <나는 내 마지막 武器를 이 戰場에 내세우기로 하였다. 그것은 즉 酒亂이다>(第 1 卷, p.269). 허나 테러리즘으로 他者所有가 성취될 수는 없다. 사르트르식으로 말하자면, 얻어맞아 죽는 사람이 살해자에게 쏘는 최후의 시선은 그의 不服從의 줄기찬 표현이며 그 이미지는 살해자의 머리 속에 영원히 고정되어 버리기 때문이다. 하물며 酒亂은 테러리스트가 직접적으로 스스로에게 가하는 自害行爲이다. <한 몸을 건사하기조차 어려울 때> 우리의 행동은 우리의 밖으로 벗어나서 喜劇俳優가 狂亂者로 되어 버리는 것이다. 이에 加하여, 「終生記」에 있어서 貞姬의 복수는 二重的이다. 첫째는 箱은 酒亂에 의한 테러리스트가 되도록 했고, 둘째로는 그를 감쪽같이 속여 왔기 때문이다. 이리하여 오해의 희극이 좌절된 데 덧붙여 그의 외양을 충실히 비쳐 주어야 했을 거울이 妖物로 변해 버린 지금 箱에게 남은 것은 <나는 이를 간다. 나는 걸핏하면 까무러친다. 나는 부글부글 끓는다>(第 1 卷, p.271)는 구절이 표현하는 분노와 굴욕과 무력감이었던 것이다.

이와 관련해서 그의 詩語가 주로 <나타냄>의 효과를 노리고 그의 天才性을 인정해 줄 우리들 독자의 당혹과, 이 당혹을 통해서 箱 자신이 얻을 수 있는 存在의 정당화를 목적으로 한 것이라고 주장한다는 것은 위험한 일일까? 箱에 의한 詩語의 혁신은 앞에서 말한 바와 같이 絶對의 探究와 필연적으로 결부된 것도 아니며, 현대 문명에 대한 비판적인 퍼스펙티브의 소산도 아니다. 그것은 차라리 충족될 수 없는 문학청년의 욕구와 그것이 빚어내는 감상성을 가리기 위한 극히 의식적이며 고의적인 베일의 역할을 했을 뿐이리라. 다시 말하면 그것은 존재를 드러내기 위해서가 아니라, 존재를 가리기 위해서 있었던 것이다.

> <내가 그다지 사랑하던 그대여. 내 한平生에 차마 그대를 잊을 수 없소이다. 내 차례에 못 올 사랑인 줄은 알면서도 나 혼자는 꾸준히 생각하리다. 자 그러면 내내 어여쁘소서.>
> 어떤돌이 내얼굴을 물끄러미 치어다보는것만같아서 이런詩는 그만찢어버리고싶더라(第 2 卷, pp.76~7)

<이런 詩>를 찢어 버리고 나서 그가 기도한 <機能語·組織語·構成語·思索語로 된 한글文字追求試驗>(第 1 卷, p.384)에 대해서 우리는 응분의 평가를 내릴 수 있을 것이다. 자기의 感傷을 가리고 우리를 당혹시키려는 이 노력이 빚어낸 희한한 유희적 요소는 우리들에게 그 매력을 풍길 것이다. 허나 그것이 당혹의 유희이며 베일이라는 점을 잊을 때, 즉 제 2차적 문학이라는 사실을 무시할 때, 우리는 자칫하면 箱을, 카프카·랭보 또는 超現實主義者들과 같은 超越의 殉敎者들과 혼동하는 과오를 저지르게 될 것이다. 표면상의 언어의 빈약한 類似性은 實存的 企圖의 동일성을 증명하는 것이 아니다. 더구나 箱의 詩는 그 대부분이 초기의 산물이며 그가 東京行에 의한 자기 청산을 꾀함에 따라 산문이 우위를 차지하게 된 것은 기억해 두어야 할 사실이다. 자신을 똑바로 바라보려는 노력은 詩를 통한 自己欺瞞을 스스로 배격했음에 틀림없으리라. 비록 詩의 분야에 있어서도 그의 최후작의 하나인「危篤」은「鳥瞰圖」의 當惑의 유희에서 탈피하고 있는 것이다.

箱의 詩를 분석하는 것 자체를 목적으로 삼지 않는 이 소고의 마지막에서 우리는 다시「終生記」로 돌아와 그가 이 작품을 씀으로써 態度의 喜劇을 스스로 고발한 사실에 주목하자. 물론 이 고발은 喜劇俳優로서의 자기가 성립할 수 없다는 挫折의 인식이 가져왔을 것이다. 만일 貞姬가 그리고 貞姬로서 대표되는 타인이

그가 바라는 대로 관객의 역할을 만족스럽게 해 주었다면 箱은 아마도 <나타냄>의 세계에 머물렀을지도 모른다. 그러나 타인의 시선을 통한 일정한 自己映像의 고정화에조차 실패했을 때, 그는 카타르시스를 해야 했던 것이다. <눈물이 나를 살리러 왔다>는 뮈세의 詩句가 있지만 「終生記」는 시체가 되어 버린 자신 위에 흘린 箱의 눈물이다. 그러나 이렇게 한바탕 울고 남으로써 그가 다소라도 자기의 과거에서 벗어날 수 있었는지는 아무도 모른다. 東京行으로 모든 것이 달라지기를 바랐지만, 屍體의 소생을 암시해 줄 만한 어떠한 자료도 우리는 가지고 있지 않다. 우리가 알 수 있는 것은 다만 정신의 轉地療養에 대한 희망이 東京 도착과 동시에 꺾였다는 것, 정직하게 살겠다는 뜻의 구호가 두세 번 애처롭게 되풀이되었다는 것, 그리고 自己欺瞞과 카타르시스의 단계로부터 적극적 價値創造로 급격한 轉換이 그 누구의 경우에 있어서와 마찬가지로 이루어질 수 없었던 그의 생애는 挫折의 생애였다는 것뿐이다.

이상에 나타난 '만남'의 문제
- 소설을 주로 하여

김 현

1

우리는 로빈슨 크루소가 어떻게 외따른 곳에서 그의 생활을 영위하였던가를 알고 있다. 그는 고도(孤島)에 홀로 있었지만 그에게는 자기는 인간과 만나고 있다는 그런 신념이 뿌리깊이 그의 내부에 잠재하여 있었음을 우리는 알고 있다. 그의 행동 하나 하나는 외부적인 면에서는 언제나 인간과는 떨어진, 그리하여 언어도 그 외의 모든 것도 인간과는 만나지 않는 것처럼 우리에게 보이지만 우리는 우리는 그가 인간과 부단히 '만나'고 있었음을 알고 있다. — 그의 총(銃)을 통하여, 그의 사고를 통하여. 그리하여 여기에 동물 아닌 인간으로서의 로빈슨 크루소와 우리는 만난다.

우리는 그가 인간이었다는, 그것을 거부할 수도 있다. 허나 로빈슨 크루소는 인간이었다. — 그는 언제나 인간과 고도에서일망정 만나고 있었기 때문에. 이리하여 우리는 '만남'의 문제가 얼마나 중요한지를 알고 있다. 인간이 인간이 되는 것은 이 만남을 통해서다. 그러나 이 만남의 세계가 형성되지 않는 인간이 있다. 뫼르소의 그 괴물 같은 얼굴이며 그레고리 잠자의 변신은 우리에게 이 만남의 문제를 강렬히 제기해 준다.

그들은 말한다. — 인간이란 도대체 만나지 않는 것이다. 당신들은 기만을 당하고 있다고—습관(coutune)과 위안이 이 기만을 더욱 조장한다고 뫼르소는 죽음 앞에서 우리에게 말한다. 바이올린 소리를 향하여 전신을 이끌고 가던 고독한 잠자의 얼굴은 우리에게 이 만남의 문제에 당면하게 해주는 것이다. 로빈슨 크루소는, 부재(不在)였던 것이다. 우리는 어머니의 눈 속에서 친구의 따뜻한 말 속에서 순간적으로 그들은 나와 단절되어 있으며 그들의 언어는 이미 나의 언어가 아니라는 것을 거의 절망적으로 느낀다.

이 때 뫼르소는, 잠자는 다정스러운 얼굴로 우리에게 나타난다. 로빈슨 크루소의 만남의 허위였던 것이다.

우리에게 만남의 가능성을 가르쳐 준 로빈슨 크루소는 지금에도 존재하지 않는다. 인간과 인간의 만남은 없다. —이런 지점에서 현대 작가는 호흡하며 그들의 피맺힌 언어를 기록한다.

현대 작가의 고뇌하는 얼굴은 이 만남을 상실한 단절(divorce)의 세계에서 출발한다.

단테에게는 신을 통한 단절의 극복이 허락되었다. 그러나 우리는 신 없는 세계에 살고 있다. —니체는 짜라투스타라의 입을 빌려 확실히 말했던 것이다. 「신은 죽었다」고. 이리하여 피할 수 없는, 딴곳에 탈출할 수 없었던 현대 작가들은 언제나 막힌 지점에서 만남의 문제로 출발하였다가는 다시 막힌 지점으로 되돌아오는 순환 소수의 일을 하고 있다. 그들은 이 작업이 얼마나 괴로운 일인가를 안다. —그들은 이 작업이야말로 자기의 전(全)존재를 걸고 해명해야 할 그러한 일임을 안다.

그들은 그들이 이 일을 피할 수 없게 저주받은(maudit) 자들임을 안다. 그들은 이미 발자크나 졸라와 같은 신의 위치에 설 수 없음을 알고 있다.

그들은 자기들이 작품의 밖에서 마치 인형극을 조정하는 그러한 자들이 될 수 없음을 뼈저리게 느낀다. 그들은 그들의 히어로와 호흡을 같이 한다. 아니 그들이 히어로다. 만남의 문제를 해결하기 위한 말로의 행각(行脚)은 그의《인간 조건》, 혹은《왕도》의 제(諸) 히어로들의 고통을 형성한다. 파일럿으로서 툴루즈—다카르 선(線)을 날아 다니는 생텍쥐페리는 이 만남의 문제의 해결을 위해《야간 비행》을 쓰고《인간의 대지》에 든든히 입을 맞춘다.

신을 상실한, 그리하여 인간의 만남마저도 상실한—신이 있을 당시 인간들은 저마다 신과의 삼각형을 형성하고 있었던 것이다. —현대 작가의 얼굴은 신 없는 세계에서 마치 허적(虛寂)처럼 존재하는 그의 히어로의 얼굴이다. 이제 우리는 이 만남의 문제가 얼마나 중요한가를 안다.

이 만남의 문제의 해결이 없이—이러한 자들은 하이데거는 다스만(Das Mann)이라고 부르고 키에르케고르는 비개성적 익명(impersonal anonimity)이라고 부른다.—우리는 우리가 진정한 인간일 수 없음을 안다. 이 만남이 없이는 우리는 이미 '나'일 수 없음을 우리는 아는 것이다. 그러므로 우리는 이 만남의 문제를 우리의 전존재를 던져 해결해야만 하는 것임을 안다.

이제 우리는 만남의 문제를 해결하기 위해서 이 고요한 풍토에서 처음으로 단절은, 수없이 타인 가운데서 처절한 고독을 느꼈던, 그러기에 써야만 했던 상(箱)을 더듬자. 그가 우리의 문학 풍토에 이 공허한 풍류인들의 집회소에 어떻게 처음으로 이 만남의 문제를 제시하였는가 하는 것을 더듬어 보자. 그것은 우리에게 '만남'의 문제를 해결하려는 우리에게 하나의 중대한 시위를 해줄 테니까.(우리의 주위에도 슬프게도 이 만남의 문제를 망각하고 우리와는 동떨어진 언어를 기록하고 있는 온실 속의 작가들만이 들끓고 있을 뿐이다. 그들은 이미 태양이 없어졌으며 자기들의 와해가 가까웠다는 사실에 대해 어쩌면 의식적으로 눈을 감고 있는 것이다.

2

On ne sort pas; — c'est un tort. D'ailleurs on ne peut pas sortir; — mais c'est parceque 1'on ne sort pas. — On ne sort pas parceque 1'on sc croit déjà dehors. Si 1'on se savait enferme, on aurait du moins 1'envie de sortir.

탈출하지 않는다—이건 잘못이다—우선 탈출할 수가 없다—그러나 그건 탈출하지 않기 때문이다—벌써 밖에 있다고 믿기 때문에 탈출하지 않는다—만약 자기가 갇혀 있다는 것을 사람들이 안다면 적어도 나가려는 욕망이라도 가질텐데

—앙드레 지드, <Palude> (p.76)

만남의 문제는 우선 갇혔다는 것을 인식하는 데서 출발한다. 그레고리는 잠자는 자기가 하나의 흉측한 벌레로 변신하여 방 속에 갇힌 것을 알았을 때 인간과 만나려는 욕망에 사로잡혔다.

뫼르소는 감옥에 갇혔을 때 바다를 향한 창문을 바라보며 벽면을 통해 마리와 만나려 한다. 이러한 만남에의 욕구는 그들이 세일즈맨으로서 '다스 만'의 세계에 있었을 때는 느끼지 못하였던 그러한 욕구다. 잠자는 말하자면 자기가 갇혀 있다는 것을 알 때 비로소 만남에의 욕구를 느끼는 것이다.

이 갇혀 있다는 자각—이것은 맹인국(盲人國)에 출현한 어느 사내의 설화다. 이 맹인국에서 서로를 만나고 있다고 느끼는 맹인들틈에서 이 사내는 한 여인을 만난다—그는 누군가 만나지

않고는 이 벌써 '만나고 있다고—벌써 밖에 있다'고 믿어 버린 이 불감증 환자들 틈에서 견딜 수가 없었던 것이다. 상(箱)의 문학도 이 갇힌 것의 자각에서 출발한다.

> 너는누구냐그러나門밖에와서門을두다리며門을열라고외치니나를찾는一心이아니고또내가너를도무지모른다고한들나는차마그대로내버려둘수는없어서門을열어주려하나門은안으로만고리가걸린것이아니라밖으로도너는모르게잠겨있으니안에서만열어주면무엇을하느냐너는누구기에구태어닫힌門앞에誕生하였느냐.
>
> —<정식(正式) Ⅳ>

이러한 서로 통할 수 없는 닫히 인간의 발견에서 상의 문학은 발아한다.

> 능금한알이墜落하였다. 地球는부서질程度만큼傷했다. 最後이미如何한精神도發芽하지아니한다.
>
> —<최후(最後)>

여기 이 사과가 떨어진 지점—이곳이 「문 밖에서 탄생」함을 한탄하는 상의 지점이다. 이 사과가 떨어진 것을 느낀 순간, 상은 느꼈던 것이다.—맹인국의 모든 것은 안에 있었던 것이 아니라 만남을 모르는 다스 만의 집단이었음을. 그리하여 거기에서는 「여하한 정신도 발아」치 않는다는 것을—여기서 인간은 만나야 한다는 것을 상은 느끼고 있었던 것이다.

상은 그래서 김해경(金海卿)이라는 맹인국의 얼굴과 아듀를 고한다. 상은 이 김해경에게서, 「기독(基督)에 비하여 눌변이오 어지간히 무지한」 「기독에 혹사한」이 모조(模造) 기독의 냄새를 맡았던 것이다. 이 때 상은 「천사는 아무데도 없다. 파라다이스는 빈터다」고 느낀다. 모조 기독의 허탈한 얼굴에 항거하여 텅 빈 파라다이스를 인식한다는 것은 상에게 김해경을 버리도록 집요하게 강요하고 있었던 것이다.

조용만(趙容萬)은 상이라는 이름을 김해경과 바꾼 것은 세상의 도덕, 상식적인 생활에 대한 상의 억제할 수 없었던 비웃음이었다고 말한다. 이 비웃음은 상의 표현을 빌리면 19세기적인 것에의 철저한 반발이었던 것이다. 상은 이제 19세기적인 것—그의 누추한 이름인 김해경과 작별한다.

이 작별하는 지역에서, 그는 갇혀진 존재로서의 자기를 느낀 것이다. 김해경이라는 모조 기독에 현혹된 존재는 이제 상(그야말로 상자(箱子)가 아닌가)으로 바뀐다. 이러한 상자 속에 갇힌 '나'의 발견—그리하여 여기에서 탈출하려는 상의 기도는 그의 무수한 시 가운데서 잘 나타난다. 상은 그의 <오감도(烏瞰圖)>—이 <오감도>는 그의 갇힌 인간의 발견서(發見書)다. (이 <오감도>를 향한 무수한 비난을 우리는 기억하자)—<시제4호>에서 이렇게 적는다.

患者의容態에關한問題

· 0 9 8 7 6 5 4 3 2 1
0 · 9 8 7 6 5 4 3 2 1
0 9 · 8 7 6 5 4 3 2 1
0 9 8 · 7 6 5 4 3 2 1
0 9 8 7 · 6 5 4 3 2 1
0 9 8 7 6 · 5 4 3 2 1
0 9 8 7 6 5 · 4 3 2 1
0 9 8 7 6 5 4 · 3 2 1
0 9 8 7 6 5 4 3 · 2 1
0 9 8 7 6 5 4 3 2 · 1
0 9 8 7 6 5 4 3 2 1 ·

診斷 0 : 1

26. 10. 1931

以上 責任醫師 李　　　箱

—<시제4호>

환자의 용태를(맹인들의 용태) 상이 조사하였을 때 김해경은 이미 죽었다는 사실을 그는 뼈저리게 알고 있었던 것이다.

김해경과 상의 얼굴은 영원히 만날 수 없는 숙명적인 평행선 위에 있었던 것이다. 이 평행선은 상에게 다스 만의 세계(김해경)에서 「상자 속에 든 인간으로의 자각」을 일으켜 주었던 것이다.

상은 침통한 얼굴로 김해경은 죽은 자리에 「진단 0 : 1」을 기록해 넣었던 것이다. 이제 상은 갇혀 있다는 것을 아는 자다. 그의 인간으로서의 처절한 고독을, 단절을 아는 자다.

13人의兒孩가道路를疾走하오
(길은막다른골목이適當하오.)

—<오감도 시제1호> 중에서

이 '막다른 골목'은 상자 속에 갇혀 있음을 의미하는 그의 절규의 골목이다. 이리하여 「광선보다도 빨리 달려가려는」—그리하여 과거를 잡는(만남을 얻으려는 왜냐면 그에게는 과거란 만남이 허용되는 그런 세대이었으며 그러기에 그는 「봉건시대는 눈물나게 그리워진다」고 적었던 것이다) 상의 노력은 시작하는 것이며 「막다른 골목을 13인의 아해가 질주하는」, 공포 속에서 질주하는 절망적인 몸짓은 시작하는 것이다. 비록 이 질주가 그가 <오감도 시제5호>에서 죽었던 <→>로 가도 막히고 <←>로 가도 막힌, 좌우로 다 막혀 버린 것을 아는 데서 시작하였다 하더라도, 그래서 실패한다 하더라도 상은 질주하여 '만남'을 소유해야만 했던 것이다. 이것이 그에게는 막다른 골목을 벗어나는 유일한 일이었고 홀로 알제리아 사막 위에 서 있는 자기에게서 벗어나는 그러한 것을 의미하고 있었던 것이다.

여기서 현대인의 거의 본질적인 고민을 이해하고 19세기적인 것에서 벗어나려는 자기는 밖에 있다는 것을 믿지 않으려는 지드의 성실성이 상에게도 나타나는 것이다. 그럼 그의 만남에의 욕구는 그의 작품 속에서 어떻게 나타났던가. —이것이 이제 우리의 문제이다.

3

캄마가 나타나지 않는 세계—이 곳은 붉은색으로 사방이 칠해진 짙은 감방의 세계다. 사르트르는 그의 <벽(壁)>에서 하늘만 쳐다보는, 그리하여 자기가 갇힌 곳에서 탈출하려고 한 사내의 얼굴을 그린다. 상의 히어로들은 언제나 이 얼굴을, 감방의 창을 통해 하늘을 보려는 이 얼굴을 닮는다. 그러므로 그의 히오로들의 얼굴은 19세기적인 규격에 맞는 인간—발자크가 그렇고 졸라가 그렇다—에서 벗어나려는 얼굴인 것이다.

우리는 희랍 신화에 나타나는 한 도적의 청아한 미소를 잘 알고 있다. 행인을 잡아 물건을 빼앗고, 그들을 죽일 때 그는 한 침대를 사용했던 것이다. 그는 침대보다도 더 긴 행인은 발을 자르고 침대보다도 적은 행인은 키를 늘였던 것이다. 19세기의 작가들은—현대 우리 나라의 작가들이 대개 그러한데—이 도적의 미소를 닮고 있었던 것이다. 그러나 이러한 도적이 되기를 거부한 작가들을 우리는 안다. 세계 내의 존재로서의 나의, 진실한 나의 발견과 그 나를 기점으로 하여 타인을 발견하려는 만남에의 욕구—이 욕구는 갇혀 있는 것을(enbeemes) 아는 것에서 나온다—를 풀어 보려는 작가를 우리는 아는 것이다. 상은 도적을 닮기를 거절한다.

이 거절한 지역에서 만남을 소유하려는 상의 히어로들은 출현한다.

「亂麻와 같이 갈피를 잡을 수 없는 얼마간 悲劇的인 自己探求」

(<종생기(終生記)>라고 상은 적는다. 인간의 심저(心底) 내부에 헤아릴 수 없이 만남을 소유하려 하고 있는 나의 얼굴을 상은 이 때 말하고 있는 것이며 이것이 상의 소설의 초석(礎石)을 이루고 있는 것이다. 이 나에서 출발하여 나 아닌 타자와 만남을 소유하려는 욕구는 상의 전작품의 기조를 이룬다.

나와 나 아닌 타자라는 이 두 개의 얼굴을 상에게 있어서는 존재 의미를 키려는 고된 작업이었고, 하이데거가 말하는 바의「타락하지 않으려는」실존의 고민을 말하는 것이다. 그러므로 상에게 있어서 이 두 세계의 어느 하나를 무시한다는 것은 존재의 의미 탐구를 포기하는 것을 의미하며 자기의 상실을 의미하고 있는 것이다.

세계 내에 있어서의 두 개의 얼굴의 만남은 성공할 수 있을 것인가—이러한 현대의 밑바닥을 흐르는 생각은 상의 기본 자세를 형성하는 것이다. 세계는 만남을 통하여서만 형성된다는 것을 그는 안다. 헤겔 식의 질서 정연한 세계는 이런 카오스에서는 형성되지 않기 때문이다. 그러나 그는 동시에 인간의 만남은 신의 사망 이후 금지되어 있다는 것을 알고 있는 것이다. 이러한 금지된 지역에서 주위에서는 열심히 19세기적인 만남의 자세를 취할 때 상은 홀로 이시대적인 흐름을 느끼고 골몰히 생각하고 있었던 것이다—인간의 만남은 과연 성립될 것인가고.

A. 지도의 암실

상의 최초의 소설인 <지도의 암실>은 갇힌 자의 고적한 일기다. 세계는 암실에 지나지 않고 모든 것은 이 암실을 장식하는 데코레이션에 불과했던 것이다.

'나'는 한없이 이 암뿌으르만을 쳐다보는 암실의 주인인 것이다. 여기에서는 하나의 얼굴—갇힌 자의 의식의 표백만이 행해진다. 단 하나의 얼굴만이 이 소설에는 있다. 그의 시가 그런 상자의 개념만이 나타나고 있을 뿐이다. 이 하나의 얼굴 위에 모든 세계는 투명하게 반사될 뿐이다. 만남이란 존재치 않는다. 존재하는 것은 암실 속에서 반사되는 사물에 지쳐 잠만을 자는, 그리하여 독백하는 나만이 있을 뿐이다.

> 너무나의미를 잃어버린그와 그의하는일들을사람들사는사람들틈에서 공개하기는 끔찍끔찍한일이니까 그는피난왔다 이곳에있다 그는고독하였다 세상어느틈사구니에서라도 그와관계없이나마 세상에관계없는짓을하는이가있어서 자꾸만자꾸만의미없는 일을하고 있어주었으면그는생각아니할수는없었다.

이 세계의 일은 그와는 동떨어진 만남이 없는 세계일 뿐이다. 자기가 있고 그 주위에 무수히 의미 없는 대화를 걸고 있는 세계가 있을 뿐인 것이다.

그러나 상은 잠을 자지 아니하낟. 「자나 안 자나 마찬가지이기」 때문이다.

이러한 의미 없는 세계의 한구석에서 의미 없는 대화를 하고 있는 타자를 찾아 의미 없는 대화일망정 의미를 위하여 시도해 보자—이것이 자지 않는 상의 얼굴인 것이다. 암실 속에서 그리하여 그는 적는다.

> 태양은제온도에조을릴것이다 쏟아뜨릴것이다 사람은딱정버러지처럼뛸것이다 따뜻할것이다 넘어질것이다 새까만핏조각이뗑그렁소리를내이며 떨어져깨어질것이다 땅위에늘어붙을것이다 내음새가날것이다 굳을것이다 사람은피부에검은빛으로도금을올린 것이다. 사람은부짖칠것이다소리가날것이다.

소리가 날 것을 기다리는 상의 얼굴은 만남을 희구하는 상의 얼굴인 것이다.

B. 만남에의 편력

<지도의 암실>에서 보이는 독자(獨自)의 세계에서 상은 의미를 찾아 만남의 세계로 이제 이주한다.

상의 소설은 이제 만남의 편력을 기록한다.

존재의 의미를 찾고 그리하여 모든 것에 의미를 주려는 일, 상자(箱子) 속에서 벗어나려는 일—이것은 이제 상에게는 만남의 문제로 귀착하려는 것이다. 만남을 위해서는 두 개의 얼굴이 필요하다.

상은 소설은 이제 이 두 개의 상반된 얼굴이 지배한다. 나의 의미를 캐내려는 상의 얼굴은 이 만남을 희구하는 얼굴인 것이다.

작품명	나	타인
지도의 암실	나	/
날개	나	안해
단발	그	소녀
실화(失花)	나	연
환시기(幻視記)	나	순영
동해(童骸)	나	임
봉별기(逢別記)	나	금홍
지주회시(蜘蛛會豕)	나	안해
황소와 도깨비	황소	도깨비
종생기(終生記)	나	정희

<제 1 표>

상에게 있어서 흥미로운 일은 그의 소설 속에서 타자의 위치에 언제나 <제1표>에서 보듯이 여인이 등장한다는 것이다. 여인과의 교접을 통하여 상자 속의 인간에서 해방되려는 노력은 현대 작가에게서 흔히 발견된다. 현대 작가들의 작품에서 우리는 성(性)과 성을 통한 이 만남의 얼굴과 수없이 부딪친다.

성을 통하여 인간의 만남을 로렌스는 달성하려 하였고 싸르트르는 인간을 통해 두 인간의 언어를 달성시키려 한 것이다. 그들은 알고 있었던 것이다—인간은 여인이라는 하나의 상징적인 존재를 통해 인간과, 비록 실패로 끝나더라도 만날 수 있다고. 그러므로 단순히 성의 문제로만 상의 작품을 해결하려는 것은 삶의 문제를 식(食)으로만 해결하려는 것과 동일한 결과를 가져오는 것이다. 성의 결합—더 나가서 인간의 만남이라는 거창한 문제에 상은 도전하고 있었던 것이다. 만남의 문제는 상의 작품에 있어 세 개의 카테고리로 나뉘어진다.

인간의 만남은 성공하는가, 실패하는가 혹은 그 중간에 있는가에 따라 상의 작품은 분류된다. 상의 소설 10편(<황소와 도깨비>는 동화이나 소설에 포함된다)은 독백하는 나를 그린 <지도의 암살>을 제하면 9편 교접(만남)에 성공한 것은 <황소와 도깨비> 한 편에 불과하며 만남에서 실패한 것이 5편이라는 다수를 차지한다. 우리는 여기서 상의 얼굴을 잘 이해할 수 있다—그가 의미를 찾으려고 한 시도는 결국 실패였던 것이다. 이제 우리는 상이 그린 도식을 이해해 보자—상이 어떠한 위치 속에서 이 만남을 소유하려 하였는가를.

분류	작 품 명
실패	실화(1939, 환시기(1938), 동해(1937), 봉별기(1936), 종생기(1937) 날개(1936), 단발(1939), 지주회시(1936)
성공	황소와 도깨비(1937)

<제 2 표>

① 패배론(敗北論)

우리는 만남에 실패한 상의 작품 중의 히어로들이 전부 상의 주변을 감돌고 있는 현실적인 여인이라는 것을 쉽사리 느낀다.

우리는 동시에 만남이 성공할 수 있다는 가능성이 짙으면 짙을수록 히어로들이 실제에서 벗어난 쌩볼리끄한 얼굴을 취한다는 것을 안다. 만남을 실현한 <황소와 도끼비>에 이르면 완전히 형태를 변하여 실제와 유리된 히어로로 바뀐 것을 우리는 알고 있다. 슬프게도 현실적인 배경 위에서 상은 도저히 만남을 소유할 수 없었던 것이다.

> 스물세살이오—三月이오—喀血이다. 여섯달 잘 기른 수염을 하고 면도칼로 다듬어 코밑에다만 나비만큼 남겨 가지고 藥 한 제 지어 들고 B라는 新開地 閒寂한 溫泉으로 갔다. 게서 나는 죽어도 좋았다. (……) 사흘을 못 참고 기어 나는 旅館 主人 영감을 앞장 세워 밤에 長鼓소리 나는 집으로 찾아갔다. 게서 만난 것이 錦紅이다.
>
> —<봉별기(逢別記)> 중에서

「스물세살이오—三月이오—喀血이다.」 단도직입적으로 들이대는 이 서술은 상이 이미 상자 속의 인간을 발견한 것을 의미한다.(언제나 죽음을 통하여 상자는 발견된다.) 호흡은 급박해진 것이다. 이 상자 속에 든 인간—상은 타인과 교접을(만남)을 희구한다.

이러한 만남에의 욕구는 아내의 출분(出奔)으로 인해 갇힌 것을 느끼고 바의 순영을 찾아가 슬픈 척하며 우는 나의 행동이며(<환시기(幻視記)>), S와의 대화를 단절하지 않는 연(姸)임을 알면서도 자기 자신에게 애걸까지 하며 연과 만나려는 나의행동(<실화(失花)>)이다. 이것은 또한 <종생기>의 나의 얼굴이다.

앙드레 지드는 도스토예프스키의 히어로들은 대개 일부다처(一夫多妻)를 취한다고 흥미로운 지적을 한다. (까뮈의 《시지프의 신화》 중 <키리로프> 참조.) 상의 히어로들도 이런 형식을 취한다. 오히려 다부다처(多夫多妻)를 상의 히어로들은 형성한다. 서로 서로 엇갈리는 만남(진정한 만남은 존재치 않았기에)을 하는 히어로들이다.

<봉별기>의 나는 아무런 거리낌없이 금홍에게 자기의 친구를 권하며, 또 금홍은 나의 앞에서 그들에게서 번 돈을 자랑스럽게 펼쳐 놓는다.

> 禹라는 佛蘭西 留學生의 遊冶郞을 나는 錦紅이에게 勸했다. 금홍이는 내 말대로 禹氏와 더불어 「獨湯」에 들어갔다.(……_ 나는 이 淫亂한 設備 문간에 나란히 벗어 놓은 禹氏와 錦紅이 신발을 보고 언짢아하지 않았다.
>
> —<봉별기> 중에서

> 「그럼 君 以外에?」
> 「하나」
> 「예이!」
> 「정말 하나예요」
> 「말 마라」
> 「둘」
> 「잘 헌다」
> 「셋」
> 「잘 헌다, 잘 헌다」
> 「넷」
> 「잘 헌다, 잘 헌다, 잘 헌다」
> 「다섯」
>
> —<동해(童孩)> 중에서

> 「첫번—말해라」
> 「仁川 어느 旅館」
> 「그건 안다. 둘쨋번—말해라」
> 「……」
> 「말해라」
> 「N 삘딩 S의 事務室」
> 「셋째번—말해라」

「……」
「말해라」
「東小門밖 飮碧亭」
「넷째번—말해라」
「……」
「말해라」

—<실화> 중에서

속은 후에 또 속았다. 또 속은 후에 또 속았다. 未滿十四歲에 貞姬를 그 家族이 强行으로 賣春시켰다. 나는 그런 줄만 알았다. 한 방울 눈물—

그러나 家族이 强行하였을 때쯤은 貞姬는 이미 自進하여 賣春한 후 오래 오래 後다.

—〈종생기〉 중에서

이러한 여러 관계를 상의 히어로들은 형성한다. 여기서 슬프게도 만남은 실패한다. 만남은 언제나 둘 사이에만 존재한다. 만남을 소유하기 위한 두 개의 얼굴은 동시에 열애하며, 동시에 질시하는 얼굴이다. 두 얼굴의 교접은 이리하여 여러 개의 인자를 동시에 소유한 서로의 얼굴 때문에 항시 실패한다. 인간의 만남은 언제나 이런 여러 개의 얼굴을 기반으로 하여 성립하려 한다. —하여 언제나 인간은 만나지 않는 것이다. 나와 너 사이에 무수한 타인이 존재하는 한 만남은 성립되지 않는다는 것을 상은 안 것이다.

그러나 상은 만남을 원한다. 「나 자신의 준엄 앞에 애걸」까지 하면서 상운 두 얼굴의 만남을 성취시키려 했던 것이다. 그러나 너와 나의 만남이란 사실은 아이러니컬하게도 낯선 사람들 간의 착각에서 오는 거짓 인사에 지나지 않았던 것이다. 상이 그렇게 정식 인사를 하였음에도 불구하고.

나는 아내를 버렸다. 아내는 「저를 용서하실 수는 없었읍니까」

한다. 그러나 나는 한 번도 '용서'라는 것을 생각해본 일은 없다. 왜?「간음한 계집은 버려라」는 鐵則을 가지는 내가 아니다. 간음한 계집이면 나는 언제든지 곧 버린다. 다만 내가 한참 망설여가면 생각한 것은 아내의 한 짓이 간음인가 아닌가 그것을 判定하는 것이었다. 不幸히도 結論은 늘「간음이다」였다. 나는 곧 아내를 버렸다. 그러나 내가 아내를 몹시 사랑하는 동안 나는 우습게도 아내를 辯護하기까지 하였다.「될 수 있으면 그것이 간음이 아니라는 結論이 나도록」 나는 나 自身의 峻嚴 앞에 哀乞하기까지 하였다.

—<십구세기식(十九世紀式)> 중에서

상의 (A 그룹의) 히어로들은 언제나 이 A(나)와 B(타인)와의 직접적인 교통(AB)를 원하고 있었음에도 불구하고 사실은 언제나 An과 Bn의 만남에 지나지 않았던, 그리하여 조만간 거짓이 탄로날 그러한 만남을 소유했을 뿐이다. 이들은 교접(만남)을 성취하기 위하여서는 너무 많은 인자 (An—Bn)를 가지고 있었던 것이다. —비록 그것이 인간사의 차가운 결말이라 할지라도, 너와 나는 너무 많은 타인에 의해 침해당하고 있었던 것이다.(너무 많은 타인이란, 바꾸어 말하자면 소통할 수 없었던 자기 내부의 신음이며 고뇌다.)

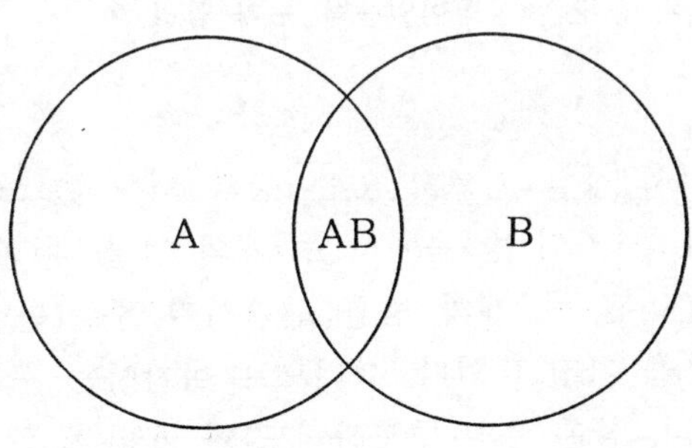

<제 3 표>

C. 날개야 돋아라

A 그룹에서의 쓰디쓴 회환은 상에게 <날개>며 <지주회시(知朱會豕)를 쓰게 한다. 그러므로 우리는 이 B 그룹에서 슬프도록 처절한 상의 얼굴 (현실에서보다 추상화된)을 본다. 상은 눈물겨웁게 상자에서 벗어나기 위하여 두 개의 얼굴의 만남을 보고 싶었던 것이다. 현실 생활 속에서 움직이던 그리하여 그에게 만남을 소유하려는 욕망을 일으켜 준 숱한 여인들과의 만남이 무참히도 실패에 끝나자 상은「만남은 영영 없는 것일까」하는 숙명적인 문제에 부딪힌 것이다.

이리하여 상의 시도는 계속된다. A 그룹에서 현실적인 얼굴을 취하던 타인의 얼굴은 B 그룹에 있어서는 처음부터 쌩볼리끄한 이름도 소유치 아니한 '나'와 '아내' 의 두 개의 얼굴로 변화한다. 상은 이름을 소유한 두 개의 얼굴이 실험으로 끝나는 것을 보았을 때 그는 이름을 벗어난 '나'와 '아내'라는 모든 존재자(存在者)를 요약한 두 개의 얼굴 위에서 실험을 계속하려고 결심했던 것이다. 그러므로 이 '나'와 '아내'는 각자로서의 '나'와 '아내'인 것이며 한 특정한 존재자는 아닌 것이다.

> 이런 이 방이 가운데 장지로 말미암아 두 칸으로 나뉘어 있었다는 그것이 내 운명의 상징이었음을 누가 알랴.
>
> —<날개> 중에

우리는 여기서 생을 가르고 있는 상의 의식적인 태도에 접한다. 이 갈라진 두 개의 방 속에서 두 개의 얼굴—나와 타자는 존재한다. 이 분리된 두 개의 방을 연결시켜 주는(만남을 허용하는) 하나의 문을 가지고 있다. 그러므로 여기서는 순간적인 왕래가 있을 뿐이다. 상은 용의 주도하게도 한 개의 방을 두 개로 갈라 놓고 그 안쪽에서 '나'가 거처하게 만든다.

안쪽에서 내가 거처한다는 것은 바깥에 거처하는 타인과 교통

함으로서만(만남으로서만) 생을 알게끔 만들어 놓은 것을 의미한는 것이다. 이러한 문을 사이에 두고 분리된 두 개의 얼굴은—타인과 교접하려는 욕망에 사로잡힌 '나'와 그 행동을 순간적으로 받아들일 뿐 나 외의 타인과 관계를 맺는 타자로 구성된다. 나는 아내라는 타자와 교접하기 위해, 아내의 부재시 그녀의 체취를 맡기 위하여 항시 아내의 방을 침범한다. 그리하여 아내의 방에서 「불장난을 하고 논다」든가 「화장대 앞으로 가까이 가서 나란히 늘어놓인 그 가지각색 화장품 병들을」 물끄러미 들여다본다.

허나 아내가 돌아올 무렵이면 자기 방으로 되돌아간다. 이것은 언제나 내가 타인과 만나기 위하여 타인 속으로 들어갈 때는 타인의 부재시이며 타인이 있을 때 나는 거기 들어갈 수 없음을 느낀다는 것을 말하는 것이다. 혹시 타인 속으로 들어갈수 없음을 느낀다는 것을 말하는 것이다. 혹시 타인 속으로 들어갔을 때, 그리하여 아내의 방에서 아내를 보았을 때도 그것은 언제나 남자를 데리고 온 아내였을 뿐이다. 이러한 아내의 부재시 그녀의 방을 침범하는 나는 「그 거미의 어렵디 어려운 말들이 사라지지 않았다」고 느끼며 「아내였다. 거미라는 탓이었다」 (<지주회시>)고 절망하듯 뇌까리는 나의 얼굴인 것이다. 이 끝없을 것 같은 두 개의 얼굴의 커뮤니케이션은 이렇게 가장된 채 계속된다.

그러나 사실은 「아내에게 직업이 있었던가? 나는 아내의 직업이 무엇인지 알 수 없다. 만일 아내에게 직업이 없었다면, 같이 직업이 없는 나처럼 외출할 필요가 생기지 않을 것」이라고 중얼거리는, 이 미지의 타인 앞에서 언제나 <단발(斷髮)>의 히어로들처럼 속는—그리하여 수없이 만남은 좌절하는 쓰라린 불모성(不毛性)을 상의 히어로는 느끼고 있었던 것이다. 아내가 준 돈으로 아내를 점유하려는 나의 욕구는 아스피린이 아달린으로 변하는 기이를 가져왔을 뿐이며(<날개>), 독거미에게 자기의 피를 빼앗기는 것같이 느끼는, 그래서 고심하는 나의 얼굴은 타인에 의해 정기를 빨린 초라한 얼굴로 변하였을 뿐이다(<지주회시>). 만남의 실패를 울고 있는 상은 아달린 여섯 알을 먹어 버린 <날개>의 나의 얼굴이며, 아내를 위하여 오(吳)를 찾아 다니는 <지주회시>의 나의 얼굴인 것이다.

> 나는 주머니에서 가지고 온 아달린을 꺼내 남은 여섯 개를 한꺼번에 질겅질겅 씹어먹어 버렸다. 맛이 익살맞다. 그리고 나서 나는 그 벤치 위에 가로 기다랗게 누웠다.
>
> —<날개> 중에서

아달린과 아스피린의 세계—이것은 두 개의 얼굴의 아이러니컬한 대조인 것이다. 아스피린을 먹고 있던 나—그리하여 타인과 만남을 가지고 있었다고 믿고 있던 내가 실제로 먹은 것은 타인과의 만남을 완전히 박탈당하게 하는 아달린에 불과했던 것이다. 그러나 이 히어로들은 방과 방을 연결해 주는 방문이 있는 한—A 그룹에서는 이것마저 없었던 것이다—아내가 열심히 그 방문을 닫을지라도(<날개>의 아내와 같이 방문을 닫고 열심히 손님을 끌어들이든가, <지주회시>의 히어로들같이 서로 거미의 독을 피하기 위하여 문을 닫든지 간에) 하나의 통로, 만날 수 있는 통로가 있다고 생각하는 것이다. 그리하여 이들 히어로들은 말하는 것이다.

> 나는 걷던 걸음을 멈추고 그리고 어디 한 번 이렇게 외쳐보고 싶었다.
>
> 날개야 다시 돋아라
> 날자. 날자. 날자. 한번만 더 날자꾸나.
> 한번만 더 날아 보잤꾸나.
>
> —<날개> 중에서

> 斷髮? 그는 또한번 가슴이 뜨끔했다. 이 편지는 필시 少女의 패배를 의미하는 것인데 그에게 의논없이 少女는 머리를 짤렸으니. 이것은 새로와진 少女의 새로운 힘을 상징하는 것일 것이라고 看破하였다.
>
> —<단발> 중에서

> 거미—그렇지—거미는나밖에없다. 보아라. 지금이거미의 끈적끈적한 촉수가 어디로 몰려가고 있나—쪽소름이끼치고식은땀이내솟기시작이다.
>
> —<지주회시> 중에서

여기서 B 그룹의 히어로들은 피날레를 고한다. 말하자면 이 히어로들은 만남의 시도 → 불능의 발견 → 다시 만남에의 욕구라는 지적도를 그리고 막(幕) 뒤로 사라지는 것이다.

D. 성공률

상은 견딜 수가 없었던 것이다—상자 속의 인간은 필연적으로 만남에서 실패할 것인가고. 그리하여 상은 결심했던 것이다—B 그룹을 확대시키자. 만남을 달성시키자고. 그러나 상은 동시에 만남의 성공은 그가 취한 형태에서 벗어나야 하며 B그룹보다 더 쌩볼리끄한 것을 사용해야 한다는 것을 알고 있었던 것이며 여기서 <황소와 도깨비>라는 소설 아닌 동화가 출현하는 것이다. 이 작품은 상의 해어날 수 없었던 문제—만남의 문제를 일순 카타르시스 해주는 교접 달성의 노래인 것이다.

황소라는 자기의 세계에 어느 날 꼬리를 잘린, 그리하여 어떻게 할 수 없는 초라한 도깨비 새끼가 출현한다. 타자의 출현이다.

황소는 이 타자를 뱃속에 보존함으로써 더욱 확대된다. 그리하여 타자가 자아 속에서 하나의 완성체가 되었을 때—물론 그렇게 되기위해서는 오랜 세월과 황소가 하품을 하는 것을 기다리는 인내가 필요하지만—황소는 전보다 백 배나 힘이 세어지는 것이다. 이리하여 황소와 도깨비는 '만남'을 소유했던 것이다. 그러나 상은 이것은 그의 실제 만남의 욕구를 만족시켜 주지 않는다는 것을 알고 곧 이 지점을 떠나 버렸던 것이다.

여기 상의 작품은 그의 고뇌의 기록이다. 우리는 앙드레 지드의 그 편력을, 베르나노스의 그 고뇌를 잘 알고 있다. 알드레 지드의 그 두 얼굴의 조화를 위한 한없던 편력을, 악마의 태양 아래서 숭고한 '나'를 찾는 도니쌍 신부의 도정(道程)을 우리는 알고 있다.

그렇다. 이상 또한 이 두 얼굴의 만남을 위해 끝없이 편력하고 있었던 것이다.

4

상의 편력기(遍歷記)—그것은 만남에의 편력이다. 우리는 상의 작품에서 이 만남이 어떻게 나타났던거를 이제 안다. 그리고 상이 이 만남을 소유하기 위해 얼마나 고통했던가도 우리는 안다.

이제 그 편력의 자취를 그의 생활과 결합시켜 이해해 보자. 그러면 진정한 상의 얼굴이 나타날 것이 아닌가.

- 1932(23세)—익명(比久)으로 <지도의 암실> 발표.
- 1935(26세)—1935년 초에 <지주회시>가 쓰여진 것 같다. 소설 속에 「그들이 부부 노릇을 한 지 일 년 반쯤 된 때 안해는 갔다」 「그런데 아내는 왔다」 등등이 보이는데 상이 금홍이와 1933년 6월에 동거 시작이므로 그 후 1년 6개월 후이면 35년 초가 된다.
- 1935(26세)—<지주회시> 후에 <날개>가 쓰여진 듯하다. 발표도 몇 달 늦게 되어 있으며 경영난으로 <제비> <쓰루> <씩스나인> 등 전부 실패하였을 때다.

- 1936(27세)—<환시기> 2월 13일이라는 탈고 일자가 있다.
  <단발>—동경 얘기가 나타나며 「5월이 되어서 한 탐구 사건이 이들에게 있었다」는 것으로 보아 5월경 제작된 듯하다.
  <동해>—6, 7월경인 듯. <사신(私信)·7>에 「동해도 작년 6, 7월경에 쓴 것이오」가 보임. (이 때 임과 동거할 때다.)
  <봉별기>—<동해>가 쓰여진 후, 그러나 11월경(음력 9월 3일)에 동경 가기 전에 쓰여진 듯. 1936이란 근거는 소설 속에 「나는 스물 일곱 살이나 먹어 버렸다」고 적고 있기 때문이다.
  <종생기>—1936년 10월경. <사신·4> (10월 초순의 사신)에서 「지상 최종의 걸작 종생기를 쓰는 중이오」가 보임
  <실화>—12월 23일. 소설 중에 「12월 23일 아침 나는 신보정(神保町> 누실(陋室)에서 공복으로 하여 발열하였다」가 보임. 이 소설은 의식의 흐름을 사용하여 12월 23일에 일어난 것을 기록한 것이다.
- 1937(28세)—4월 17일 사망

주 : <황소와 도깨비>는 정확한 제작 연도를 파악할 수 없으나 상의 정신 상태로 보아 1935~1936년 경이 아닌가 한다. 쓰여진 달은 겨울인 듯—속에 <짧은 겨울>이라는 표현이 나타난다.

이 제작 연도별로 상의 작품을 기록하면 다음과 같다.

작품명	제작일	발표일
지도의 암실	1932. 2. 13	1932. 4(朝鮮)
지주회시	1935. 초	1936. 6(中央)
날개	1935.	1936. 9(朝光)
환시기	1936. 2. 13	1938. 6(靑色)
단발	1936. 5	1939. 4(朝鮮文學)
동해	1936. 6~7	1937. 2(朝光)
봉별기	1936. 7~10	1936. 12(女性)
종생기	1936. 10	1937. 5(朝光)
실화	1936. 12. 23	1939. 3(文章)
황소와 도깨비	불명(1935. 6)	1937. 3(每日新報)

<제 4 표>

위의 것을 참조하여 상의 얼굴을 이제 읽자. 상의 작품은 형태적으로도 대개 사소설의 형태를 취하고 내용에 있어서도 이 '만남'에의 욕구가 강하게 나타난다.

1. <지도의 암실>—상의 시에서 발견되는 갇힌 문의 발견.
   싸늘한 독백하는 나가 있을 뿐이다.
   이 싸늘함을 벗어나 상은 또 하나의 얼굴을 발견한다.
2. <지주회시>, <날개>—상은 만남을 소유할 수 있다는 느낌이 아직도 있다. 그러나 계속적인 사업의 부진과 여인에의 실패는 그에게 <환시기>를 쓰게 한다. 아내 출분시(出奔時)의 타인과의 '만남'을 상은 시도한다. 실패. 다시 <단발>의 세계—계속하여 <황소와 도깨비>의 세계에 돌입—만남은 실현된 것같이 보인다.
3. 그러나 현실은 상에게 '만남'이란 부재라는 것을 가르쳐 준다. —<동해>, <봉별기>의 출현—만남에의 욕구는 여전하다. 하여 이 욕구를 충족시키기 위해 동경으로 떠났다. 작품 전부가 동경에 대한 갈망으로 충족되기 있을 정도다.
4. 「女人 얼굴은 다마네기다. 아무리 벗겨도 본 얼굴이 나타나

지 않는다」고 상은 말한다. 이러한 심정은 동경에 와서 더욱 절실해진다. 이어 동경에 대한 환멸이 온다. 그는 수필 <동경>에서 「이태백이 놀든 달아! 너도 차라리 19세기와 함께 운명하여 버렸었던들 작히나 좋을까」고 절망적인 어조로 말하고 있다. 이때 <종생기>, <실화>—두 편의 마지막 소설이 나타난다. 완전히 막힌 길이다. 이때 상은 호곡한다.

> 墓名이라. 一世의 鬼才 李箱은 그의 通生의 大作 <終生記> 一篇을 남기고 西歷紀元後 一千九百三十七年 丁丑 三月三日 未時 여기 白日 아래서 그 波瀾萬丈(?)한 生涯를 끝막고 문득 卒하다. 享年 滿二十五歲와 十一個月. 嗚呼라! 傷心커다. 虛脫이야 殘存하는 또 하나의 李箱 九天을 우러러 號哭하고 이 泰山一片石을 세우노라. 愛人 貞姬는 그대의 歿後 數三人의 秘接된 바 있고 오히려 長壽하니 地上의 李箱 아! 바라건대 瞑目하라.
>
> —<종생기> 중에서

5

놀음은 막을 내렸다. 한 번 던져진 주사위는 싫든 좋든 다시 던져질 수 없다. 한 번 산 생은 두 번 살 수가 없는 법이다. 어느 생이 정당한 생인가가 문제될 뿐이다. 우리는 우리 주위에서 숱하게 우리의 문제와는 동떨어진 것을 쓰고 노래하는 작가를 만난다. 그들은 말할 것이다. —예술은 예술 그 자체로 족하다고. 그러나 진정한 의미에서 진정한 생에 대한 도전이 없는 예술은 예술이 아님을 우리는 안다. 우리는 우리의 얼굴을 보기를 거부하는 그것임을 안다.

상은 이 생을 긍정키 위해 시대적인 수난을 몸소 아무 소리 없이 겪은 작가다. 그의 작품은 그의 세계이며 동시에 우리의 세계다. 타인과 만나려는—그러나 언제나 실패하는 자기를 절망적인 눈초리로 바라보는 나의 얼굴은 상의 얼굴이며 우리의 얼굴이다.

우리는 만남이란 존재치 않는다는 것을 뼈저리게 느낀다. 인간과 인간 사이의 결합은 완전히 절단되어 있다는 것임을 우리는 안다. 하여 상의 작품은 만남이란 것이 성취되지 않는 한 영원히 존재할 것이다. 그리하여 끝없이 만남을 소유하려던 한 절망적인 인간의 몸부림을 그들에게 인식시켜 줄 것이다.

그리하여 그들에게 상의 작품은 말할 것이다. —여기 살을 에어내는 고통을 참으며 만남을 소유하려던 한 사내의 얼굴이 있다고, 그리하여 만남이란 없다는 것을 알면서도 만남을 소유하려 하는 인간들에게 이 상의 작품들은 일종의 현란한 빛을 던져 줄 것이다. 그것으로 상의 작품은 일이 끝나는 것이다. 어느 날 짜라투스트라가 제자들에게 가르친 그 가르침을 떠나 상의 처참한 얼굴에 홍조를 띠우게 할 날, 만남이라는 문제를 해결할 제자가 출현할 것이다.

그때 지하의 상은 빙그레 웃을 것이다. 그리고 카프카의 말을 빌려 말할 것이다—절망 속에도 길은 언제나 있는 법이라고.

—《자유문학》(1962. 10)

이상(李箱) 문학의 시간의식

이 재 선

1. 서언

이상의 문학세계는 아무래도 구상의 화랑을 지나서 비구상의 그림을 대하듯 일그러뜨리거나 곤두박질쳐진 질서의 영역이다. <그로테스크>한 왜곡의 상태와 불안, 세계파국의 공포, 의식체계와 형태의 파괴, 숫자의 뒤틀림과 유희 그리고 자기분열과 자의식의 과잉 등으로 일관된 비합리적 세계다.

그래서 이광수나 김동인에게 비롯되는 한국 현대소설의 양태적 전개를 이상이라는 한 고독한 모험가에 이를 경우 현저하게 변주될 뿐만 아니라 의식적인 해체현상마저 드러내게 된다. 이상, 그는 확실히 한국문학이라는 장에서 <이상한 가역반응>을 확인하게 하는 하나의 이교도다. 바로 여기에서 이상 문학의 한 비범성과 문학사적 의의가 함께 비롯된다.

이상 문학의 특징은 그 이전의 우리 문학사 영역에서 그 어떤 친족체계도 찾을 수 없다는 데 있다. 전통의 시학이 그처럼 무참하게 파괴되는 예를 우리는 알지 못한다. 아마 그처럼 고립되고 분열된 개인(자아)들과 가치의 내면적(內面的)인 공동(空洞)을 진술한 문학을 알지 못하며 깊은 절망(絶望)과 불안(不安), 불안정한 인간관계, 인습의 근절성과 자기절개적(自己切開的) 생체해부(生體解剖) 등의 지적 실험이 그처럼 치열하게 시도되었음을 알지 못한다. 그는 숫자와 병태기술, 추상법 및 인공성의 집합에 의해서 자신의 병리와 고민의 카르테를 한 시대의 암호와 부첩으로 이끌어 올린다. 일인칭 시점에 의한 와해된 자아와 내면적인 의식의 오지를 잠행하기도 하며 때로는 봉쇄된 시간의 세계와 죽음의 깊은 늪을 응시하기도 하고 곤충 및 동물생태학으로 <패러프레이즈>된 일상적(日常的)인 대타관계(對他關係)를 분광하기조차 하고 있다. 한마디로 그의 세계는 병리성과 이상성의 명제로 조형된 세계다. 그속에는 바로 시간과 자아의 상호관계와 그 견인력이 응축되어 있다.

이 글은 기왕의 논의들처럼[1] 그의 다양한 실상을 가늠하고자 하는 것이 아니다. 매우 제한된 선택적 관점에서 이상이 일단 끈질기게도 권태로운 상태의 법칙과 탈출의 문법으로 파악하고 있는 시간의 문제만 다루고자 한다. 즉, <시간의 주제적 중요성에 관한 비상한 강조가 현대문학의 현저한 특질의 하나다>[2]라는 암시적인 지적을 한국문학의 장에서 현장확인하는 데 관심이 있다. 말하자면 이상 문학(李箱文學)에 나타난, 특수한 시간의식 내

---

1) 이상의 문학에 관한 논의 내지 작가·작품론은 한국의 어느 작가의 경우보다도 월등히 많다고 하겠다. 그 많은 것 가운데서 대표적이라고 할 만한 것들은 다음과 같다. 최재서「천변풍경과 날개에 관하여—리얼리즘의 확대와 심화」, 김우종「이상론」, 임종국「이상 문학의 본질」, 이어령「이상의 소설과 기교」, 송욱「문학평전」, 정명환「부정과 생성」, 김열규「현대의 언어적 구제와 이상 문학」, 고은「이상평전」, 김현「이상에 나타난 만남의 문제」 등이다

2) W. J. Harvey, Character and the Novel(Cornell University Press, Ithaca, New York, 1965), 100쪽

지 시간론(時間論)을 살피고 이 같은 문제가 그의 소설에서 어떤 의미와 역할을 가지는가를 점검함에 있다. 멘딜로 A.A. Mendilow는 그의 저서인 『시간과 소설』(1972)에서 20세기는 시간의 강박관념이 두드러진 시대이며, 소설 역시 그렇다고 지적한다. 모더니스트인 이상(李箱)의 소설의 시간의식은 어떠한가.

2. 이상 문학의 시간론

시간의식이란 다소 모호한 관계이긴 하나 의식 또는 자의식과 시간과의 관계이다. 이 시간과 의식에의 숙고는 현대철학의 중심적 문제 중의 하나이다.

이상의 시간의식은 그것이 어디에서 연유하듯, 그의 「날개」에서 표상되어 있듯이 궁극적으로 객관적이고 공적인 시간과 주관적이고 개인적(個人的)인 시간(時間)이란 양극적 시간의 어긋남에서 비롯된다. <나는 그러나 그들의 아무와도 놀지 않는다. 놀지 않을뿐만 아니라 인사도 않는다>[3]에서 보듯 그의 시간은 <그들>이란 막연한 복수적 개념으로 표상된 인간집합체와의 화해관계를 지니는 일상적이고 공적인 시간과는 단절된 <나>만의 시간이다. 즉, <그날 그날을 그저 까닭 없이 게으를>[4]수 있는 <세속적인 계산을 떠난 가장 편리하고 안일한 말하자면 절대상태>[5]의 일상성과 절연된 공간과 주체(主體)의 내오상태(內奧狀態)의 시간이어서 앞서의 일상적이고 공적 시간(公的時間)과 이율배반적으로 대립되어 있다. 그렇기 때문에 이상의 문학에서 등장하는 모든 시계는 생의 보편적 조건인 시간을 정확히 지시하거나 계산하는 공준성의 그것이 아니다. 하나같이 고장났거나 멎어 있거나 또는 3개의 시침을 가진 이른바 <반란하는 시계>이

---

3) 『이상전집』 (문성사, 1966), 16쪽
4) 위의 책, 17쪽
5) 위의 책, 17쪽

거나 본래의 기능이 부정되거나 마비된 <박제>된 그런 시계들이다.

시간의 공리적 체계는 요컨대 측정·질서·제시 기능을 하는데 있다. 이런 객관적 구조로서의 시간은 오늘날 우리의 일상생활을 지배하는 질서의 원리로서 이른바 사회적 의미는 더욱 증대되고 있으며 공적—객관적—시계시간의 계열을 이룬다. 그래서 한스 마이어호프는 그의 저서『문학(文學) 속의 시간(時間)』(1955/1968)에서 시간의 의미와 중요성을 다음과 같이 규정하고 있다.

> 칸트와 여타 사람들이 관찰한 바와 같이 시간은 우리들의 경험의 가장 특유한 양식이다. 시간은 공간보다도 더 보편적이다. 공간적 질서가 부여될 수 없는 인상·정서·이념이란 내면세계에도 적용되기 때문이다. 또한 시간은 공간이나 인과관계 혹은 실질과 같은 다른 보편적 개념보다 더 직접적으로 직각적으로 부여된다. 경험의 만발하고 분주한 혼란은 어떤 요소가 서로 계속되고 변화하고 혹은 지속한다는 직접적인 인식을 전달하는 것처럼 보인다. 그러므로 계속적인 유동·변화는 우리들의 경험의 가장 직접적이고 원초적인 자료에 속하는 것처럼 보인다. 그리고 이는 모두 시간의 양상이다. 말하자면 이에 부착된 시간적 지표를 갖지 않는 경험은 존재하지 않는다.[6]

이와 같이 시간은 자아의 개념에서 분리될 수 없기 때문에 인간에게 특별히 의미를 갖게 되며, 또 우리 자신의 유기적·심리적인 성장도 시간 속에서 비로소 의식될 수 있는 것이다. 이처럼 시간의 의식과 인간의 삶의 의미는 언제나 깊이 연관되어 있기 때문에 현대정신은 시간을 생의 보편적 조건으로, 그리고 인간과

---

6) Hans Meyerhoff, *Time in Literature*(California U.P., Berkeley and Los Angeles, 1968), 1쪽

사회에 관한 지식에서 끊을 수 없는 요인으로 심각하게 의식하는 것이다.

현대의식의 전경(前景)으로서 이 같은 시간의 출현은 문학에도 그대로 반영되고 있다.[7] 그런데 문학의 시간은 항상 경험 속에 부여된 시간의 요소와 관련되어 있어서 개인적이고 주관적이다. 그래서 사적—주관적—유기적—심리적 시간의 한 계열과 관련된다. 토마스 만은 그의 「마의 산」에서 <시간은 생의 매개인 것과 마찬가지로 서술의 매개>라고 하였거니와 이상의 문학작품에도 이러한 시간의 의식이 현저하게 확산되고 있다. 근대적 자아(近代的 自我)의 고독한 내면공간(內面空間)에의 투시(透視)도 물론이지마, 공리적(公理的)인 가치체계(價値體系)로서의 공적 시간의 규칙이 비산·붕괴됨으로써 그의 소설은 순차적인 시간구조의 공식을 공허하게 만든다. 이상의 문학은 이처럼 시간에 대한 의식에서도 매우 충격적인 반역(叛逆)의 특이성을 현저하게 지닌다.

1) 이상의 시계들

<자연 속의 시간 time in nature>[8]으로서의 물리적이고 객관적인 시간은 시침의 일정한 행정과 그 양적인 척도에 의해서 측정되고 또 계산된다. 이 점에서 시간의 단위인 초와 분을 산출하는 동력계기라 할 수 있는 시계는 일상적이고 공적인 그리고 과학세계 시간질서의 가장 구체적인 모형이며 계기이다. 그런데 현대문학의 경우 바로 이런 시계 내지 시계 세계가 파괴된다. 그 결과 서구 현대문학에서의 시계는 프루스트 이래 <불협화(不協和)하는 시계 Discordant Clock> 및 <바늘이 없는 시계 Uhren ohne Zeiger>[9]로 표상되어 버린 것이다. 따라서 이런 현상에 대

---

7) 위의 책, 3쪽

8) 위의 책, 4쪽. H. Meyerhoff 교수는 시간을 <경험의 시간 time in experience>과 <자연의 시간 time in nature>으로 구분하고 있다. 문학의 시간은 전자와 관련된다고 하였다.

해 지올코프스키는 현대소설은 시계의 반란[10]이라고까지 지적하게 된 것이다.

이와 마찬가지로 이상 문학에서도 우리는 많은 시계들과 마주칠 수 있다. 현대 도시적 삶의 변화조건이 반사·환기되는 시간의식의 현상이다. 즉 도시의 심리적 삶의 투사이다. 그런데 이들 시계들은 앞에서 지적한 것처럼 정확하게 외부세계의 공적·기계적 시간을 지시해주는 「날개」의 경성역 시계를 제외하고는 거의 모두가 정상적인 시계가 아니다. 우선 이를 시에서 찾아서 시계의 잠재적 의미를 찾아본다면 다음과 같이 열거 할 수 있다.

> 일층우에 있는 이층우에 있는 삼층우에 있는 옥상 정원에 올라서 남쪽을 보아도 아무것도 없고 북쭉을 보아도 아무것도 없고해서 옥상 정원밑에 있는 이층밑에 있는 일층으로 내려간 즉 동쪽으로 솟아오르는 태양이 서쪽에 떨어지고 동쪽에서 솟아올라 서쪽에 떨어지고 동쪽에서 솟아올라 서쪽에 떨어지고 동쪽에서 솟아올라 하늘 한 복판에 와 있기 **때문에 시계를 꺼내본즉 서기는 했으나 시간은 맞는 것이지만 시계는 나보담도 젊지 않느냐 하는 것보담도 나는 시계보다도 늙지 아니하였다고 아무리해도 믿어지는 것은 필시 그럴 것임에 틀림없는 고로 나는 시계를 내동댕이쳐 버리고 말았다.**
>
> —「운동」

고딕체 부분에서 보는 것처럼 멎어 있거나 내동댕이쳐진 시계다. 누가(累加)·누감적(累減的)인 반복과 교차배열의 방법으로 상하좌우의 방위적 질서에 따라 상승하고 하강하는 운동의 단계

9) Walter Jens 교수는 그의 저서 *Statt Einer Literatur geschichte*(1957)에서 프루스트·조이스·울프 등의 작품구조를 밝히는 가운데 <바늘이 없는 시계>란 비유를 쓰고 있다.

10) Theodore Ziolkowski, *Dimensions of the Modern Novel*(Princeton University Press, 1969), 184쪽. 이 용어는 그의 책의 II부 6장의 표제이기도 한 <불협화하는 시계>와 긴밀히 연관되어 있다.

적 반복을 동적으로 도해한 이 작품에서는 그야말로 시계는 멎어 있는 상태다. 그런데 시계는 정지해 있는데도 시간이 맞다고 파악하고 있다. 이처럼 질서체계의 규준인 시계가 멎어 있으면서도 시간이 맞는다는 것은 시계의 존재이유를 부정하는 하나의 변란이다.

이는 바로 일상적 현실의 질서의 자명성이 골계적으로 붕괴도어가는 상황이다. 뿐만 아니라 어떤 기대에의 지평으로 고도화되고 단계화된 정점으로의 상승이 가져다준 공허감과 도로감(徒勞感)과 이에 역행하는 하강을 통해 오히려 상식의 일상적 타성을 의식하게 되는 자아는 시계와의 상극 때문에 시계를 내동댕이쳐버리고 만다. 시계가 바로 일상적 관습의 객관상관물로 대치되어 있기 때문이다. 이렇게 시계를 버림으로써 시간 속의 갇힘으로부터 이를 벗어난 비공준, 비시간화의 개인이 되고자 하는 의식을 드러내주고 있다.

> 시계를 보았다. 구시반이 지난. 그건 참으로 바보같고 우열(愚劣)한 낯짝이 아닌가. 저렇게 바보같고 어리석은 시계의 인상을 일찍이 한번도 경험한 일이 없다. 구시반이 지났다는 것이 대관절 어쨌다는 거며 어떻게 된다는 것인가. 시계의 어리석음을 알 도리가 없다.
>
> —「어리석은 석반(夕飯)」

이 글에서는 다분히 심리적으로 시계의 부정을 통해서 시간의 과학적이고 공리적인 체계가 부정되고 있다. 즉, 시계의 효용성과 의미성이 부정되고 무의미화되어 있다. 객관적인 계산과 지시의 메커니즘이 아무런 의미와 목적을 가질 수 없다는 것이다. 이럴 때, 시계세계가 갖고 있는 일상적 의무의 강요나 구속력에 대한 자아의 위화감은 예각화한다. 행동과 상식을 지시하는 기계와 이에 맞서는 주관적인 생명체계의 대립과 반발상태를 파악하는 것이 그것이다. 벌써 규범의 법칙성으로 귀의될 수 없는 의식노출이 저면을 이루고 있다고 할 것이다. 다음으로,

> 시계는 좌우로 움직이고 있다. 그것은 무엇을 계산하는 <미터>일까? 그러나 그 사람이라는 사람은 피곤하였을 것도 같다. 저 <칼로리>의 삭감 — 모든 기구는 연한(年限)이다. 거진 거진—잔인한 정물(靜物)이다. 그 강의불굴(强毅不屈)하는 시인은 왜 돌아오지 아니할까. 과연 전사하였을까. 정물 가운데 정물이 정물가운데 정물을 저며 내이고 있다. 잔인하지 아니하냐. 초침을 포위하는 유리덩어리에 남긴 지문은 소생하지 않으면 안 될 것이다—그 비장한 학자의 주의를 환기하기 위하여.
>
> —「면경(面鏡)」

시계추의 진동현상을 단순히 시계의 수학적 계량으로만 보지 않고 정신상황에서 받아들이고 있다. 즉, 불안·위구·초조 등으로 점철된 주관적인 기다림을 시계의 질서기준으로 환원하여 체험함으로써 시계의 냉혹성과 잔인성을 문제삼고 있으며 그러면서도 그러한 계산을 거역하는 유효한 과거(지문)의 소생에 관심을 두고 있다.

> 나의 방의 시계 별안간 십삼을 치다. 그때 호외의 방울소리 들리다. 나의 탈옥의 기사(記事) 불면증과 수면증으로 시달림을 받고 있는 나의 항상 좌우의 기로에 섯다.
>
> 나의 내부로 향해서 도덕의 기념비가 무너지면서 쓰러저 버렸다. 중상(重傷), 세상은 착오를 전한다.
>
> 12+1=13 이튿날(즉 그때)부터 나의 시계의 침은 삼개이었다.
>
> —「일구삼일년 작품 제1번」

여기에는 분명히 반면적 의식상태 내지 환각의 병리학이 개재한다. 말하자면 정신병리적(精神病理的) 시간감각(時間感覺)이다.

환각(幻覺)이란 말할 것도 없이 지각적인 실재의 돌연한 소멸이며 거부다. <나>는 <방>과 <탈옥>으로 표상된 유폐로부터 해방을 13을 치는 시계소리를 의식하거나 들음으로써 비로소 얻게 된다. 이렇듯 현실적으로 시계가 도저히 칠 수 없는 환청적인 13번의 시계소리에 의해서 얻어진 것은 시공 속에 밀폐당한 존재의 일탈일 뿐만 아니라 자기 속에서 순간순간마다 의식되어오던 도덕의식의 말소화 그것이다. 이렇듯 시간의 뇌옥을 벗어났을 때, 개인적인 시계는 세 개의 바늘을 갖게 된다. 그것은 분명 분침·초침·시침을 지적하는 것이 아니다. 13번을 친다는 것이 시계세계에서는 비현실적인 대칭물이듯이 바늘이 셋이라는 사실도 이미 측정가능의 시간이 아닌 것이다. 셋이라는 수적인 양에도 불구하고 <바늘이 없는 시계>나 마찬가지로 박제된 시계다. 일상의 세계에서는 통용될 수 없는 시계이기 때문이다. 이 점에서 공포의 순열적 과정의 속도와 자기당착의 싱거운 수수께끼가 걸려 있는「오감도」의「십삼인의 아해」의 13은 바로 이와 관련되는 것이 아닐까. 즉, 시계세계를 부정하는 시간의 불가사의를 유희화한 것이 아닐까.

> 시계를 보면 아무리 하여도 일치하는 시일을 유인할 수 없고 내 것 아닌 지문이 그득한 네 육체가 무슨 조문(條文)으로 내게 구형(求刑) 하겠느냐.
>
> —「이유이전(理由以前)」

절름발이의 기형적 상태로 곧잘 비유되는 부부관계와 타인의 지문이나 묻혀오는 아내의 부정한 출분(出奔)으로 인한 상호교류의 와해·불신감 및 인간에 의한 인간의 실제적 자기소유화의 불가능성 및 상호불일치의 상태를 착종하는 시계를 통해서 확인하고 있다. 한편 매우 예외적인 것이긴 하지만 그는 시계를 여인에 대한 정감적인 비유에도 이용하는 경우가 있다. <이렇게 어

둠침침한 밤에 몸 시계처럼 맑고도 깨끗합니다>(「슬픈 이야기」와「십리나 먼 밖에서 들려오는 값비싼 시계소리처럼 부드럽고 정확하게>(「실화」)가 그것이다. 그러나

> 시계가 뻐꾸기처럼 뻐꾹거리길래 쳐다보니 목조뻐꾸기 하나가 와서 모으로 앉는다. 그럼 저게 울었을 리도 없고……
>
> —「정식(定式)」

시간을 확인하는 것이 아니라 시간의 규준이 비산된 내용 없는 시계에 대한 망상의 의식과잉 상태(意識過乘狀態)가 더욱 문제된다. 즉, 시간성이 시계의 근거인데 시간고시나 측정과는 아무런 관계가 없는 반응이다.

> 시계를 보았다. 시계는 서 있다. ……먹이를 주자. ……나는 단장을 분질렀다. × 아문젠옹(翁)의 식사와 같이 말라 있어라×
>
> —「광(獷)」

> 그 수염난 사람은 시계를 꺼내어 보았다. 나도 시계를 꺼내어 보았다. 늦었다고 그랬다.
>
> —「월상(月傷)」

두 작품의 초두는 느닷없이 정지된 시계가 등장하거나 목적의 전제도 없이 지각상태가 선고됨으로써 상식세계에 대한 관여가 파기되고 있다. 그렇기 때문에

> 時計文字盤에 XII에 내리워진 一個의 浸水된 黃昏
>
> —「건축무한육각면체(建築無限六角面體)」

에서 보듯 마치 살바도르 달리의 시계에서 보는 것처럼 시계판의 숫자와 침수된 황혼이 초현실적으로 배치되기도 하며 아예

사간의 질서를 방기하려거나 외면해버리려 한다.

> 시계도치려거든칠 것이니하는 마음보로는한시간만에 세번을치고 삼십분이 남은 후에 육십삼분만에쳐도 너할대로내버려두어버리는 마음을 먹어버리는 관대한세월은그에게이때부터 시작된다.
>
> —「지도(地圖)의 암실(暗室)」

이상에서 점검하여 보았듯이 이상의 시계들은 내동이쳐지거나, 우둔하거나, 13을 치고 바늘 셋을 가지거나, 잊혀버리는 그런 시계들이다. 즉, 일상의 공적 세계의 시계적인 질서를 표상하는 시계가 아니라 개인의 주관적인 의식에 의해서 의식적으로 변질된 시계다. 이 점에서 그 속에 살아가게끔 숙명지워진 객관적 시간 또는 증대하는 <시간의 사회적 의미(社會的 意味)>[11]에 대한 현대인의 태도가 반영되어 있다든지 시계가 바로 부정적 상징이란[12] 지적의 한 구면을, 이념상의 동질성이야 어떻든 간에, 이상이란 개체를 통해서 구체적으로 시인할 수 있게 된다. 한마디로 이상의 시계는 <절대상태>란 초시간적 영역에 몰입된 절대주관으로 수검된 시계다. 시계의 가치는 자신이 그 시계세계의 공준화(公準化)에 밀접히 연관되어 있다고 파악될 때, 긍정될 수도 있고 부정될 수도 있는 양의적 가치를 지닌다. 이상이 결과적으로 시계의 가치에 대해서 부정적인 것으로 기울어지고 있는 것은 시계의 공준성과의 어긋남 및 불균형 상태 때문이다.

그렇다면 이렇듯 시계세계를 절멸시키고 있는 이상의 시간의식은 과연 어떠한 것이며 또 그것이 어떤 의식상태에서 연유하고 있으며 이것이 또한 소설에서는 어떻게 다루어지고 있는가가 문제다.

---

11) H. Meyerhoff, 앞의 책, 106쪽

12) T. Ziolkowski, 앞의 책, 188쪽

2) 이상의 시간관(時間觀)

시계세계를 박제화하는 이상의 시간의식은 먼저 일상적인 시계의 세계를 지겨움이나 권태로 파악하는 데 있다. 즉, 시간적 존재로서의 자신이 그 시간의 뇌옥에 유폐되어 있다는 의식이다. 「권태(倦怠)」는 그 대표적인 보기가 될 것이다.

> 그렇건만 내일이라는 것이 있다. 다시는 날이 새이지 않는 것 같기도 한 반 저쪽에 또 내일이란 놈이 한 개 버티고 서 있다. 마치 흉맹한 형리처럼—나는 그 형리를 피할 수 없다. 오늘이 되어버린 내일 속에서 또 나는 질식할 만치 심심해야 되고 기막힐 만치 답답해야 한다.
>
> 그럼 오늘 하루를 나는 어떻게 지냈던가 이런 것은 생각할 필요가 없으리라. 그냥 자자! 자다가 불행히—아니 다행히 또 깨거든 최서방의 족하(足下)와 장기나 또 한판 두지 웅덩이에 가서 송사리를 볼 수도 있고—몇가지 안 남은 기억을 소처럼—반추하면서 끝없는 나태를 즐기는 방법도 있지 않느냐.
>
> —「권태(倦怠)」

이에서 보듯 <내일>이나 또는 <오늘>이란 일체의 시간은 흉포한 형리의 위치에 앉아서 도저히 피할 수 없도록 끊임없이 <나>를 유폐하고 감시하고 또 심문하는 실체이다. 자아는 바로 시간의 수인이며 시간은 그의 뇌옥이며 자아를 감금하여 고문하는 폭군의 형리이다. 이러한 시간에의 감금의식(監禁意識) 때문에 모든 시간은 <터무니없는 고통의 연속>(「어리석은 석반」)이고, <내일 내일도 오늘 하던 계속의 일을 해야지 이 끝없는 권태의 내일은 왜 이렇게 끝없이 있나?>와 같이 습관의 반복이나 지겨움의 지속상태로 파악하는 것이다. 즉, 이상에서 일상적인 시간은 무료함과 고통과 권태의 연속이다. 그렇기 때문에 그는 지각상태를 선언하거나 시계를 파기하거나 부정해버린다. 그에게 이러한 시간의 고뇌를 해소하기 위한 방책은 소극적으로는 잠을 자거나 유희를 반복하거나 또는 기억을 반추하는 세 가지 행위다.

먼저 잠을 잔다는 것은 시간에 늦거나 갇힌 상태를 외면하는 것이며 의식을 절멸시키는 것이다. 이와 같은 의식절멸화와 나태의 이중성을 지닌 잠을 통해서 자신을 감시하는 형리와 같은 시간으로부터 최소한 자유로울 수 있다. 또 계속해서 잠자는 사람에게는 시계가 무의미해질 수밖에 없다. 따라서 깨어 있는 상태는 언제나 맹포한 형리로 비유된 일상적 시간의 감시를 피할 수 없는 수인이나 포로로서의 자의식 과잉의 시간상태요, <그저께는 그끄저께보다 여위고 어저께는 그저께보다 여위고 오늘은 어저께보다 여위고 내일은 오늘보다 여윌 터이고—나는 그럼 마지막에는 보숭보숭한 해골이 되고 말 것이다>란 죽음으로의 파멸적인 시간과 자아를 확인하는 상태다. 잠이란 의식이 아닌 것이다. 결국 그는 잠이라는 의식절멸상태로 시간의 억압과 감시를 해소하려고 한다. 잠은 곧 시간의 심연을 망각하는 것이며 무화에 대한 원망(願望)인 것이다.

그렇기 때문에 <오늘>이란 그에게 아무런 의미를 가질 수 없을 뿐 아니라 없애고자 하는 대상이다.

> 오늘 오늘 오늘 오늘 헐일없이 눈가린 마차말의 동강난 시야다.
>
> —「지주회사(蜘蛛會豕)」

> 왜 오늘이 있나. 오늘이 있어서 반닫이를 보아야 되느냐. 어둬졌다. 계속하여 게으르다.
>
> —「동(同)」

이런 오늘은 이미 아무런 미덕도 가지지 않은 또 단속적인, 한갓 습관의 수용소나 자의식의 부식토인 것이다.

> 실어내가기도 하고 실어들어오기도 하고 하다가 잊어버리고 새벽이 된다. 폐에도 아침이 켜진다. 밤사이에 무엇이 없어졌나 살펴본다. 습관이 도로 와 있다.
>
> —「아침」

무미건조한 습관의 반복과 등대밖에 없다. 폐병은 이미 정신화되고 있다. 이런 일상적 시간을 벗어나기 위해 그는 곧잘 나태한 잠의 상태로 소거한다.

한편 그는 철두철미하게 권태로운 시간의 상태를 일탈해버리기 위해서 유희적(遊戲的) 인간 Homo Ludens이 되어버린다. 그의 문학이 남달리 고도의 골개성을 가지고 있는 것도 바로 이 점 때문이지만, 그는 권태의 자위책으로 유희로의 전회(轉回)를 시도한다. 유희란 오락적인 가치를 지니는 동시에 폐색된 자아의 해방의 표현이기도 하다. 그래서 그는 시간의 권태를 잊기 위해서 5, 6세 내지 7, 8세의 아이들이 한 줄로 늘어 앉아 용변을 배설하는 유희의 장면을 하등의 혐오감도 없이 기상(奇想)의 유희로 간주한다. 뿐만 아니라 그의 모든 문장은 수수께끼적인 기상 이용법이나 명암 대조법의 유희적인 표현법으로 일관되어 있다. 생의 제전적(祭典的) 구조를 그린「날개」전반부의 <나>는 아내에 대해서 정상적인 남편의 위치에 있는 것이 아니라, 유아로 전변된 희화적 인물이다. 부부관계도 전도되어 있다. 이렇게 부부가 함수시점을 갖지 못하고<허리와 가랑이 세 군데나 고무 밴드가 끼여 있는 부드러운 사루마다를 입고> 하루 종일을 잘 <놀고>, 주는 끼니나 얻어먹고 희화적으로 유아화된 존재인 <나>에게 시간에 대한 의식이 가능할 수는 없다. 이러한 유희의 극치는 시체애호적인 병리적 감성으로서의 타나톱시스(죽음의 충동)로까지 전개되고 있다. 그의 문학의 도처에서 우리는 자살하고 싶다는 충동과 마주치게 된다. 심지어 그는 자신의 묘비명까지도 작성하고 있다. 이런 자살에 대한 극도의 유혹이나 죽음에 대한 의식은 요컨대 시간의 타성화와 권태감에 대한 반발이다. 결국 죽음이란 개체성의 부정인 동시에 시간의 세계에 대한 최고의 결렬행위이기 때문이다. 그러나 정작 그에게는 자살도 일종의 관념의 유희에 불과한 것이다. 문제는 이런 놀이나 유희에의 탐닉이 시간에의 억압감을 외면하고 제어하는 데 있다. 즉, 죽음을 유희의 영역으로 이항시킴으로써 죽음의 공포와 위협을 오히려 면역하는 것이다.

또한 셋째로 그는 분명히 <기억을 반추한다>고 하였거니와 그는 확실히 기억을 통해 현재적 시간으로부터의 석방을 시도하고 있다. 기억이란 항상 과거의 무엇에 대한 기억이다. 이런 과거를 반추, 즉 재음미한다는 점에서 그는 죽음의 종점으로의 행진이란 일회적인 유기시간과는 역으로 시계바늘을 거꾸로 돌려 이미 죽어버렸다고 생각하는 경험된 시간으로서의 과거를 재생시키려고 하는 것이다. 따라서 그에게 중요한 것은 과거라고 볼 수 있다. 그러나 그는 이런 과거를 재현시키거나 의식에 환기시키기 위해서 기억하는 것이 아니다. 오히려 지겨운 현재로부터 분리되기 위해서 과거를 재현하는 것이 아니라 과거의 기억을 반추한다. 결국 기억의 비시간성을 역설적으로 즐기는 것이다.

이상의 시간에 관한 병적인 과민성은 그의 「선에 관한 각서 5」에서 절정을 이루고 있다. 이 시는 과거 · 현재 · 미래라는 시간단위에 대한 역행적인 파악을 다룬 것으로, <시간성>을 <통속사고에 의한 역사성>(「선에 관한 각서 6」)이라고 몰아붙인 이상의 역설적인 시간론이다.

> 미래로 달아나서 과거를 본다. 과거로 달아나서 미래를 보는가. 미래로 달아나는 것은 과거로 달아나는 것과 동일한 것도 아니고 미래로 달아나는 것이 과거로 달아나는 것이다. 확대하는 우주를 우려하는 자여 과거에 살으라. 광선보다도 빠르게 미래로 달아나라.
>
> —「선(線)에 관한 각서(覺書) 5」

> 사람은 다시 한번 나를 맞이한다. 사람은 보다 젊은 나에게 적어도 상봉한다. 사람은 세 번 나를 맞이한다. 사람은 젊은 나에게 적어도 상봉한다. 사람은 적의하게 기다리라. 그리고 파우스트를 즐기거라. 메피스토는 나에게 있는 것이 아니고 나이다.
>
> —「동(同)」

한마디로 시간의 실존에 대한 매우 궤변적인 유희다. 열역학(熱力學)의 ω와 $^{*}\omega$의 시간단위론이나 민코우스키의 4차원 기하학의 시공론을 대한 듯한 당혹성을 주기도 하지만 요컨대 시간은 계속적으로 소멸하는 순간순간의 파쇄(破碎)로서 파악되지 않고 과거와 미래의 지속적인 상관관계 위에서 파악되며, <달아나라>란 말이 표상하듯 그는 현재의 사회적 의미의 시간으로부터 미래로 달아나고자 한다. 이때 과거는 현재에서 해방된 미래라는 이동된 거리에서 보는 현재인 것이다. 현재를 현재로 보는 것이 아니라 미래에서 현재의 과거성을 보고 있는 것이다. 이런 미래에는 항상 과거가 잠복해 있다. 그러니까 미래에서 과거를 회고하면 젊은 <자아>와 상봉하는 것은 당연한 것이다.

> 무수한 과거를 경청하는 현재를 과거로 하는 것은 불원간(不遠間)이다. 자꾸만 반복되는 과거, 무수한 과거를 경청하는 무수한 과거, 현재는 오직 과거만을 인쇄하고 과거는 현재와 일치하는 것은 그것들의 복수의 경우에 있어서도 구별될 수 없는 것이다.
>
> —「동(同)」

이미 시로서의 파격성이 노골화된 이런 사변적인 시간단위에 대한 인식은「시 제2호」에도 나타나고 있다. <나의 아버지의 아버지의……>의 반복으로 이어지는 이「시 제2호」는 결국 현재와 과거의 수직적인 동시성의 효과를 드러내보이는 작품이다. 즉, 현재의 <나>(시간)는 무수히 <아버지>(과거)를 증량해간다는 것이다. 기타 19세기의 도덕성에 갇혀 20세기의 현대인이 될 수 없다는 그의 고백도 그의 시간의식의 한 부분으로 평가할 수 있겠으나 이는 미루어두고자 한다.

그렇다면 이상이 이와 같이 자아를 폐쇄시키고 분열시키고 소모소키고 그리하여 끝내는 파멸시키려는 일상의 객관시간을 무화하거나 부정하게 한 것은 무엇일까? 여기에는 적어도 다음과 같은 이유들이 있다고 하겠다.

첫째는 시간을 생의 보편적 조건으로 그리고 인간과 사회에 관한 지식의 끊을 수 없는 요인으로 의식하는 현재정신의 반영이라는 점이다. 말하자면 현대는 사회적, 기술적 및 여타의 요인에 의해서 시간에 대한 인식이 더 증대돼 있기 때문이다. 시간의 문제를 다룬 근대 서구문학의 영향이 이에 가세된다. 그는 19세기의 봉쇄와 극복을 남달리 자각했던 것처럼 모더니스트였다.

둘째는 이상 자신의 질환에 들려져야 할 것이다. 이에 대해서는 이미 많은 정신분석학적인 시도들이 있었거니와 끊임없이 결핵이라는 병마에 시달린 육신의 쇠퇴와 이에 수반된 정신의 병리현상 때문이다. 로렌스는 <작가는 그의 저작 속에 그의 병의 흔적을 남겨놓는다>고 했다. 이상의 작품은 어떤 면에서는 그의 <패소그래피 pathography>의 성격을 지닌다고 할 것이다. 이 점은 또한 그의 시간의식이 바로 임상적 시간과 밀접히 연관되어 있다는 지적이기도 한 것이다. 그만큼 그의 문학은 임상적 용어로 점철되어 있다. 이와 더불어 그가 근본적으로 도시인이었다는 점이다.

셋째로 식민지시대의 불건강한 사회적 상황에서도 그 이유를 찾을 수 있을 것이다. 즉, 생활과 문화일체가 예속당하고 통솔자인 타자에 의해 개체성이 박탈당하는 식민지시대의 정신풍토 속에서 자기소모적이고 자기해체적인 모습을 띨 수밖에 없었던 지식인의 사회정신사와 결부된다.[13] 폐쇄된 자아요, 역사의 피해자로서 <박제가 되어버린 천재>의 절망적 기분과 권태가 자동적으로 시간에 대한 이상한 관심을 갖게 한 것이다. 이는 비단 시간의식에만 국한되는 문제가 아닐 것이다. 아무튼 이러한 세 개의 복합적인 요인에 의해서 그의 시간의식이 특수성을 띠게 되었다고 보인다.

결국 그의 시간의 특수성은 재래의 순환적인 반복구조나 연대기적이고 직선적인 연속구조도 아니며 무상의 개념도, 공적·객관적인 것도 아니라는 점이다. 주관적이고 사적이며 통일되지 않은 파쇄된 시간이다.

고은(高銀)의 「이상평전(李箱評傳)」에는 다음과 같은 대목이 있다.

> 그가 문화의 진화를 문화사 의식으로 수확하지 않고 그 자신의 배타적인 의식단위로서 그가 살고 있는 시대의 이상(李箱)이전과 방법적으로 단절되었다는 점에서 말할 수 있다. 그의 시가 얼마나 재래적인 운율을 파괴했는가에서도 이상의 방법은 독립된다. 이런 단절은 적어도 새로운 일에 대한 명분론으로 발전하지만 사실상 그는 그런 명분을 그 자신의 사생활문학으로 대치한 것이다. 이런 문학의 사물화는 현대문학사를 통해서 작가 자신의 사어 또는 작가 자신의 기명이 압도적으로 삽입되어서 그것이 독자에게 실록도착증의 쾌감을 불러일으키는 사람은 이상밖에 없다는 판정에 이르게 한다.[14]

요컨대 이상 자신의 경험적 자아와 소설 속의 허구적인 자아가 착종됨으로써 소설이 다분히 자기노출적인 수필성을 갖고 있다

---

13) 이상의 문학을 식민지시대 지식인의 사회정신사와 결부시키고 있는 것으로는 김윤식·김현의 『한국문학사』(1973), 189-193쪽에서의 「이상 혹은 자아의 파산」, 김병익의 『리얼리즘의 기법과 정신』(1972)과 같은 것이 있다.

14) 고은, 『이상평전』(민음사, 1974), 15-16쪽

는 지적이다. 그렇기 때문에 <문학의 사물화>란 논급이 이루어지고 있거니와 자기분석적인 소설이 서술시점으로 일인칭을 택한다는 것은 너무나 당연한 일이다. 외부시점보다는 독백이 중시되기 때문이다. 따라서 시점의 특수성 때문에 문학의 사물화로 규정될 수는 없을 것이다. 또한 그가 남달리 시적 개성의 병리적 국면을 노출시키고 있다는 점에서 문학의 사물화라는 규정도 가능할 수 있다. 그러나 그의 그 같은 파괴와 정신적 병리의 징후가 끝내 개인적인 경우로 가두어져 있는 것은 아니다. 그것이 바로 한 시대의 병리적 현상으로 연결되어 있고자 함에서 오히려 사물성이 극단화한 것이다. 이 점에서 에드먼드 윌슨이 <philoctetes>를 예술가의 우의로 다루고 있음을 주목하게 된다. 즉, 작가는 그의 병으로 창조적 비전을 보상한다는 문제인데, 사회는 병든 예술가를 거부하면서도 그의 예술이 가진 치료력 때문에 오히려 그를 필요로 한다. 이미 이상의 병리적 개성은 그 자신만의 것이 아니었던 것이다. 시대적 병리의 <카르테> 그것이었다.

3. 이상의 소설과 시간

1) 「날개」 — 유폐(幽閉)와 잃어버린 시간(時間)에의 비상(飛翔)

흔히 평가되고 있듯이 외견상 부부의 성적(性的) 도착상태(倒錯狀態)를 그린 「날개」는 <폐쇄된 시공으로부터 개방된 시공>[15]으로 이행하려는 의식의, 또는 삶의 제전적 구조로 이루어진 작품이다. 1936년 《조광》 9월호에 발표된 작품으로 폐쇄된 자아의 경험과 잃어버린 과거의 의미가 제시되어 있다.

「날개」의 절정과 주제의 음미는 아무래도 그 마지막 장면에 있다고 할 것이다.

15) 정명환, 「부정과 생성」, 『한국인과 문학사상』(일조각, 1964), 345쪽. 소수참조.

이때 뚜우하고 정오 사이렌이 울었다. 사람들은 모두 네 활개를 펴고 닭처럼 푸드덕 거리는 것 같고 온갖 유리와 강철과 대리석과 지폐와 잉크가 부글부글 끓고 수선을 떨고 하는 것 같은 찰나, 그야말로 현란을 극한 정오다.

나는 불현듯이 겨드랑이가 가렵다. 아하 그것은 내 인공의 날개가 돋았던 자국이다. 오늘은 없는 이 날개, 머리속에서는 희망과 야심의 말소된 페이지가 딕셔내리 넘어가듯 번뜩였다.

나는 걷던 걸음을 멈추고 그리고 어디 한번 이렇게 외쳐 보고 싶었다.

날개야 다시 돋아라

날자 날자 날자 한 번만 더 날자구나.

한 번만 더 날아 보자꾸나.

우선 여기에서 숙명적인 절름발이 관계 또는 대립적인 공생관계에 있는 아내에 의해서 부단히 금기와 복종이 강요되고 묵계되어 있는 자정의 시간과는 대극적인 정오의 순간이 제기되어 있다는 점을 주목할 수 있다. 백주의 정점인 정오는 확실히 <나>의 유폐성의 극복인 동시에 도착된 아내와의 관계를 역전시키는 하나의 중대한 전회점인 것이다. <눈에 보이지 않는 끈적끈적한 줄>로부터 해방되는 것이다.

이를 위해서 우리는 먼저 이 작품에 나타나 있는 아내에 대한 나의 예속적인 수직관계를 음미해볼 필요가 있다. 같은 33번지에 유곽 같은 인상을 주는—인상이 아니라 바로 창가(娼街)인 것이다—18가구가 제각기 같은 <함석지붕 및 볕 안드는 지역>에서 산다. 이들 가구 중에서 대문에서 일곱 번째의 방 한가운데를 장지로 가리고 <나>와 <아내>의 기괴한 동서생활이 전개된다. 둘의 주거공간인 하나의 방이 장지로 나뉘어 있듯이—그것도 소유의 관념으로 보면 분명히 아내의 명함이 붙어 있다—이들 부부관계는 개체간의 괴리(乖離)가 전제되어 있고 기이하다. 아내에 대한 하나의 예속자나 기생충적·동물적 존재로서 스스로의 인격적인 소유권마저 확보하고 있지 못할 뿐 아니라 시민성도 없는 <나>에 비해서 아내는 <나>를 지배하고 통어하고 사육하는 위치에 있는 것이다. 그러면서도 <외출> <내객> <돈>이란 단어의 상호조응 관계가 해명해주듯 아내는 매음하는 창녀이다. 그러니까 쉽게 말해서 <나>는 <꽃>에 매달려 사는 기둥서방이다. 어떤 점에서 이런 아내는 아내에 국한되는 것이 아니라 현실의 질료요 형상이라 할 것이다. 물질과 사회적 타협의 표상인 아내에게 <나>는 <닭이나 강아지처럼>이란 동물적 비유가 지시하듯 종속관계에 묶여 있는 것이다. 이런 종속관계는 시간의 질서에서도 마찬가지다. 아내의 매음현장이 <나>에게는 출입금기의 공간이듯이 아내의 감금에서 일단 풀려나온 <나>는 다시 아내가 쳐놓은 시간의 금기상태에 연금된다. 자정 전에는 절대로 집에 들어갈 수 없기 때문이다. 공간적인 유폐가 시간적인 것으로 전이된 것이다. 자정이란 시간은 확실히 <나>에게는 갇힘과 금단의 시간이다. 만약 이런 금기를 깨뜨렸다가는 아내에 대한 모독행위가 되기 때문에 가학적인 처벌을 피할 수가 없는 것이다. 또 이 시간은 아내의 매음과 이에 대한 자유방임이 전제된 시간이다.

이런 점으로 보면 앞서 인용한 정오의 사이렌은 바로 강요된 자정의 억압이나 금기로부터 해방의식의 전기인 열린 시간인 것이다. 이 사이렌 소리를 계기로 주인공의 마비되고 정체되었던 의식의 장치는 비로소 비등하기 시작한다. 이런 의식의 비등을 통해서 비로소 새로운 외부세계로의 변증법적인 전회가 가능해지고 정지나 유폐로부터의 해방과 존재의 새로운 차원으로 날아오르려는 변신의 비상을 시도한다. 이런 비상에의 원망은 5번의 외출을 통한 사회화 과정으로 비로소 가능해지거니와 <날개>가 돋기를 기구하는 희망과 <날자> 또는 <날아보자>의 대자적인 야심은 모두 어떤 억압적인 미로의 상태로부터 해방되려는 주체의 모험인 것이다. 결국 <날은다>는 말은 거미줄 같은 존재의 조건인 <끈적끈적한 줄에 엉겨서 헤어나지 못하는> 폐쇄적이고 응고된 상황과 그런 개체로부터의 해방의 상징이며 동시에 자기 소모적이고 치사적인 시간으로부터 풀려나려는 고뇌로운 변신술의 제전인 것이다. 정명환(鄭明煥)은 이상의 이와 같은 비상이 <미래(未來)로의 투기(投企)가 아니라 과거(過去)에 대한 다분히 감상적(感傷的)인 향수(鄕愁)[16]라고 지적하였지만, 「날개」의 비상은 확실히 시간적인 과거를 향해 나는 비상이며 과거적인 경험의 재생 또는 재구(再構)와 밀접히 연관되어 있다. 오늘이란 현재에는 분명히 없는 날개지만 과거에는 <돋았던> 날개요, 그 날개를 위한 기구(祈求)도 <다시> 또는 <한번만 더>라는 부홍개념의 말들이 시사하는 것처럼 과거의 재생능력과 연관되어 있다. 무능력한 현재로부터 그 대립인 <희망>과 <야심>으로 조형된 과거를 향한 회귀를 기도하려는 것이다. 현재의 일상적 의식은 아내가 감기약이라며 주는 <아스피린>이 실제로는 <아달린>이고, 그 약으로 <나>를 치사시키려는 의도가 잠복돼 있는 것과 같은, 속이고 속는 관계일 뿐이다. 또 현실의 본질과 인간관계는 돈과 매음에 관여되는 야합적인 유희와 이에 대한 묵인뿐이다. 이런 가운데서 시간의 초월을 기도하는 것은 현재의 속고 속이는 상호관계와 예속 및 무력·불안으로부터 격절되려는 의식인 것이다.

그런데 이와 같은 정신적인 재생계획의 상징인 날개가 자연적이고 천부적인 날개가 아니라 바로 <인공>의 날개라는 형용사를 달고 있는 점에 일단 주목해볼 수 있다. 이상의 날개는 이카로스나 다이달로스의 날개처럼 인공적으로 제작된 날개이다. 인공, 즉 어떤 의지적 요구에 의해서 의도적으로 제작된 날개이며 그러한 날개를 소유하고 있었던 과거는 희망과 야심이 확산되던

16) 위의 책, 347쪽

신화적인 시간이다. 따라서 「날개」는 곧 잃어버린 시간의 재생을 통한 정신과 육체의 재생문제를 그 기초로 하는 작품이다. 그리고 이런 기본주제를 전개하는 데서 주인공이 방 안에 갇혀 있지 않고 백주의 의식을 지닌 채 공간적으로 확대되고 지평적이 아니라 수직적인 <미쓰코시>의 옥상에 있다는 것은 매우 상징적이다. 근대 도시의 거대하고 거미줄 같은 복잡성과 그 미로성을 파노라믹하게 부감할 수 있다는 설정 자체가 이미 속박으로부터 해방됐음을 지적하는 것이다.

어쨌든 이 작품은 잃어버린 시간으로의 비상을 시도함으로써 정신적인 재생계획과 시간의 초월이란 이중적인 의미를 제기하고 있다는 데 그 특수성이 있다. 마지막의 대자적이고 독자적인 날개와 비상을 향한 기구는 <네 활개를 펴고 닭처럼 푸드득>거릴 수 있는, 박제와 무력과 유폐된 시간으로부터의 재생이며 아내라는 물질적 주물에 맞설 수 있게 하는 마조히즘의 청산이다. 이것은 어쩌면 역설적이게도 건전성에 대한 향수인지도 모른다.

2) 「지주회시」—창 외(窓外)의 시간과 창 내(窓內)의 시간

이 작품은 일체의 인간관계를 동물생태학적으로 환원한 가운데 서로가 서로에 대해서 가학적인 위치에 있다는 관념을 강조하고 있다. 상호간의 존재관련이나 삶의 양태가 상호착취나 가해자적 성격임을 거미로써 표상하고 있는 것이다. 따라서 인간 개체가 갖는 절대적 수성(獸性)의 냉혹성이 중요한 문제로 다루어지고 있다. 그렇기 때문에 그의 모든 작품에서 정상적인 가정이나 가족구조는 항상 와해되어 있는 것이다. 어쩌다가 야합한 부부요 정절의 윤리성이 배제되어 있다. 그렇기에 필요하다면 언제라도 폐기될 수 있는 가변적 관계다. 표제가 시사하듯이 어차피 짐승들끼리의 만남이다. 이상 문학의 만남은 곧 불구상태를 의미한다.

<오(吳)가 다니는 A취인점 전무에게 <양돼지>라고 했다가 여

급인 <아내>는 발길에 채여 계단에서 굴러 떨어진다. 이 때문에 아내는 20원의 돈을 받아오지만, 오에게 우롱당한 듯한 <그>는 오의 <자신 있는 계집>이요 <끄나플>인 마유미에게 희극적인 보복을 하기 위해 <양돼지>란 말을 하려고 한다. 곧 자신이 거미의 거미가 되려는 변신술이다. 뿐만 아니라 아이로니컬하게도 아내에게 또 한번의 자해적 타락을 갈망한다.

> 부탁이야. 안해야 또 한번 전무귀에다 대이고 양돼지 그래라 걷어차거든 두말말고 층계에서 내리 굴러라.

이런「날개」의 비상과는 역으로 <굴러라>와 같은 타락에의 강요는 다만 자해공갈단적인 정신상황의 평면적 표현이 결코 아니다. 돈과 상호간의 가학성이란 격렬한 주제를 완화하기 위한 아이러니와 해학이 배려된 유희적 충돌의 결과라고 할 것이다.

한편 이로 볼 때 이상의 공간은 그의「운동」에서 나타났던 바대로 언제나 위험이 없는 수평적인 대치보다도 날거나 굴러 떨어지는 상하의 수직적인 공간이다. 즉, 높이나 깊이의 공간적인 현상학에 의해 대치된 공간이다. 따라서 이런 수직성의 경험에는 불안과 현기증 및 퇴행과 비상 그리고 파멸의 의식이 잔존되어 있는 것이다.

좁은 공간에 갇혀 있다는 의식은 동시에 자동적으로 자아가 시간속에 갇혀서 존재의 시간적 시련을 받는다는 지긋지긋함과 억압감을 나타낸다. 이 작품에는 단편적이지만 시간에 대한 기술이 여러 곳에 등장하고 있다.

> 그는 하루치씩만 잔뜩 산(生)다.

> 오늘 다음에 오늘이 있는 것 내일 조금전에 오늘이 있는 것 이런 것은 영 따지지 않기로 하고 그저 얼마든지 오늘 오늘 오늘

헐일없이 눈가린 마차말의 동강난 시야다.

오후 네시. 다른 시간은 다 어디갔나 대수냐 하루가 한시간도 없는 것이라기로서니 무슨 성화가 생기나.
왜 오늘은 있나 오늘이 있어서 반닫이를 보아야 되느냐.

이상에서 보는 듯이 지속적인 시간이 아니다. 이미 어제도 없고 내일도 없는 눈 가린 마차 말의 시야라는 비유처럼 동강나고 정체된 시간이며 아예 부정해버리고 싶은 시간 속에서 시련을 지겨워한다. 술집 여급의 건강하지 못한 <끄나풀>로 실추된 현실에서 달음박질쳐서 자기구제의 의욕조차 가질 수 없기 때문에 예속되고 감금된, 철저히 폐쇄된 자의 시간이다.

문을 닫자. 생명에 뚜껑을 덮었고 사람과 사람이 사귀는 버릇을 닫았고 그 자신을 닫았다 온갖 벗에서 — 온갖 관계에서 — 온갖 희망에서 — 온갖 욕(慾)에서 — 그리고 온갖 욕에서 — 다만 방 안에서만 그는 활발하게 발광할 수 있다.

닫자. 첩첩이 닫자.

닫은 일년동안—산채 썩어들어가는 그 앞에 가로놓인 아가리 딱 벌린 일월이었다.

이렇게 자산을, 철저하게 <첩첩이 닫어버린 번지>로 폐쇄된 공간 속에 유폐시킨 상태의 시간은 창 내에 갇힌 시간이다. 즉, 소모와 파괴의 순환적인 반복만을 되풀이하는 시간이다. 그런데도 창외의 건강한 시간은 잠시 조우했다가는 금기된 것으로 거침없이 흘러가버린다.

밖에 와 있는 세상—암만 기다려도 그는 나가지 않는다. 손바닥만한 유리를 통해서 꿋꿋이 걸어가는 세월을 볼 수 있을 따름이다. 그러나 밤이 그 유리 조각마저도 얼른얼른 닫아주었다 안된다고.

이렇듯 이 작품에서는 두 가지 시간체험의 상극성이 제기되어 있다. 이는 요컨대 세계와의 융화에서 고절된 현대적 자아의 병리와 고뇌를 담고 있으면서도 또한 그것이 경험적인 자아와 허구적인 자아를 착종하고 있는 이상 자신의 시적 개성의 병력적인 한 국면을 드러내놓는 것이라고도 할 것이다.

3) 「실화(失花)」 — 시간의 병렬과 동시성

<사람이 비밀이 없다는 것은 재산 없는 것처럼 허전한 일이다>라는 대단한 자작 <에피그람>으로 시작하고 끝나는 이 작품은 외견상 짤막한 아홉 개의 분절로 이루어졌다. 그런데 이 아홉 개의 이어진 사건에 나타나는 시간구조가 매우 특이하다. 재래의 전통적인 소설시학이 배제되고 새로운 형식의 구조적 시간이 제기되고 있다는 점에서 주목된다.

둘째 분절은 내부회화와 외부회화의 교차적인 병렬에 의해 이루어지고 있는 특수구조 속에 현재와 과거라는 두 개의 시간이 병렬적이고 동시적으로 흐르고 있다. 즉, 현재라는 순간을 기점으로 하여 과거로 역행하는 시간의 체험과 현재나 미래로 진행하는 시간의 체험이 서로 교차되고 있는 것이다.

<10리나 먼 밖에서 들려오는—값비싼 시계소리처럼> 부드럽고 정확하게 윤택이 있는 피아니시모 같은 C양의 「언더—더 워취—시계 아래서 말이에요」로 시작되는 「 」 표의 외부회화의 목소리를 들으면서 <나>는 현재에서 연이란 여자에게 속았던 과거로 돌아가기도 하고 또 되돌아와 현재를 확인하기도 한다. 이 경우 외부적으로 발화되지 않는 마음의 회화(또는 대화)인 내부회화는 모두 ( )속에 묶여 있는, 일종의 의식의 흐름이요 내적 독백인 것이다. 이는 대화의 사고, 감정의 기록이 부적격함을 의식한 수법이다. 그런데 서로 병렬하고 교차하는 외부회화의 목소리와 내부회화의 의식은 서로가 단절되어 있는 것 같으면서도 실제로는

관념연합의 객관성에 근거하고 있다. 즉, <담배>가 담배를, <죽도록 사랑할수>가 <죽도록 사랑했던> 기억과 의식을 흘러들게 하는 것이다.

셋째 분절은 완전히 과거로의 소급과 역전이다. 뿐만 아니라 공간의 이동이 따른다. 그런데 실제에서 그 역전된 과거는 회상관점에서 돌이켜본 과거가 아니라 <오늘 나는 S와 더불어> <이 방>이라는 문맥에서 보듯 현재로 흘러들어온 과거이다. 연과 헤어지라는 S의 말과 연의 부정을 고문하던 기억이 중심이다.

넷째 분절에서는 과거의 개입에 의해 멎어 있던 현재로 다시 돌아온 시간이다. 둘째 분절에서처럼 다시 꿈같이 흐르는 C양의 목소리를 들으면서 C양의 빈약한 혈색과 파리한 입술에 내포된 비밀에 머물게 된다. 그리고는 다시 이 비밀을 연환적(連環的)인 것으로 해서 <요조숙녀>라는 연이 실제로는 <여고 때 수신과 체조를 배우는 여가에 간단히 속옷>을 찢은, 간음한 비밀의 경력이 있음을 추적한다. 그 다음은 다시 현재로 전개된다.

다음 다섯째 분절은 현실이나 환각의 혼동 또는 연과 C양의 뒤바뀐 상태의 기술이라기보다는 의식내부에 있는 현실이탈에 대한 유혹과 죽음의 충동이다. 안개 속에서 축축해지고 흐려지는 가등이 시사하는 가치는 무망과 혼미의 상징인 것이다.

여섯째와 일곱째, 여덟째 분절 등에서도 현재와 과거가 병렬 또는 동시적으로 교차하고 드디어는 다시 현재로 환원된다. 이에서 보듯 시간진행이 기억·연상 등 심리적인 시간의 내향적인 탐험을 수반하고 있으며 이러한 심리적인 시간을 그 구성단위로 중시하는 작품에서는 과거와 현재, 또는 공간적으로 거리가 먼 사건들도 병렬되거나 동시적으로 겹쳐지게 되는 것이다. 여기에다 일인칭 서술의 부과와 동일주제이 관한 두 개 관점의 지속적인 대조 등의 방법이 고안되고 있는 것이다.

요컨대 이상의 이와 같은 모든 방법은 1913년 프루스트의 실험에서 비롯하여 완성된 자아분석·시간적 도약·동시성·관념연합의 기법 및 원근법의 변화 같은 것에서 영향을 입고 있는 바도 고려될 수 있다.

그 외에도 시간의 문제가 다소 의식된 작품을 꼽는다면「지도의 암실」과「종생기(終生記)」다. 우선 산만하기만 한 전자에서는 작품 구조의 유기성과는 상관없이 그의 기벽한 시간에 대한 의식의 단편들이 애용되어 있을 뿐이다.

> 그는 결국에 시간이라는 것의 무서운 힘을 믿지 아니할 수는 없다.
>
> 그는 카렌더에게 지지는 않는다. 그는 대단히 넓은 웃음과 대단히 좁은 웃음을 운반에 요하는 시간을 초인적으로 가장 짧게 하여 웃어버려 줄 수 있었다.
>
> 시간은 그곳에 아니오리라 왔다가도 도로 가리라.

후자인「종생기」는 시간의 의식이 죽음과 깊이 연관되어 있다. 시간은 바로 죽음의 실현성에 대한 이론적인 귀결 그것이다. 이러한 이상의 <타나토스>에 대해서는 고(稿)를 달리해서 언급하려 하거니와 확실히 그에게는 죽음의 충동과 죽음에 대한 각별한 고려가 나타나고 있다. 바로 이 작품에도 <종생>과 <순명> 및 <시체>라는 용어들이 거듭 되풀이되고 있으며 자아가 그렇게 죽었다는 선언과 그 자신의 묘비명까지 아로새기고 있다. 이와 같은 점은 역설적이게도 시간 속에서 자아의 주체를 지속시키려는 의지의 심리적인 문제를 반영시켰다고 할 것이다. 즉, 시간 속의 자아와 그런 자아가 바로 죽음을 의식한 최후의 잔유물임을 느끼고 있는 것이다. 이렇듯 자아의 파괴를 가져오는 죽음을 사람들은 두려워한다. 그런데 이상은 바로 죽음의 공포를 해소하기 위해서 오히려 그 같은 죽음의 모험을 감행하고 있다. 여기에서 그의 역설이 비롯되는 것이다. 그리고 거의 매일을 존재의 최후로 의식하는 시간관을 드러내고 있다.

4. 결언

지금까지 이상 문학속에 투영된 시간의식과 또 그것을 문학(소설)적으로 어떻게 처리했는가를 살펴보았다.

자기확신적인 것보다는 자기분석적이고 고립되고 분열된 자아로서 근대적인 자아[17]를 가장 본격적으로 다룬 이상은 그것 때문에 시간의식에서도 현저한 특징을 드러낸다. 그것은 바로 자아가 시공관계에 배치되어 있고, 또 시간은 자아의 개념에서 분리될 수 없기 때문이다. 자아에 대한 관념의 특성이 달라질 때, 시간과 공간에 대한 의식이 바뀌는 것은 너무나도 자명한 사실이다.

이상의 시간은 우선 그의 시계세계에 대한 철저한 부정과 파괴에서 음미할 수 있다. 그의 작품에 등장하는 거의 모든 시계는 <크로노스>적인 객관적 공준성에서 이탈해 있다. 멎거나 늦거나 세 개의 바늘을 달거나 13을 치고 또 내팽개쳐진 시계들인 것이다. 이렇듯 시계를 부정하려는 데서 이미 물리적이고 객관적인 시간은 그 유효성을 잃어버리게 된다. 그 대신에 경험의 세계와 손을 잡는 사적이고 주관적이고 심리적인 시간이 중시되는 것이다. 이상은 일상적인 시간의 세계를 권태의 문법으로 규정하고 언제나 그 속에서 유폐된 조건을 괴로워한다. 그래서 그는 의식의 절멸상태를 표상하는 잠을 통해서 존재의 시간적 시련에서 벗어나려고 한다. 뿐만 아니라, 시간의 초월을 시도한다. 「선에 관한 각서」에서 나타난 것처럼 <미래로 달아나선 과거를 보는

---

17) Frederick J. Hoffman, *The Mortal No; Death and the Modern Imagination*(Princeton University Press, 1964), 321쪽 참고. <현대문학에서 일어난 자의식의 변화만큼 명백한 것은 없다. 이 변화를 규정하는 한 방법은 우리의 표현양상이 자아확신에서 자아분석으로 변하였다는 것을 말함이다.)

일>과 <과거에 사는 일>이다. 그런데 외견상 반대방향 같은 미래로 달아나는 것이 바로 과거로 달아나는 것과 일치된다고 하였다. 그러고 보면 시간은 <자꾸만 반복되는 과거, 무수한 과거를 경청하는 무수한 과거>뿐이다. 미래로 달아나서 과거를 <본다>고 하였듯이 시간의 구조를 회상의 환원법으로 파악하고 있는데, 이런 회생이나 기억은 바로 시간을 무시간화하거나 초월하는 행위인 것이다.[18]

이렇듯 이상이 특수한 시간의식을 갖게 된 요인은 현대에 이르러 이른바 시간의 사회적 의미가 확대된 데 대한 인식의 증대와 서구문학의 영향, 이상 자신의 정신병리적 개성의 반영, 현대 도시적 삶의 투영 및 불건강한 식민지 시대와 도시의 사회정신사가 복합적으로 어우러진 결과이다.

그리고 이런 의식은 이상의 소설에도 그대로 나타나고 있다. 즉「날개」에서는 시간의 유폐와 잃어버린 시간으로 비상하는 문제가,「지주회시」에서는 이른바 창 외의 시간으로서 공적인 시간과 심리적이고 개인적인 창 내 시간의 불균형이,「실화」에서는 현재와 과거의 병렬과 동시성 등이 다루어지고 있다. 이와같은 이상의 문학세계에서 우리는 바로 시계세계의 파괴라는 현대문학의 한 징후를 한국문학의 장에서 현장 확인하게 된다. 이런 변혁과 반역은 어느 작가보다도 이상에게서 치열하게 나타난다. 여기서 시간의 구조시학적 측면에 대한 분석문제도 제기된다. 그리고 한국 모더니즘 소설의 시간의식과 도시와의 상관성의 문제가 또한 제기되는 것이다.

---

18) Paul de Man, *Blindness & Insight*(Onford University Press, 1971), 92쪽. 이 부분은 Georges Poulet에 대한 논급이다. 이 밖에도 Georges Poulet의 *Etuders sur Le Temps Humain*(Paris, 1950)의 영역판 *Studies in Human Time*(Elliott Coleman 역, 1956)과 The Voices of Time(ed.by J. T. Fraser, 1966)을 참조. A. A. Mendilow, *Time and the Novel*(Humanities Press), 1972쪽

이상, 그는 확실히 한국문학에서 하나의 이교도다. 군중으로부터 떨어져 나간 자아의 분석과 현대의 분열된 자아를 그처럼 집요하게 해부한 작가를 찾아 볼 수 없다. 또 그처럼 삶 속에서의 죽음의 의식을 다룬 작가도 없다. 마찬가지로 시간의식의 투철함에서도 그는 매우 이색적인 작가다. 이런 이상 문학의 변화란 시간 속에서의 존재의 변화가 아니다. 바로 존재에 대한 인식의 변화인 것이다. 따라서 그의 소설에서는 선이나 연속으로 간주되는 현실적 시간개념에서 앞으로도 뒤로도 갈 수 있는 시간의 변주가 이루어지고 있기도 한 것이다.

요컨대 이상 문학에서 시간은 두 개의 특수성으로 분화될 수 있다. 그 하나는 설령 그것이 완전히 그 자신의 개인적인 것에서 연유한다고 할지라도 근대적 자아와 시간의 사회적 의미의 관계에 대해서 남다른 의식을 갖고 있다는 것이며, 또 다른 하나는 그러한 시간의식을 근거로 해서 문학형식의 색다른 구조적 시간과 서술시제의 현재가 과감하게 시도되었다는 점이다. 이것은 바로 전통에 대한 커다란 반역이며 변화인 것이다.

自意識의 표백과 反語的 의미

이 태 동

發達하지도 않고 發展하지 아니하고 이것이 憤怒이다.
-<異常한 可逆反應>에서

1

韓國文學史에서 李箱만큼 비평적 논란의 대상이 되어 온 작가는 없다. 李箱의 문학작품을 긍정적으로 이해하려 했던 李御寧은 李箱을 「순수의식」의 개척자로 본 반면, 부정적 측면에 섰던 鄭明煥은 소위 「人間條件에 대한 의식문제에 대해서는 李御寧과 의견을 같이 했으나, 李箱 文學을 프랑스 作家, 특시 카뮈와 사르트르 등 실존주의 작가들과 비교해서, 그의 문학을 「生成」이 없는 「否定」의 일관과 도덕성 *morality*이 상실된 문학이라 지적했다.

그런데 오늘날 우리 비평계가 가는 방향으로 봐서, 李箱 文學 作品에 대한 두 가지 상반된 비평적 견해는 앞으로도 상당히 오랫동안 계속 되리라 예측된다. 그러나 어떤 작가이든 그에 대한 올바른 평가는 그의 작품을 충분히 이해한 후에야 가능하게 된다. 작품이 李箱의 경우처럼 난해하면 할수록 이러한 작업은 더욱 절실해지리라 믿는다. 더욱이 李箱 생전에 그의 「시나 소설이 이해할 수 없다고 비난을 받을 때면……곡마단의 피에로—<뺨맞은 그 자식>처럼」 그의 독특한 너털웃음을 웃으면서 「허허……그럴 테지」하고 고독한 체념을 하였다고 하니 말이다.

그리하여 필자는 李箱 文學의 가치평가에 앞서, 그것이 지닌 象徵性과 深層構造를 그의 문학의 구심점이 되는 <날개>를 중심으로 다시 한번 살펴보고자 한다.

앞에서 언급한 비평가들이 지적한 것처럼, 李箱의 문학은 인간조건에 대한 인간의식의 표백현상을 기록한 데서부터 비롯되었다. 그렇다면 그의 세계에서 가장 문제가 되는 것은 <날개>에서 「나」라고 말하는 자아이다.

그런데 우리들은 자아란 말을 주어진 문맥에 따라 여러 가지로 쓴다. 즉, 그것을 보편적으로 쓰면 사회적이고 물리적인 외면적 현실에 대응하는 인간개념이 된다. 그러나 또다른 차원에서 보면, 이것은 육체적인 현실에 대해 이데아와 같은 정신적인 면을 중심으로 한 인간가치를 나타내는 말이 되겠다.

李箱에 있어 「자아」란 개념은 前者가 아닌 後者인 듯하다. 다시 말하면 그는 인간을 純粹自我와 非純粹自我, 즉 본질적인 것과 일상적인 것(예를 들면, 자연적인 것)으로 二分해서 보고 있는 듯하다. 「이런 女人의 半—그것은 온갖 거의 半이오—만을 領收하는 생활을 설계한다는 말이오, 그런 생활 속에 한 발만 들여놓고 흡사 두 개의 태양처럼 마주 쳐다보면서 낄낄거리는 것이오.

그래서 <날개>이 序文에서 자신을 「剝製가 되어버린 天才」라고 말할 때는 「이데아」와 같은 순수자아가 자연적인 요소인 육체 속에 幽閉되어 있다는 것을 상징적으로 의식한 말이 되리라.

이런 측면에서 보면, <날개>에서 李箱의 관심은 그가 의식한 순수한 자아인 내면적 현실을 現象的인 자연적 요소로써 이뤄진 감옥으로부터 영원히 해방시키려는 데 있다. 그래서 그는 어렸을 때부터 마음속에 숨겨 왔던 자아의 이미지를 밖으로 表出시키기 위해 그림에 관심을 두었고, 詩 <烏瞰圖> 등에서는 거울 속에 갇혀 있는 자아의 이미지를 밖으로 탈출시키기 위해 수많은「기교와 절망」을 거듭했다. 그러나 이러한 그의 노력과 절망 그리고 분노를 가장 성공적으로 표현한 것은 아마도 <날개>인 것 같다.

<날개>에서 李箱은 앞에서 말한 바와같이 그의 의식 속에서 인간을 둘로 양분했지만, 처음부터 비순수자아를 부정한 것은 아니다. 그는 그것을 바탕으로 해서 얻을 수 있는 감각적인 힘을 통해서 변증법적 발전, 즉「生成」이라고까지 말할 수 있는 초월적인 희열을 느끼려고 한다. 그러나 육체에서 오는 감각적인 빛이란 너무나 순간적이고 다시금 <異常한 可逆反應>으로 되돌아와서 캄캄한 어둠에 빠지게 되었을 때, 그는 절망한 나머지 반항을 하게 된다.

> 肉身이 흐느적흐느적 하도록 疲勞했을 때만 精神이 銀貨처럼 맑소. 니코친이 내 횟배 앓는 백속으로 스미면 머릿속에 으레히 백지가 준비되는 법이오. 그 위에다 나는 위트와 파라독스를 바둑布石처럼 늘어놓소. 可憎할 常識의 病이오.

이러한 사실은 또한 <烏瞰圖>에 나타나 있는 詩 <나비>에서도 뚜렷이 볼 수 있다.

> 찢어진壁紙에죽어가는나비를본다. 그것은幽界에絡繹되는秘密한通話口다. 어느날거운가운데의鬚髥에죽어가는나비를본다. 날개축처진나비는입김에어리는가난한이슬을먹는다. 通話口를손바닥으로

꼭막으면서내가죽으면앉았다일어나든가나비도날아가리라. 이런말이決코새어나가지는않게한다.

<날개>에서 「나」라고 하는 주인공은 자신의 순수자아를 구원하는 길을 자의식적으로 모색하기 위해 인간가치와 인간조건과의 상호관계에 관한 지도를 그리고 있다고 말할 수 있다. 그는 樣式의 현장을 상징하는 33번지에 있는 일종의 유곽 속에 성냥곽처럼 동일한 모양을 한 방 하나를 두 칸으로 나누어 살고 있다. 이렇게 「한 번지에 열 여덟 가구가 죽—어깨를 맞대고 늘어서서 창호가 똑같고 아궁이 모양이 똑같은 곳」에 그가 살고 있다 함은 자신의 순수자아[天才]가 비순수자아인 육체적인 부분 속에 갇혀서 살고 있음을 보편적으로 나타낸 것이리라. 우리들의 영혼이 육체 속에 닫혀 있듯이 나[天才]는 순수자아를 의미하고 그 속에 갇혀 있는 비순수자아는 육체의 집을 상징한다. 그래서 그는 「이 방 가운데 장지로 말미암아 두 칸으로 나누어 있었다는 그것이 내 운명의 상징이었던 것을 누가 알랴」하고 말하고 있다.

그의 방은 햇볕이 들지 않지만 아내의 방에 볕이 든다는 것은 아이러니컬하게도 순수한 자아를 구원해 줄 수 있는 길이 생명을 가져오는 육체적인 부분에 있다는 것을 우리들에게 암시해 준다. 왜냐하면 육체를 상징하는 아내의 방에 드는 햇빛은 벽 넘어 존재하는 영원이라는 죽음이 없는 「開放된 時空」의 세계에서 오는 빛을 상징하기 때문이다. 그래서 햇빛의 이미지는 곧 속박되고 제한된 「閉鎖된 時空」을 자유롭고 영원하며 개방된 時空으로 연결시켜 주는 향기의 이미지와 곧 이어진다.

안해가 외출만 하면 나는 얼른 아랫방으로 와서 그 동쪽으로 난 들창을 열어 놓으면 들이비키는 볕살이 안해의 화장대를 비쳐 가지각색 병들이 아롱이 지면서 찬란하게 빛나고 이렇게 빛나는 것

> 을 보는 것은 다시 없는 내오락이다. 나는 쪼꼬만「돋보기」를 꺼내 가지고 안해만이 사용하는 지리가미를 끄실려가면서 불장난을 하고 논다. 평행광선을 굴절시켜서 한 초점에 모아가지고 초점이 따끈따끈해지다가 마지막에는 종이를 끄실르기 시작하고 가느다란 연기를 내이면서 드디어 구녕을 뚫어 놓은 데까지 이르고 얼마 안되는 동안의 초조한 맛이 죽고 싶을 만치 내게는 재미있었다.

平行으로 오는 햇빛을 굴절시켜 초점을 모아 불을 일으키는 것은 性儀式의 현장처럼 두 개의 세계가 일치되는 점을 의미한다고 생각된다. 그러나 그는 종이가 곧 타서 구멍이 뚫어져 재가 되자, 쾌감의 불꽃은 꺼져 버린다는 것을 발견한다. 그래서 그는 다음으로 사물이 그 속에 갇혀서 있는 거울을 가지고 얼마간 호기심에 찬 장난을 하다 말고, 그의「유희심이 육체적이 데서 정신적인 데로 비약한다」고 말하면서 화장품병을 찾아「센슈얼한 향기」를 맡으며 아내의 체취의 소재와 그 속성에 대해 눈을 뜨기 시작한다.

이렇게 그가 햇빛으로 일으킨 불꽃과 향기에 대해 호기심을 가지고 장난을 하는 순간은 우리가 유년시절을 보낸 후 처음으로 자아를 육신의 세계에서 해방시키기 위해서 낭만적인 육성에 귀를 기울일 순간이 아닌가 생각한다. 왜냐하면 소설의 첫부분에 있어서 자기의 방을 자기의 체온에 쾌적하다고 말하고, 또 그가 비록 아내와 같이 살고 있다고 이야기하지만, 그가 아내와 잠을 잔 것은 그가 아내의 방에서 맡는 냄새의 쾌감을 통해서 아내의 존재를 인식한 후의 일이기 때문이다. 또 그가 아내와 性關係를 처음 맺는 것은 그녀가 주는 돈의 성격을 확인하기 위해서이다. 돈을 위해서 언급한 諸行 결과인 동시에 그것의 매개체가 되기 때문에 의식관계에서 얻어진 것의 상징이 될 수 있다. 돈은 물질 그 자체가 아니라 肉滯의 勞役을 통해서 얻어진 빛이었으나 그 빛은 이내 가역반응을 일으켜 다시 물질로 환원되는 것을 상징한다.

그가 순간적인 쾌감을 가지고 「금고처럼 생긴 벙어리」에 銀貨를 집어넣는다는 것이 주는 상징적인 의미는 이것에 대한 사실과 연관성이 있는 것이 아닌가 한다. 또 돈에 대한 연구는 곧 아내에 대한 연구로서, 그는 그 돈이 주는 쾌감을 직접적인 경험을 통해서 밝혀 보고자 한다. 이러한 그의 행위는 곧 自我發見을 위한 행위라고 말할 수 있겠다. 다시 말하면 그 돈을 통해서 아내의 성격을 파악하려고 하는 반면, 그것을 통해 순수자아를 벽 속에서 해방시켜 보려고 시도한다. 그래서 그는 그의 아내가 몸을 팔아서 그에게 준 은화를 지폐로 바꾸어서 밖으로 나간다. 그는 거리를 한참 쏘다니다 피곤에 지쳐 돌아와서 그 돈을 아내의 손에 쥐어주고 처음으로 그는 그 쾌감이 무엇인가를 발견한다.

> 그 돈 5원을 안해 손에 쥐어주고 넘어졌을 때에 느낄 수 있었던 쾌감을 나는 무엇이라고 설명할 수가 없었다. 그러나 내객들이 내 안해에게 돈 놓고 가는 심리며 내 안해가 내게 돈 놓고 가는 심리의 비밀을 나는 알아낸 것 같아서 여간 즐거운 것이 아니다. 나는 속으로 빙그레 웃어 보았다. 이런 것을 모르고 오늘까지 지내온 내 자신이 어떻게 우스꽝스러워 보이는지 몰랐다.

그가 돈을 가지고 밖으로 나가 본 세상은 그가 생각한 것과 같은 理想世界는 아니었다. 그가 꿈꾸었던 이상적인 세계는 아내와 가졌던 儀式行爲의 순간에서만 발견할 수 있다는 것을 경험으로 안다. 그래서 그는 돈을 가지고 밖으로 나갔다 들어오면서 그것을 아내 손에 쥐어주고 잠자는 일을 되풀이하고자 한다.

그러나 그의 행위가 그녀의 일에 방해되었을 때, 그는 배척당하게 된다. 그의 아내는 그에게 아스피린 대신에 아달린을 먹여 볕이 들어오지 않는 그의 방에서 나오지 못하도록 한다. 그래서 비순수자아인 자연적이고 맹목적인 운동 과정이 순수자아를 압박하는 것을 그는 체험한다. 여기서 아스피린과 아달린에 대해 李箱이 혼미를 거듭하면서 이야기하는 것은 人間條件에 대한 의문과 회의가 아닌가 한다. 그러나 그는 흘려 버린 시간과 아내와의 경험 때문에 다시 유년 시절처럼 자신의 방에 더 이상 평화롭게 머무를 수 없도록 추방된 상태에 있게된다.

그래서 그가 추방된 이전 상태로 돌아가기 위해 순간적으로 회귀하는 일에 있어서도 아내의 방, 즉 아내와의 순간적인 접촉을 거쳐야만 이루어질 수 있다는 사실을 알게 된다. 그러나 그가 非人間的인 아내에 대해서 발견한 것은 그를 잠자게 만드는「아스피린과 아달린」이다. 그래서 그는 순수자아인 나와 비순수자아인 아내와의 모순된 구조를 육체적인 경험을 통해서 실제로 체험하게 된다. 「우리 부부는 숙명적으로 발이 맞지 않는 절름발이인 것이다. 내가 아내나 제 거동에 로직을 붙일 필요는 없다. 사실은 사실대로 오해는 오해대로 그저 끝없이 발을 절뚝거리면서 세상을 살아가면 되는 것이다.」

그래서 李箱의 순수자아가 아내로서 대표되는 비순수자아에 묶여서 그 힘으로 살아야 하고, 그것이 주는 쾌락으로 순간적인 해방의 기분을 얻으려는 운명에 대해 분노한다. 그래서 그는 동물적이고 비인간적인 요소를 떠난 인간적인 힘, 즉 순수한 인간의 힘으로 그 자신이 갇혀 있는 현실을 초월하고 싶었던 것이다. 이러한 사실은 그가 다시 그의 육체적인 속성으로 잠만 자게 하는 모순된 아내에게로 돌아가느냐 않느냐를 분간하기 어려울 때 일어나는 마지막 장면에서 감동적으로 나타나 있다.

> 이때 뚜우 하고 정오 사이렌이 울었다. 사람들은 모두 네 활개를 펴고 닭처럼 푸드덕거리는 것 같고 온갖 유리와 강철과 대리석과 지폐와 잉크가 부글부글 끓고 수선을 떨고 하는 것 같은 찰나 그야말로 현란을 극한 정오다.
>
> 나는 불현듯이 겨드랑이가 가렵다. 아하 그것은 내 인공의 날개

> 가 돋았던 자국이다. 오늘은 없는 이 날개, 머릿속에서는 희망과 야심이 말소된 페이지가 딕셔너리 넘어가듯 번뜩였다.
>
> 나는 걷던 걸음을 멈추고 그리고 다시 한번 이렇게 외쳐 보고 싶었다.
>
> 날개야 다시 돋아라. 날자, 날자, 날자. 한번만 날자꾸나. 한번만 더 날아보자꾸나.

시계 위에서의 대낮, 정오는 한밤의 자정 시각과 동일하게 표시되지만, 밝고 어두운 것이 그 차이이다. 밝은 면이 정신적인 인가가치를 상징한다면, 어두운 것은 동물적인 어두운 현실을 나타낸다고 하겠다. 어둠 속에서 두 개의 시계바늘이 마주치는 것이 섹스의 심벌이라고 하면 정오의 사이렌 소리는 동물적인 것과의 부딪침이 없이, 순수하고 밝은 정신적인 면만으로 결합된 두 개의 세계가 합쳐져서 초월적인 顯現의 세계로 향해 문을 여는 소리의 상징이다. 이것은 아내와의 동물적인 交接없이 그가 지향하는 높은 세계로 비상하고 싶다는 것의 희망을 간접적으로 나타낸 것이라고 하겠다. 그래서 그가 人工으로 이루어진 대낮의 사이렌 소리를 들었을 때, 자연의 힘으로 이루어지지 않고 순수한 인간적인 자아의 힘으로 만들어진 날개를 가졌었던 것만 같은 어린 시절이 그는 그리웠던 것이다. 다시 말하면 돋보기로 햇빛을 굴절시켜 지리가미를 태우고 화장품병 냄새 속에서 육체의 체취를 맡기 이전, 햇빛이 비쳐오는 곳으로 날고 싶었던 희망과 야심에 불탔던 그 시절이 그리웠던 것이다. 어느 평론가는 날개가 날고 싶어하는 지향점을 베풀어 주는 구체적인 것이 없다고 지적했지만, 햇빛이 비쳐 오는 곳이 그가 날고 싶어했던 곳이 아닌가 생각된다. 그는 외출을 하면서 항시 새로운 출발을 할 수 있는 서울역을 찾았으며 또 마지막 그가 사이렌 소리를 들었을 때, 역시 평지보다 높은「미스꼬시 옥상」에 있었던 것이다. 또 문학에서 유년 시절은 잃어버린 낙원에 대한 이미지로 사용되기 때문에 그의 지향점이 구체적으로 명시되지 않았다고 해서 잃어버린 낙원과는 아무런 관계가 없다고 볼 수는 없을 듯하다. 또 그는 인간적이고 동물적인 性행위가 일어난 것은 낙원에서 우리들의 조상들이 죄를 범한 이후부터 일어난 일이란 것을 인식하고 있었던 것 같다. 그가 <실락원>이란 제목의 수필을 쓴 것과 <幻視記>의 서두에서 볼 수 있듯이 낙원상실과 죄와 벌에 대한 신화를 詩形式으로 나타내는 데 관심이 컸다는 사실을 우리는 잊지 말아야 하겠다.

> 太昔에 左右를 難辨하는 天痴 있더니
> 그 不吉한 子孫이 百代를 겪으며
> 이에 가지가지 天刑病者를 낳았더라.

다시 말하면, 그가 날고자 하는 지점은 「剝製」가 되기 이전 상태, 즉 순수자아가 비순수자아에 의해 幽閉되어 순수한 인간가치만으로 충만했던 때를 말한다. 그래서 李在銑 역시 <날개>의 비상을 확실히 「시간적 과거를 향해서 나는 비상이며 過去的인 경험의 재생, 또는 재구성과 밀접히 연관되어 있다」고 말했다. 그는 프루스트적인 회상의 힘으로 과거를 포착해서 「유동적인 영원의 세계」로 다시 돌아가 순수한 그 자신을 재포착하고 싶었던 것이다.

그러면 <날개>에서 보이 李箱의 권태롭고 절망적인 자세는 무엇인가> 그의 권태가 반드시 「生成」을 모르는 부정적인 자세인가? 아니면 다른 의미를 가지고 있는가? 다시 말하면, 위에서 살펴본 <날개>에서의 자기분열과 그것에 따르는 부정적 태도는 다만 부정을 위한 부정인가? 필자의 생각으로는 이러한 그의 태도는 「심심풀이」로만 해석되어지는 부정적인 것이 아니라, 복잡하고 무섭기까지 한 「人間條件」을 이해하기 위해서 마스크를 쓴 지성적이고 반어적인 태도가 아닌가 한다. 키에르케고르는 아이러니컬하거나 혹은 부정적인 자기 분열상태는 개인이 實存을 확인하는 일부분이기 때문에 헤겔과 마르크스적인 변증법으로서 이것을 피할 수 없다[1]고 말했고, 니체는「개인의 眞理는 아무런 보호 없이 나타내기에는 너무나 복잡하고 무서워서 그것을 직접적으로 나타낼 수 없기 때문에 마스크를 썼다」고 했고, 예이츠는「그 자신과 싸워, 자신을 또 他者(otherself)에 복종시켜 그의 참된 퍼스낼리티를 이해하기 위해 마스크를 썼다」라고 말했다.[2]

2

이러한 측면에서 보면 李箱은「否定의 生成」을 몰랐던 것도 아

---

1) 왜냐하면 개별적 자아와 보편적 자아와의 패러독시컬한 갈등관계는, 비록 보편적인 자아가 순간적으로 인식된다 하더라도 그대로 남아 있어야만 하기 때문이다. 眞理란 주관적으로 생각하는 사람에게만 주어진다. 왜냐하면, 주관적으로 생각하는 사람은 자신이 보편적 진리를 내면적으로 이해함에 따라 더 격리되고, 또 자신의 제한된 가변적 성격을 확인함에 따라 순수한 지식을 점점 더 많이 수용할 수 있기 때문이다. 보편적인 진리한 실존하는 개체에게만 이해될 수 있기 때문에, 올바른 코뮤니케이션은 객관적인 일반개념을 직접적으로 말하는 것이 될 수 없다. 그래서 키에르케고르에게 있어서는 전달형식이 무엇보다 중요하게 된다. 즉, 어떤 주관적인 진리와 무가치하지 않은 어떤 객관적인 대체물을 전달하려면, 그것의 전달 모드는 반드시 간접적이고 예술적이며 사람의 눈을 속이는 정도까지 되는 것이라야만 한다. 키에르케고르는 슐레겔처럼, 제 2 의 모델형태를 소크라테스적인 아이러니에서 발견했다. 독자들은 간접적으로 말하는 작가의 연극적인 수단에 의해 속임을 당해 긍정적인 幻影으로부터 벗어나, 否定的인 진리에 도달한다. 키에르케고르는 자기 자신의 경험을 예로 들면서, 자신이 그의 근본적인 思惟에 있어서 세상을 속여, 그것으로 하여금 자기 저서에 나타난 윤리적이고 종교적인 통찰력을 美的으로 전달하는 일에 있어서 놀라지 않고 수정할 수 있도록 하기 위한 한 사람으로서의 자세를 어떻게 보였는가를 설명하고 있다. Richard Ellmann and Charles Feidelson Jr., ed., *The Modern Tradition : Background of Modern Literature* (Oxford University Press, New York, 1965)

2) 앞 책,

닌 듯하다. 그는 어디까지나 모순된 인간조건과 자아의 갈등을 反語的인 기교로서 포착하려고 했던 것이다. <烏瞰圖>의 몇 몇 중요한 시편은 이러한 사실을 우리에게 보다 명확하게 보여주고 있다.

任意의 半徑의 圓(過去分詞의時勢)
圓內의一點과圓外의一點을結付한直線

二種類의存在의時間的影響性
(우리들은이것에관하여무관심하다)

直線은圓을殺害하였는가

顯微鏡
그밑에있어서는 人工도自然과다름없이現象되었다.

같은날의 午後
勿論太陽이存在하여있지아니하면아니될處所에存在하여있었을뿐만아니라
그렇게하지아니하면아니될步調를美化하는일까지도하지아니하고있었다.

發達하지도아니하고 發展하지도아니하고
이것은憤怒이다.

鐵柵밖의 白大理石建築物이 雄壯하게 서있던
眞眞5"의 角바아의 羅列에서
肉體에 對한 處分法을 센티멘탈리즘하였다.

目的이 있지 아니하였더니만큼 冷靜하였다.

太陽이땀에젖은잔등을내려쬐였을때
그림자는잔등前方에있었다.

사람은말하였다.

「저便祕症患者는저富者집으로食鹽을 얻으러들어가고자
希望하고있는것이다」라고.

감정을 끝까지 차단해버리는 기하학적인 메타포를 사용하고 있는 이 시의 첫부분에 나타난 반경의 원은 원외의 공간과 대조되는 것으로서 제한된 인간 존재의 공간을 의미한다면, 이것과 「圓外의 一點과 결부한 直線」은 인간의 삶과 죽음으로 이어지는 시간을 나타낸다고 하겠다. 우리는 제한된 공간의 시간과 영원의 세계로 이어지는 시간이 우리의 삶에 가하는 무게와 영향력에 대해서 무관심하나, 그는 위의 詩 속의 기하학적 구도에서 「直線이 圓을 殺害」하는 것처럼 시간이 인간을 살해하고 있다는 사실에 눈 뜨고 있었다. 또 그가 현미경을 들여다볼 때에도 보통 사람들처럼 자연의 경이에 대해서 놀라움을 표시하기보다 인공적 현상이 결국 무서운 자연현상 앞에 얼마나 무력하며, 더욱이 그것 또한 자연으로부터 나온 사실이란 사실을 보고 무서워함은 물론 하오의 태양이 비치는 곳과 비치지 않는 곳을 바라보며 자연현상의 모순을 지적하며 발달하지도 않는 곳을 바라보며 「可逆反應」이란 자연현상의 화학반응에 대해서 분노를 한다. 그리고 그는 거대한 神殿과도 같은 자연이 발전적으로 움직이지 않음에 대해서 분노하고 그것이 목적없이 냉정하게 인간의 육체를 살해함에 대해서 눈물겹다고 보았다. 이를테면 하느님의 은통을 나타내는 듯한 햇빛이 아무리 우리들 위에 내리쪼이더라도, 그것이 우리들 앞에 그림자를 만들어야만 하듯이 태양은 우리들의 가슴에 그림자만을 드리워 우리를 「변비증으로 괴로워 하는 사람으로」만들고 있다는 현실에 대해 그는 우울한 시선을 던졌다. 이렇게 사물과 우주의 모순된 구조(적어도 그에게는)를 현미경과도 같은 밝은 눈으로 바라보게 된 李箱의 의식은 아름다운 꽃을 피우는 꽃나무에서조차 무서움을 발견했다.

벌판한복판에 꽃나무하나가있소. 近處에는 꽃나무가
하나도없소 꽃나무는제가생각하는 꽃나무를 熱心으로
생각하는 것처럼熱心으로 꽃을 피워가지고 섰소 꽃나무는
제가생각하는꽃나무에갈수없소 나는막달아났소
한꽃나무를爲하여 그러는것처럼 나는참그런이상스러운
흉내를내었소.

여기서 꽃나무는 한 사람의 일생에서처럼 자기가 목표로 하는 이상을 생각하고 벌판에서 비바람을 맞으며 온갖 어려움을 무릅쓰고 꽃을 피웠으나, 결국 그것은 꽃을 피게 하는 점에서 끝나고 다시 겨울을 맞아야만 하듯이 결코 그것이「생각한 꽃나무」즉 이상적인 목표에는 달성할 수 없다는 사실을 발견하고 그는 그 꽃나무를 대신해서,「발전과 발달」이 눈으로 보이지 않고, 무서원 고역만을 강요하는 현상으로부터 달아나고 싶어한다. 그는 이러한 현상을 우주에 있는 온갖 사물에 편재되어 있다는 것으로 보고 그것을 난해한 시로 형상화하였는데,《烏瞰圖》의 <詩 第十二號>는 이것에 대한 가장 밀도 짙은 표현의 하나의 예다.

때묻은빨래조각이한뭉텅이空中으로날라떨어진다. 그것은흰비둘기의떼다. 이손바닥만한한조각하늘저편에戰爭이끝나고平和가왔다는宣傳이다. 한무더기비둘기의떼가깃에묻은때를씻는다. 이손바닥만한하늘이편에방망이로흰비둘기의떼를때려죽이는不潔한戰爭이始作된다. 空氣에숯검정이가지저분하게묻으면흰비둘기의떼는또한번이손바닥만한하늘저편으로날아간다.

여기서 독자들은「공중으로 날라 떨어」지는 때묻은 빨래조각한 뭉치를 평화를 상징하는 비둘기라고 표현한 李箱의 의도에 대해서 많은 오해를 하고 있지만, 때묻은 빨래조각뭉치는 시간속에서 쌓인 많은 어려움과 시련의 앙금이고, 그 앙금은 실존적인 차원에서 순간적으로 비둘기와 같은 흰빛의 기쁨, 즉 전쟁과도 같은 고역이 순간적으로 끝나고 흰 깃발이 나부끼는 것처럼 희열감에 대한 이미지로 변형된다. 만일 우리가 펜들럼 같은 존재의 움직임이 결코 한 번으로 끝나지 않는다는 사실을 알면, 여기서 하나의 개체는 한 번의 어려움으로 때가 깨끗이 씻겨진 완전한 상태의 비둘기를 맞이할 수 없다는 현실을 인식하게 된다. 그래서 또 우리가 다시 방망이로 빨래 옷을 치듯이 비둘기 떼의 실체에다 죽음과도 같은 시련을 가한다는 뜻을 알게 되면, 존재의 실체인 듯한 비둘기는 다시금 때묻은 빨래처럼, 온갖 어둠과 가혹한 시련을 나타내는 검정을 지니게 되어, 아이러니한 실존적인 흰빛을 띤 흰 비둘기로 변신해서 손바닥한만 삶의 공간을 순간적으로 벗어나기 위한 날개를 펴게 된다는 존재의 현상에 대해서 李箱이 슬퍼하고 무서워하고 있다는 사실을 발견하게 된다.

<詩 第十三號>는 李箱이 이러한 <異常한 可逆反應>으로 되돌아오는 현실에 대해 반항하면서 방망이로 흰 비둘기 떼를 때려 죽이는 것과 같은 행위에 대해 거부하는 자세를 보인다는 사실을 또 한번 확인해주고 있다.

> 내팔이면도칼을든채로끊어떨어졌다. 자세히보면무엇에몹시威脅당하는것처럼새파랗다. 이렇게하여잃어버린내두개팔을하는燭臺세움으로내방안에裝飾하여놓았다. 팔은죽어서도오히려나에게怯을내미는것만같다. 나는이런얇다란禮儀를花草盆보다도사랑스레여긴다.

여기서 李箱은 면도를 든 팔이 <詩 第十二號>의「빨래 방망이」처럼 자라난 털을 살해하는 기능을 하고 있기 때문에, 비록 그것이 자기팔이지만 그의 상상력 속에서 끊어버린 후 그것에 위협마저 가해 정복하고자 하는 뜻을 입체적으로 나타내고 있다. 그가 끊어진 팔이 그에게 보이고 있는「얇다란 禮儀를 花草盆보다도 사랑」스럽게 생각하는 것은 결과적으로 허무로 돌아가는 존재의 부조리한 현실을 상상력속에서나마 극복한 만족감의 표시인 것 같다.

그런데 李箱이 무서워하는 것은 <詩 第十二號>와 <詩 第十三號>에서 차갑게 형상화한 이상적인 현실에 도달하지 못하고 기계적으로만 움직이는 존재의 비극적인 운명만이 아니라, 그가 이것과 관련이 있는 유전적 혈연관계에 나타난 자연주의적인 현실이다.

> 나의아버지가나의곁에서조을적에나는나의아버지가되고또나는나의아버지의아버지가되고그런데도나의아버지는나의아버지대로나의버지인데어쩌자고나는자꾸나의아버지의아버지의아버지의……아버지가되니나는왜나의아버지를껑충뛰어넘어야하는지나는왜드디어나와나의아버지와나의아버지의아버지와나의아버지의아버지의아버지노릇을한꺼번에하면서살아야하는것이냐

<詩 第四號>에서 숫자를 뒤집어놓고 <患者의 容態>라고 진단한 것과 거울을 소재로 한 시에서 사물과 반대방향에 서 있는 형상에 대해서 남다른 관심을 보이고 거울 속까지 해부하는 시적인 작업을 벌이고 있는 것은 자연적인 현상에 반항해서 인간의 자아를 주장하는 주제와 깊은 관계를 지니고 있는 것이다.

또 李箱이 위에서 말한 발전이 없는 가역반응적인 존재의 슬픈 현실 못지않게 무서워하는 것은 인간의 존재가 선과 악이 뒤섞여서 많들어진 보호색과도 같이 그 정체를 알아보기 힘든 마스크를 쓰고 있는 현상이다. 많은 비평적인 논란이 되고 있는《烏瞰圖》의 <詩 第一號>는 이러한 현상을 내용과 형식이 일치된 기하학적인 미학을 통해 성공적으로 나타내고 있다.

> 13人의兒孩가道路로疾走하오.
> (길은막다른골목이適當하오.)
>
> 第一의兒孩가무섭다고그리오.
> 第二의兒孩도무섭다고그리오.

第三의兒孩도무섭다고그리오.
第四의兒孩도무섭다고그리오.
第五의兒孩도무섭다고그리오.
第六의兒孩도무섭다고그리오.
第七의兒孩도무섭다고그리오.
第八의兒孩도무섭다고그리오.
第九의兒孩도무섭다고그리오.
第十의兒孩도무섭다고그리오.
第十一의兒孩도무섭다고그리오.
第十二의兒孩도무섭다고그리오.
第十三의兒孩도무섭다고그리오.

十三人의兒孩는무서운兒孩와무서워하는兒孩와그렇게뿐이모였소.
(다른事情은없는것이차라리나았소)

그中에一人의兒孩가무서운兒孩라도좋소
그中에二人의兒孩가무서운兒孩라도좋소
그中에二人의兒孩가무서워하는兒孩라도좋소
그中에一人의兒孩가무서워하는兒孩라도좋소

(길은뚫린골목이라도適當하오)
十三人의兒孩가道路하지아니하여도좋소.

李箱은 인간 존재의 삶과 그 역사가 닫혀 있든지 혹은 열려 있든지 간에, 인생의 행렬에는 악과 선이 구별되지 않고 서로 혼합되어 있는 것을 나타내고 있는 듯하다. 또 여기서 무서운 아이는 모든 결과가 골목길처럼 닫혀 있거나 열려 있어도, 아무도 질주하지 않는 길처럼, 원점으로 돌아오는 부조리한 존재의 현실에서 무서운 아픔과 시련을 가져다주는 능동적인 실체이고 무서워하는 아이는 그것의 대상이 되는 수동적인 존재를 의미한다고 볼 수 있겠다.

이 밖에 이 시는 선과 악의 문제 이외에도 앞에서 논의해 온 사물의 반어적인 의미와 능동적인 삶의 결과가 이상한 가역반응의 현상처럼 허무로 환원해 버리는 것을 묘사하고 있다. 골목길을 질주하는 것이 뚫린 길을 질주하지 않는 것과 같다는 것은 이러한 사실을 뒷받침해주고 있다. 이것에 대해 보다 자세한 표현은 <詩 第三號>에 나타나 있다.

> 싸움하는사람은즉싸움하지아니하던사람이고또싸움하는사람은싸움하지아니하는사람이었기도하니까싸움하는사람이싸움하는구경을하고싶거든싸움하지아니하던사람이싸움하는것을구경하든지싸움하지아니하는사람이싸움하는구경을하든지싸움하지아니하던사람이나싸움하지아니하는사람이싸움하지아니하는것을구경하든지하였으면그만이다.

李箱은 소가 반추작용을 하는 것을 보고 권태를 느낀 것도 변화가 없는 되풀이 때문이었다.

그러나 따지고 보면 사물이 역사적인 과정에서 변하지 않는 것은 아니다. 문제는 李箱이 역사적 과정에서 불확실하게 그리고 눈에 보이지 않게 일어나는 변화, 즉「否定的 生成」을 인식하지 못한 것이 아니라 그와 같은 모순된 인간 현실을 그의 지성과 자의식이 수용할 수 없었다는 것이다. 그는 자기 자신을 스스로 剝製된 天才」라고 말한 <날개>에서「肉身이 흐느적 흐느적하도록 피로했을 때만 정신이 銀貨처럼 맑소」라고 말했으며, 빈대에 물린 자리를 피가 나도록 긁어서「그윽한 쾌감」을 느낄 줄도 알았다. 또 아내와의 교접을 통해서 순간적으로 느끼는 쾌감이 무엇은 줄도 그는 알았다. 그러나 이와 같은 동물적인 인간 조건을 충족시켜서 순간적인 쾌감을 얻기 위해 자신을 죽음과 비슷한 상태로 몰아넣어야만 하는 것이 싫었다.

> 女王蜂과 未亡人――世上의 하고 많은 女人이 本質的으로 이미 未亡人 아닌 이가 있으리까? 아니! 여인의 全部가 그 日常에 있어서 개개 「未亡人」이라는 내 論理가 뜻밖에도 女性에 對한 冒瀆이 되오? 굳 빠이.

또 그는 그렇게 힘겹게 얻은 쾌감이란 순간적이고 곧 모든 것이 원점으로 돌아가는 부조리한 현상이 싫어서 체념의 분노를 하지 않을 수 없었다.

> 도스토예프스키 精神이란 자칫하면 낭비인 것 같소. 유고를 佛蘭西의 빵 한 조각이라고는 누가 그랬는지 至言인 듯싶소. 그러나 人生 或은 그 模型에 있어서 디테일 때문에 속는다거나 해서야 되겠소? 禍를 보지 마오. 부디 그대께 告하는 것이니……(테입이 끊어지면 피가 나오. 傷채기도 머지않아 완쾌될 줄 믿소. 굳 빠이.)

결론적으로 그는 이른바 「生成」이라 하는 역사적 발전을 하는 변증법의 모순된 구조와 생명이 있는 개체를 잔인하게 살해하는 자연 법칙을 자신에게 허용하기에는 너무나 자의식이 강했고 지성적이었다. 다시 말하면, 그의 권태와 반어적인 부정적 태도는 인간 조건과 인간이 지니고 있는 자연적 요소, 즉 비순수 자아가 일으키는 역학작용에 대한 본노의 간접적인 표현이 아닌가 한다. 자신이 「거미처럼 獸性에 매달려 살아야만 하는 운명」에 얼마나 분노했는가는 <지주회시>에서 처절하게 나타나고 있다. 또 그가 「19세기를 봉쇄해버리오」라고 말한 것은 자신을 거미줄처럼 얽어매고 있는 비순수 자아인 자연적이고 유전적인 獸性에 대한 법칙이 발견된 19세기 과학에 대한 분노인 자의 식인 듯하다. 이러한 의미에서 여자의 정조에 대해서 준엄하다는 것은 순수한 자아 내지 인간 가치를 비순수 자아인 수성의 가치와 대비시켜 그것을 보존하고자 하는 뜻으로 해석할 수가 있겠다.

그러나 李箱의 비극은 그 자신이 순수 자아와 비순수 자아 간에 이루어진 조화를 발견하지 못하고 우리들의 반인 육체적인 면을 참된 인간적인 요소가 아닌 것으로 부정하는 데 있다. 그래서 「20세기를 생활하는 데 19세기 밖에는 없는 그 자신을 영원한 절름발이」라고 말해야만 했다. 그러나 삶에 대한 그의 부정적인 태도는 단순히 부정으로만 끝나는 부정이 「知性의 極致」를 보여주는 일종의 냉소적이고 반어적인 침묵 속의 분노이다.

지금까지 보아온 것처럼 李箱은 <날개>에서 인간조건 문제와 더불어 자아인 「나」와 「아내」를 결정론적인 입장에서 二分하고 순수한 인간가치와 자연적인 가치와의 비극적인 갈등관계를 살펴보았다고 하겠다. 그러나 필자가 <날개>에서 이러한 문제를 분석해 본 것은 인간의 숙명적인 패배를 연구하기 위해서가 아니다.

오히려 이것은 인간의 의지와 자연의 의지와의 갈등문제를 살펴보고 인간적인 자아의지가 지니고 있는 의미가 얼마나 위대한 것이며, 또 그것이 인간발전을 위해서 얼마나 필요한가 하는 것을 재인식하는데 있다고 하겠다. 개선의 방법이란 적나라한 최악의 현실을 이해하는 곳에서 찾을 수 있기 때문이다.

동물의 이미지를 통한 이상의 상상적 세계

오 생 근

1

하나의 이미지가, 또는 깊은 의미를 지니고 사용되는 이미지의 움직임이 작품의 내부에서 어떤 은밀한 구조를 가지고 있으며 또한 어떤 효과를 가져오는 것인가, 아니 그것은 왜 그렇게 사용되고 있는것인가 하는 모든 문제로부터 출발하는 비평 태도는 비평 풍토의 다원화(多元化)를 위해서나 또는 작가와 작품을 이해하기 위한 하나의 편법으로서도 정당한 가치를 지닌다.

이미지들은 한 시대나, 한 작가의 상상 체계에 있어서 가장 작은 단위다. 그러므로 작가의 내면적인 삶, 그 상상 체계는 이미지를 통해 그 모습을 드러낸다. 바로 그러한 이유 때문에, 많은 사람들의 시선 속에서 오해와 무지의 양태로 매몰되어 올바른 평가를 받지 못한 작가거나 또는 많은 평론가들로부터 이미 어느 정도 논란이 되어 존재 이유를 획득할 수 있는 것이다. 그것은 최소한도 뚜렷한 방법론을 바탕으로 삼는다. 그것은 무책임한 비난보다는 이해 깊고 성실한 탐구의 시선을 전제로 한다.

그러므로 이상처럼 현실 생활에서는 나태와 무기력의 병인(病人)이었으며 작품 활동에서는 성실치 못한 자조와 서툰 초현실주의의 모방 등으로 비난받고 있는 작가인 경우, 그의 작품 속에서 어떤 본질적이고 중요한 상상력의 구조와 편향(偏向)을 발굴한다면 그것은 얼마나 바람직한 일이겠는가? 상(箱)의 허다한 우류는 많은 평론가들이 지적해 왔지만 그의 문학사적 위치의 중요성과 그가 지적으로 절망을 할 줄 안 최초의 한국 작가라는 사실에 대해서는 누구나 대체로 긍정하고 있는 것이다.

그러한 사실을 전제로 하고, 우리고 시도하려는 일종의 문학적 정신 분석 비평은 작품 속에서 아직까지 파악되지 않거나 또는 오해된 채로 남아 있는 사실들을 발굴함으로써 문학 작품에 대한 독자의 올바른 인식을 고양시키는 것을 목적으로 한다. 이러한 태도는 작가의 자서전적인 기록의 도움을 필요로 하지 않는다. 왜냐하면 작가의 어떤 병적인 성향 또는 어린 시절에 형성된 어떤 콤플렉스, 그리고 사회적인 타격 등에 의해서 그러한 작품의 내용이 만들어졌다고 발언하는 태도는 그것 나름의 필연성은 있겠지만 작품의 의미를 축소시키는 좁은 안목을 소유하기 쉽기 때문이다. 그러므로 여기서 우리는 작가의 연대기(年代記)적인 고찰은 무리하지 않는 한도 내에서 무시한다.

문학작품이 그 시대가 산출한 정신적, 예술적인 기록 형태며, 그 시대를 어떤 형태로든지 표상화(表象化)한 상징적 언어라면, 왜 그런 작품이 쓰여졌는가라는 관점에서 작가의 자서전보다 더 완벽할지 모르는 문학 작품들을 중심적인 바탕으로 삼아, 아니 언어화된 의식적인 표현 양식을 중요시한 차원에서 작가를 새로운 관점으로 폭넓게 이해하는 데 우리의 목적이 있는 것이다.

그렇다면 왜 우리는 동물의 이미지라고 한정 지은 것일까? 상의 작품에서 동물의 이미지와 메타포는 그 빈도수가 풍부하지는 않지만, 그것이 무의미하게 응결된 이미지가 아니며 작가의 무의식적인 내부 구조와 밀접히 연결되어 있다고 파악되기 때문이다. 더욱이 상이 지적으로 절망했다든지 또는 자아의 분열을 의식한 작가라는 표현의 안쪽에는 '자아와 타자', '자아와 사회'의 관계에서 생겨나는 갈등의 문제가 당연히 개입되는 것이고 그러한 갈등의 무의식적인 표출은 동물의 이미지로 흡수되고 있는 것 같기 때문이다.

동물의 이미지를 통해 이상의 상상적 세계를 파악하려는 우리의 노력은 바로 그러한 이유들 때문에 그 타당성을 얻는다. 물론 '동물' 외에도 다른 이미지들이 있을 수 있겠지만 이 논고에서는 일관된 논리의 흐름을 전개시키기 위해 다른 이미지들은 '동물'이라는 이미지와 관련을 맺지 않는 한 할애한다.

2

어떤 사회의 구조가 개인의 행복을 어느 정도 충족시켜 줄 수 있는 사회라면 정상적인 인간과 비정상적인 인간의 구별은 분명해지리라. 정상적인 인간이란 그 사회에 잘 적응할 수 있는 인간이며, 그는 인간적인 가치의 기준에서 볼 때 우월한 평가를 받는다. 그러나 그렇지 못한 사회일 경우, 사회에 잘 적응하고 있다는 의미에서의 정상적인 인간은 인간적인 가치의 기준에서 종종 신경증적인 인간보다 훨씬 더 건강치 못하다. 그는 사회에 잘 적응한다고 하지만, 그것은 어떻게 해서라도 기대되어지는 인간이 되려는 대가로 그 자신을 포기하고 있을 뿐이다.

그러한 반면에 문제를 깊이 자각하고 있는 사람, 보다 병리학(病理學)적인 용어를 빌릴 때, 신경증적인 인간은 그 자신을 포기하지 않고 또한 그 자신과의 싸움에서 결코 전적으로 굴복하는 인간이 아니다. 더욱이 그 자신을 구하고자 하는 그의 노력이 성공하지 못하기 때문에 자기 자신을 그 사회에서 생산적이며 능동적으로 표현하는 대신에 신경증적인 징후를 통해서거나 또는 몽상적인 생활, 상상적 세계속에 들어박힘으로써 구원을 추구한다.

그와 마찬가지로 불안의 센티멘틀리즘이 풍부하고 암울한 정치적 배경을 둔 1930년 초기, 상은 그 사회에 신경증적인 인간으로서 사회 생활에서 탈락하여 그의 어둡고 습기찬 방 속에 파묻힌 채 방관자의 위치에서 현실을 바라본다.

> 갸렐리 어둠속에 J君과 어깨를 나란히 앉아서 신발 바꿔 신은 人間 코메디를 내려다보고 있었다.
>
> —<동해(童骸)>중에서

> 屋上庭園, 猿猴를 흉내내이고있는마드모아젤.
>
> —<건축무한육면각체(建築無限六面角體)>중에서

> 그러기에 大抵 어리석은 民衆들은 「원숭이가 사람 흉내를 내이네」하고 마음을 놓고 지내는 모양이지만 사실 사람이 원숭이 흉내를 내이고 지내는 바 짜장 至當한 典故를 理解하지 못하는 탓이리라.
>
> —<종생기(終生記)>중에서

> 나의 猿猴類에의 進化
>
> —<출판법(出版法)>중에서

상이 살았던 사회가 그를 고립시켰는지 그가 스스로 고립된 위치를 선택했든지 간에 그는 그러한 상황에서 현실과 타인과 자기를 돌이켜본다. 감수성이 병적일 정도로 예민했던 상에게서 돌이켜본다는 것은 바로 의식한다는 것이며 또한 거리를 두고 바라보는 태도여서 현실의 모든 불합리와 모순을 상이 자각하는 것은 당연한 일이다.

희극적인 몸짓으로 움직이는 인형들의 생활, 그「신발 바꿔 신은 人間 코메디」, 또는「사람이 원숭이 흉내를 내이고」 지내는 현실적 생활은 진지한 모습을 잃어버리고 조소의 대상이 된다. 현실과 사물과의 친근한 관계에서 벗어나 다른 각도에서 그것들을 바라볼 때, 인간의 몸짓은 원숭이의 몸짓처럼 무의미한 동물적 형태라는 자각을, 상이 자주 사용하는 표현인「19세기와 20세기의 틈바구니」에 끼인 모호한 한국적 현실과 그것을 깨닫고 괴로워할 수 밖에 없는 자기 자신의 갈등의 문제와 연결된다. 사람들은 자기들의 몸짓이 무의미하다고 생각할 줄도 모르며 현실의 문제 의식을 느끼지도 않는다.

상은 그러한 사회의 사람들을 원숭이의 몸짓으로 풍자하고 또한 자기 자신을「원후류에의 진화」라고 반성한다. 원숭이의 형태적인 특성은 모방하고 흉내내는 것으로 생각되어 깊은 내부에서 절실하게 솟구쳐 나오는 것이 아니라는 비유적인 효과로 사용된다. 그러나 속물적인 속성을 동물의 이미지로 풍자하는 태도는 대체로 높은 성과를 얻고 있지 않다.

> 양돼지전무는와이샤쓰를접어넣고얼마나점잖을것이가.
>
> —<지주회시>중에서

> 인간이 식사하는 것을 보이지 않는 곳에 숨어서 들을 때 개의 그것과 똑같다는 것을 발견함은 일대쾌사라 하겠다.
>
> —<어리석은 석반(夕飯)>중에서

> 나는 異國種 강아지올시다.
>
> —<실화(失花)>중에서

인간을 동물로 바라보고 또한 자기 자신을 동물의 형태로 추락시키며 쾌감을 느끼는 아이러니와 자조(自嘲)의 인식은 그것 자체로 높은 가치를 지니는 것은 아니다. 물론 그것은 초현실주의

자가 현실을 야유하는 표현은 「개들의 인생(la vie des chiens)」과 유사한 것이기 하지만 말초적인 자의식의 쾌감을 느끼기 위한 것 이외에 그 어떤 의미가 있겠는가? 풍자와 아이러니가 값있게 나타나는 것은 인생에 대한 우수와 뼈저린 슬픈 체험을 통하여 또는 그것을 바탕으로 한 차원 위에서 가능하다.

상의 그러한 야유와 자조가 그의 작품에서 본질을 이루고 있는 것은 아니다. 다만 그가 어두운 방 속에서 패쇄적인 삶을 지탱할 때, 한 개인이 도저히 참을 수 없는 고독감과 허무감에서 생겨난 일차적인 소산이 현실을 야유하는 그런 형태로 나타날 수 있는 것이다. 그것은, 발코니에서 현실을 바라보며 유머로 비꼬자는 '브루통'의 선언처럼 철저히 현실을 초월하려는 태도가 상에게 빈약하기 때문이 아닐까? 사실 상은 현실과 거리를 두려는 의도만큼 쉽사리 현실을 떨쳐 버릴 수는 없었나 보다.

상 자신이 늘상 전기(轉機)를 꾀하고 있었듯이 또는 「……사람은 절망하라, 사람은 탄생하라……」라는 시 구절에서 보이듯이 상이 새로운 현실, 새로운 삶을 열망하고 있었던 것이 사실이다. 상이 현실에서 느끼는 아픔과 갈등이 크면 클수록 새로운 삶에 대한 욕망은 강렬해지며 또한 자기 자신으로부터 도피함으로써 그것을 극복해 보려고 한다. 이러한 양상은 동물의 이미지를 통해 극단적인 절망의 모습으로 조금씩 변주되어 간다. 하나의 현실 앞에서 또는 하나의 타인인 여자 앞에서 '나'는 마조히즘적인 태도를 취한다.

> 나는 가장 게으른 동물처럼 게으른 것이 좋았다.
> 나는 다시 몸을 돌쳐 이불을 뒤집어쓰고는 개구리처럼 엎드리고 (……) 나는 닭이나 강아지처럼 말없이 주는 모이를 넙죽넙죽 받아 먹기는 했으나(……)
>
> —<날개> 중에서

그래도저런끄나풀한마리가지는게화장품이나옷감보다는훨씬낫읍니다.

그러니까 저를 빨아먹은 거미를 제손으로 기르는 세움이지요.

—<지주회시> 중에서

姙이는 내 손톱을 열심으로 깍아주고 있다.「猛獸가 家畜이 되려면 이 凶惡를 毒牙를 剪斷해 버려야 한다」는 美術的인 勸誘임에 틀림없다.

—<동해> 중에서

위에 인용한 <날개>의 부분은 동물이라기보다 오히려 가축으로서의 '나'를 드러내 주며 그러한 '나'의 태도를 타인은 인간 이하의 가축으로 바라본다. '나'를 사육하는 '아내'는「저런 끄나풀을 한 마리 가지는 게」그런 대로 우월한 쾌감을 유지시키므로 만족을 느낀다. 또한 자기의 손톱을 동물의 이빨로 표현함으로써 '나'는 동물의 포즈를 취하는 데 열심인 듯하다.

왜 '나'는 의도적으로, 의식이 없는 동물이나 가축의 태도를 취하는 것일까? 자기 자신을 길들여진 가축으로 드러내는 몸짓은 의식하는 의식이 즉자(卽自)로 되려는 태도이며 마조히스트의 그것이다. 그러므로 남의 시선 속에 자기 자신의 괴롭고 정당화될 수 없는 주체성을 포기하려는 욕망은, 의식은 의식대로 지니면서 사물이 되려는 태도다.

그러나 상이 취하는 가축의 태도는 존재론적인 깊은 고뇌에서 나의 의식과 타인의 의식, 그 팽팽하게 긴장된 시선의 싸움에서 그 싸움을 중지하고 돌처럼 굳어 있는 상태로 되고 싶다는 필연성이 결여되어 있다. 그것은 하나의 속임수다. 자기 자신의 동물화된 몸짓 안쪽에는 음험한 천재 의식, 우월한 의식이 숨어 있는 것이다.

이렇게 세상을 속이고 일부러 자기를 속임으로 하여 本然의 자

> 기를 얼른 보기에 高貴하게 꾸미자는 것이다.
>
> —<단발(斷髮)> 중에서

타인을 속이고 자기 자신을 속이는 이중의 기만이「고귀하게 꾸미자」는 원래의 의도라면, 그것은 순간적으로는 성공할지 모르나 순간적인 쾌감으로 그린다. 상은 어쩔 수 없이, 그 안일한 기만과 속임수에서 벗어나고 타인과의 의식의 충돌을 겪는다. 즉자적인 태도와 대자(對自)적인 태도는 삶의 대타(對他) 관계에서 끊임없이 반복되는 다이내믹이다. 그러한 다이내믹이 격렬하면 할수록 절망의 양태는 심화된다. 그러나 지금까지 상의 태도는 격렬함이 전혀 없고 동물의 이미지는 길들여진 가축의 차원에서 머물며 또한 그러한 이미지는 일차적인 의미 속에 유폐되어 있는 형편이다.

> 다음 瞬間 내 最後의 趣味가「가축은 인제는 싫다」이렇게 快히 부르짖은 것이다.
>
> —<동해> 중에서

자기 자신이 선택한 가축의 태도를 포기하고 인간으로 상승하고 싶다는 잠재적인 욕망은 그러한 태도가 하나의 기만이며 무의미한 몸짓이라는 것을 자각한 순간에 돌출된다. '내'가 아무리「본능 이외의 것을 지껄이지 않는」동물의 몸짓을 하더라도 그런 태도에 기쁨을 느끼려면 상대방의 시선에 들어간 동물로서의 '내'가 과연 어떠한 것인지 스스로 알아야 할텐데 타인의 의식을 소유한다는 것은 원칙적으로 불가능하기 때문이다.

물론 앞에서 인용한 것처럼 '나'의 기만적인 태도는 때때로 성공한 듯이 보이지만 인간인 한, 그러한 관계는 하나의 좌절이며 또한 좌절이어야 한다. 그러한 '나'와 타인 사이에 갈등과 속박의 심도는 동물의 이미지를 통하여 격렬해진다.

부부는식물처럼조용하다. 그러나식물은아니다. 아닐뿐아니라여간 동물이아니다.

—<지주회시> 중에서

'나'와 '아내'는 모두가 동물이다. '아내'가 '나'를 바라볼 때 '나'는 동물이고 '나'의 시선 속에 '아내'도 동물이다. 다른 것이 있다면 '나'의 동물화는 의도적인 것이지만 '아내'의 경우는 그렇지 않다는 것이다. '아내'의 얼굴을 동물의 형태로 바라보면서 '아내'의 의식을 죽여 버릴 때 '나'는 일종의 만족을 체험한다. 그것은 인간인 한 동물의 성향과 특성을 지닌 열등한 동류(同類) 앞에서 우월한 시선을 취하는 것이 자랑스럽기 때문일까? 그러나 타인의 동물화는 '나'의 자유를 얽어매는 무서운 형태로 변주된다.

얼굴이 *少女*가 상기한 탓도 있었겠지만 암만 보아도 이것은 가장 動物的인 動物 以外의 아무것도 아니었다.

—<단발> 중에서

방바닥 위에 한 마리의 고양이의 屍體가 버려져 있었다. (……) 눈이 오듯이 靈魂이 조용히 내려앉고 고양이는 내 얼굴을 보자 微笑를 짓고 있는 듯이 보였는데, (……) 여자는 일어났다. 그리고 흘깃 내쪽을 보았다. 어떻게 하려는가 했더니 선 채로 내 위로 버럭 덮쳐왔다. 이것은 틀림없이 나를 壓殺하려고 하는 것일 것이다.

—<애야(哀夜), 나는 한 매춘부(賣春婦)를 생각한다> 중에서

그랬더니 아내는 넘어진 내 위에 덮치면서 내 살을 함부로 물어뜯는 것이다.

—<날개> 중에서

또 거미, 아내는꼭거미, 라고그는믿는다. 저것이어서도로환투를 하여서거미형상을나타내었으면

—<지주회시> 중에서

여자를 동물의 형태로 바라보고, 그것의 수사학적인 대비의 표현은 <애야(哀夜)>라는 시에서 고양이의 묘사로 나타난다. 그러한 묘사는 '보들레르'의 경우와 유사한데 고양이의 성적인 육감(sensualité)의 이미지와 여인의 그것과 대비시킬 때 획득되는 시적효과는 아주 적절하다. 그것은 탐욕스러운 성욕에 몰켜 있는 여인의 시선과 그 몸짓이 고양이가 풍기는 어둡고 빛나며 움직이니 않는 눈빛과 곧 달겨들지도 모르는 섬뜩한 예감의 분위기와 그 의미가 쉽사리 결부되어 있다.

그러므로 「나를 압살하려고 하는 것일까」하는 공포에 사로잡히는 것이다. 또한 <날개>에서 「내 살을 함부로 물어뜯는다」는 동작의 주어는 '아내'지만 그 동작의 형태는 완전한 동물의 몸짓이다. 사람이 어떻게 「살을 함부로 물어뜯을」 수 있겠는가? 그리고 <지주회시>에 '아내'는 거미라는 직접적인 비유에서 거미의 어둡고 악마 같은 이미지는 거미의 흡반이 빨아들이는 속성을 갖고 있으므로 여성적인 잔혹함을 암시해 준다. 이처럼 여자는 '나'의 자유를 박탈하는 무서운 동물의 형태로 부각된다.

'나' 자신을 동물의 위치로 타락시킨 태도에서 느끼는 안일한 쾌감이나, 또는 '나'의 의식 속에서 「가장 동물적인 동물 이외의 아무것도」 아닌 것처럼 타인을 바라보는 우월한 의식의 느낌들은 그 일차적인 단계를 벗어난다. 그리고 격렬한 갈등의 문제가 생겨난다. '내'가 '아내'에 대해서 공포를 느낄 만큼 '아내'라는 타인의 의식은 '나'를 얽어매는 영향을 준다. 가축으로 위장한 '나'의 태도는 위험한 파탄에 이른다. '나'는 가축이라는 가면을 벗어버리고 싶고 역의 방향에서 '아내'의 자유를 박탈하고 '아내'의 의식을 소멸시키려 든다. 그것은 정신적인 사디즘이다.

물론 마조히즘과 사디즘은 동질의 안과 밖과 같은 것이지만 이러한 전향(轉向)의 기계는 자기 자신을 구해 내고자 하는 거의 절망적인 최후의 시도이며 또한 부정과 반항의 깊은 욕망을 대체한다. 그러므로 정신적 사디즘의 변모는 비상(飛翔)에 대한 갈망처럼 가치있게 부각되는 것이다.

> 또 거미, 아내는꼭거미(……) 그러나거미를총으로쏘아죽였다는이야기는들은일이없다. 보통 발로밟아죽이는데신발신기커녕일어나기도싫다. (……) 아내의이마에손을얹고 그래도여전히그는 잔인하게 아내를밟았다. 밟히는아내는삼경이면쥐소리를지르며쯔그러지곤한다(……) 금긋듯이아내는작아들어갔다.
>
> —<지주회시> 중에서

> 그때 눈앞에는 아내의 모가지가 벼락처럼 내려 떨어졌다.
>
> —<날개> 중에서

<지주회시>에서 '그'가 '아내'를 거미로 생각하며 밟아 죽이려는 의도나「쥐소리를 지르며 찌그러」드는 묘사는 무엇 때문인가? 작품속에서는 무의식적인 부분인 듯 지나가듯이 연결되지만 '아내'를 소멸시키려는 상상력의 사디즘은 어떤 이유 때문이라기보다 형이상학적이며 존재론적인 심화된 갈등에 그 원인이 있는 것이다.

그리고 <날개>에서 무의식적인, '아내'에 대한 살해의 욕구는 뒤에서 자세히 언급하겠다. 어쨌든 나의 의식 앞에 남의 의식이 있고 의식 상호간에 알력과 투쟁이 있다는 것을 상은 깨달았음에 틀림없다. 그러한 시선의 싸움에서 그는「영원히 발이 맞지 않는 절름발이의 부부」임을 자각하고「오해는 오해대로 그저 끝없이 발을 절뚝거리면서 세상을 걸어가면 되는 것」이라고 생각한다.

상의 상상적 사디즘이 가치가 있는 것이라고 우리가 말하는 이유는 가축이라는 마조히즘의 태도가 무기력과 나태의 안일한 합리화이기 쉬우며 그 의미가 빈약한 정도에서 그 의미를 더욱 깊고 처절한 절망의 극단까지 몰고 간 효과 때문이다. 그러므로 상의 사디즘은 격렬한 부정 정신으로 연결되며 그것은 다시 마조히즘으로 돌아온다.

> 아내에게서그악착한끄나풀을끌러던지고훨훨줄달음박질을쳐서달아나버리고싶었다.
>
> —<지주회시> 중에서

결국 여자의 의식을 소멸하고 부정하려는 태도는 극단화된 마조히즘의 변형이며 따라서 탈출에의 욕망은 새로운 삶, 이상(理想)의 세계에 대한 갈구로 연결된다. 동물의 이미지에서 볼 때 그것은 날짐승의 이미지로 흡수된다.

3

창천(蒼天)을 향하여 시선을 던지는 것, 비상하려는 시인의 욕망은 폐쇄된 공간과 시간에서 탈출하려는 의도를 내포한다. 그것은 자기가 갇혀 있다는 것을 자각하는 데서 출발한다.

> 이슬을아알지못하는다—리야하고바다를알지못하는金붕어하고가繡놓여져있다. 囚人이만들은小庭園이다.
>
> —<수인(囚人)이 만드는 소정원(小庭園)> 중에서

「바다를알지못하는금붕어」가 수놓인 수인의 정원이라는 시적 이미지에서 수인이 탈출한다면 금붕어가 물 속에서 자유롭게 유영할 수 있다는 암시가 보인다. 바닷물 속에서 헤엄친다는 것이나 창공을 비상한다는 것 등은 시간적인 동시에 공간적인 넓이를 지닌 세계를 통하여 사상이 확장되어 나가는 것을 의미한다.

그러므로 그것은 하나의 거대한 돌파구며 창조적인 사상의 경험을 나타내는 동시에 사상이 발전하는 계기를 형성해 주는 것이다.

상이 개업한 다방의 '제비'와 '학'의 이름 그리고 그의 작품 제목인 <날개>, <오감도> 등을 기억하더라도, 그가 '난다'는 것을 얼마나 동경했는지를 알 수 있다.

> 찢어진 壁紙에죽어가는나비를본다. 그것은幽界에絡繹되는秘密한 通話區다. 어느날거울가운데의鬚髯에죽어가는나비를본다. 날개축처어진나비는입김에어리는가난한이슬을먹는다. 通話口를손바닥으로꼭막으면서내가죽으면앉았다일어서드키나비도날아가리라.
>
> —<오감도 시제 10호> 중에서

> 때묻은빨래조각이한뭉텅이空中으로날라떨어진다. 그것은흰비둘기의떼다.
>
> —<시제12호> 중에서

> 여기있는것들은모두가그尨大한房을쓸어생긴답답한쓰레기다. 落雷가심한그尨大한房안에는어디로선가窒息한비둘기한까마귀한마리가 날아들어왔다.
>
> —<가외가전(街外街傳)> 중에서

> 거울속의나는 不死鳥에 가깝다.
>
> —<시제15호> 중에서

이처럼 새의 이미지는 불길한 예감으로 얼어붙어 있다. 「찢어진 벽지에 죽어가는 나비」, 「공중으로 날라 떨어지는 흰 비둘기 떼」, 「질식한 비둘기만한 까마귀 한 마리」의 표현들이 암시해 주는 것은 꿈틀거리고 퍼덕이며 죽어 가는 동작들이다. 그것은 하나의 그림처럼 생동하지 않는 형태로 붙어 있는 것은 아니다. 그것은 생동한다. 그러나 날지 못하고 퍼덕이며 죽어 가는 부정적 생동성은 무엇을 의미하는 것인가? 죽어가는 새들은 시인의 심적인 표상이다.

그러므로 날고 싶지만 날 수 없는 어두운 풍토에서 느끼는 시인의 처절한 아픔을 우리는 발견한다. 더구나 '불사조'라는 강력한 표현의 안쪽에 비상에 대한 열망이 엿보임에도 불구하고 날지 못하는 시인의 표상이 결국, 과거에 대한 감상적(感傷的)인 향수 때문인가? <나비>라는 시를 자세히 분석해 보자.

죽어가는 '나비'는 '찢어진 벽지'와 동시에 「幽界에 絡譯되는 비밀한 통화구」에 위치한다. '나'는 찢어진 벽지로 가리운 세계, 즉 죽음처럼 고요하고 밀폐된 '유계'에 위치한다. 밀폐한 세계는 '내'가 안주하던 절대의 세계다. 그러나 벽지가 찢어져 있으므로 외계의 바람은 안쪽으로 침범하여 '나'의 유계는 이미, 절대의세계가 아니다.

또한 '나'는 '나비'이며 동시에 '나비'가 아니다. 왜냐하면, 「내가 죽으면 앉았다 일어서드키 나비도 날라가」므로 '나비'의 비상을 위해 '나'는 통화구, 즉 찢어진 벽지를 막고 죽어야 하기 때문이다. 그러므로 '나비'의 비상이며 또한 새로운 삶의 탄생을 위해서 '나'는 온갖 밖의 관계와 절연해야 하며 순수한 절망과 형이상학적 죽음의 상태에 처분해야 한다는 것을 알고 있다.

「찢어진 벽지」 밖의 세계에서 상의 비상을 가로막는 것은 19세기적 요소, 불합리한 동양적 사고 방식과 윤리일 수 있고 또한 암울한 사회적 배경일 수 있다. 그러나 「찢어진 벽지」를 꼭 막을 수 없기 때문에 「날라 가리라」라는 하나의 가정문의 형태로 끝나는 것이다. '날지 못한다'는 자각과 '날고 싶다'는 갈망 사이에서 상은 괴로워한다. 그러한 이상(理想)의 세계에 대한 갈망과 현실에 대한 향수사이의 움직임을 구체적으로 보여 주는 작품은 <날개>라고 생각된다.

작품 서두에 「박제가 되어 버린 천재를 아시오?」라는 부분과 끝부분에 「날개야 다시 돋아라」라는 표현은 작품 전체에 하나의 통일성과 짜임새 있는 주제를 부여하려는 작가의 의도로 보인다.

앞에서 지적한 것처럼 '나'는 어둡고 창 없는 방 속에서 아내가 주는 모이를 받아먹고 빈둥빈둥 지내는 한 마리의 가축이나 다름없다. '나'는 아내가 주는 금전의 용도를 알지 못하며, 아내의 직업이 무엇인지도 모르며 또한 아스피린과 아달린을 구별할 줄도 모른다. 어느 날, '아내'는 자기의 매춘 행위를 편리하게 하기 위해 몸살에 걸린 '나'에게 아스피린이라고 속이며 아달린을 준다. '나는' 매일 그것을 먹고 수없이 많은 나날의 잠 속에 빠진다. 물론 '나'의 육신은 조금씩 부서져 가며 쇠약해진다. 그러던 어느 날, 비로소 '나'는 '아내'의 의도가 '나'를 거의 죽이려는 것이었음을 깨닫는다. 그럼에도 '나'는 '아내'를 증오할 줄 모른다. 아니 오히려 '아내'는 '나'를 더욱 학대한다. '나'는 집을 뛰쳐 나온다.

바로 여기서부터 '나'는 타락한 가축의 상태에서 상승하여 점차적으로 인간의 의식을 소유하게 되는 이미저리가 전개되는 것이다.

> 나는 거기 아무데나 주저앉아서 내 자라 온 스물여섯 해를 회고하여 보았다. (……) 허리를 굽혀서 나는 그저 금붕어나 들여다보고 있었다. (……) 지느러미는 하늘하늘 손수건을 흔드는 흉내를 내인다. (……) 나는 또 희락의 거리를 내려다 보았다. 거기서는 피곤한 생활이 똑 금붕어 지느러미처럼 흐늑흐늑 허비적거렸다. (……) 우리 부부는 숙명적으로 발이 맞지 않는 절름발이인 것이다. (……) 그러나 나는 이 발글이 아내에게로 돌아가야 옳은가 이것만이 분간하기가 좀 어려웠다. (중략) 이때 뚜우하고 정오 사이렌이 울었다. 사람들은 모두 네 활개를 펴고 닭처럼 푸드덕거리는 것 같고 (……) 나는 불현 듯 이 겨드랑이 가렵다. 아하, 그것은 내 인공의 날개가 돋았던 자국이다. 오늘은 없는 이 날개, 머릿속에서는 희망과 야심의 말소된 페이지가 딕셔내리 넘어가듯 번뜩였다. (……) 날개야 다시 돋아라, 날자.

—<날개> 중에서

이처럼 긴 문장을 여기서 인용할 수밖에 없는 이유는 가축의 상태에서 벗어나 비로소 인간의 의식을 지니게 되는 묘사가 카뮈의《이방인》의 주인공이 의식하고 각성하며 또한 부조리를 깨닫는 이부(二部)의 작품 구조와 흡사하며 또한 이러한 묘사에서 동물의 이미지중 금중어, 닭, 날개 등으로 연결되는 이미저리의 과정이 퍽 중요한 계기를 이루고 있기 때문이다. '나'는「스물여섯 해」를 회고하며 반성하고,「우리 부부는 숙명적으로 발이 맞지 않는 절름발이」임을 깨닫는다.

그러한 깨달음의 과정은 다음과 같다. 물 속을 미끄럽게 헤엄치는 금붕어의 지느러미가 '나'의 시선을 유혹할 때, '나'는 그것의 움직임이「손수건을 흔드는」것 같다고 생각한다. 그것은 '나'의 내부에 알 수 없는 어떤 상승에 대한 향수를 불러일으키며 또한 '나'를 각성시키는 계기가 된다. 그러나 거리를, 즉 일상적인 현실의 세계를 내려다보았을 때, 현실 세계는「금붕어 지느러미처럼 흐늑흐늑 허비적」거리는 것처럼 보인다. 동일한「금붕어 지느러미」의 표현이지만 앞의 것은 상승할 수 있는 밝은 전망을 암시하고 뒤의 것은 상승하지 못하게끔 칙칙하게 휘감는 현실의 양태로 나타난다. 그러므로 '나'의 비상을 가로막는 것은 일상적인 삶,「19세기적 유산」이 쌓여 있는 현실이라는 것을 우리는 추측할 수 있다.

또한「아내의 모가지」가 떨어져 나가는 표현에서 '아내'에 대한 증오, 무의식적인 살해의 욕구가 드러나는 것은 '내'가 자각한 인간의 상태를 강조해 주는 효과를 갖는다. 인간의 의식을 지녀야만 격렬한 증오의 감정을 가질 수 있는 것이 아닌가? '나'는 자신을 돌이켜보며 분명한 의식을 지니게 된다. 그러한 '나'의 시선 속에 거리의 사람들은「네 활개를 펴고 닭처럼 푸드득거리는」것처럼 보인다. 그러한 닭의 이미지는 희극적인 요소가 두드러져서 일반적으로 동물의 묘사에 잠재하는 경멸투의 어조를 지닌다. 그것은 '나'의 날개를 강조하기 위한 효과로서 현실 사회의 움직임을 '닭의 활개'로 대비시켜 표현하려는 의도로 쓰여진다.

그러므로 이미저리는 물→대지→하늘의 공간에서 움직이는 주체, 물고기의 지느러미→닭의 네 활개→인공의 날개로 변주되고 있다. 그러한 동물의 아날로지(analogie)가 드러내 주는 이미저리의 기교는 사물의 변화하는 양상을 일깨워 주는 역할을 할 때 가장 효과적이다. 결국 인공의 날개는 앞의 두 이미저리의 도움을 받아 강조되지만, 「날개야 돋아라」하는 독백은 차리리 슬픈 외침이다. 날았으면 좋겠다는 것이지 날지는 못하는 것이다.

날개의 중요한 의미를 부연하기 위해 바슐라르(G. Bachelard)의 견해를 살펴보면 다음과 같다. 바슐라르는 동력의 굴레가 인간 정신의 굴레며 따라서 우리가 그것을 극복하기 위해 가벼운 것에 대한 동경의 본능이 생의 본능 가운데서도 가장 중요한 것으로 나타난다고 말한다. 꿈속에서의 비상은 우리가 현실에서 품고 있는 낙하, 추락에 대한 공포를 극복하는 길을 가르쳐 준다. 상승은 숭고한 것이다. 인간의 공포가 추락에 대한 공포라면 인간이 자신의 무게로부터 해방되는 것은 하나의 구원인 것이다.

4

그렇다면 상이 날고 싶어한 세계, 또는 새로운 세계는 어떤 것인가? 상이 현실에서 늘상 가고 싶어했던 곳은 동경(東京)이었다.

> 몽롱한 가운데서 나는 이 땅을 떠나리라 생각했다. 머얼리 동경으로 가버리리라. 갈 테야 갈 테야 가버릴 테야.

—<환시기(幻視記)> 중에서

그러나 이러한 근본적인 생활 전환 또는 자기 회복에의 의지는 동경이 던져 준 환멸과 함께 흔들린다. 상 자신도 자기가 열망하는 세계는 현실에 존재하지 않음을 알고 있거나 아니면 막연히 생각했는지 모른다. 새로운 삶, 근본적인 변신의 주제는 <황소와 도깨비>에서 아주 짜임새 있게 성공하고 있다. <황소와 도깨비>는 앞에서 자주 인용한 작품인 <날개>와 <지주회시>보다 후에 나온 작품임을 기억하자. 작품의 내용은 다음과 같다.

한겨울 밤 돌쇠가 황소를 끌고 장터에서 돌아오던 중 산길 모퉁이를 지날 때, 도깨비 한 마리가 숲속에서 뛰쳐나온다. 도깨비는 사냥개에게 꼬리를 물려 상처를 입었으므로 황소의 뱃속에 들어가 황소의 힘을 세게 해주는 대신 자기의 몸이 회복되기를 돌쇠에게 간청한다. 돌쇠는 불쌍히 여겨 응낙하고 상처 입은 도깨비는 곧 황소의 뱃속으로 들어간다. 다음날부터 황소의 힘은 세지고 정력적으로 일을 한다. 봄이 되던 어느 날, 도깨비는 몸이 회복되어 황소가 하품할 때 그 입으로부터 뛰쳐나온다.

이러한 이야기는 성경의 '요나(Jonas)' 이야기와 유사하다. 그리고 이러한 이야기는 비현실적이긴 하지만 비논리적인 것은 아니므로 그 의미를 상징시키는 일은 가능하다. 바슐라르는 요나의 이야기를 분석하면서 이렇게 말한다.

> 요나의 콤플렉스는 부드럽고 더우며 결코 침해되지 않는 행복의 상태에 대한 원초적인 기원으로서 모든 도피와 안정의 이미지를 지닌다. 요나 콤플렉스는 진정한 절대적인 내면이며 행복한 무의식의 절대이다.
>
> — 《대지(大地)와 꿈의 휴식》 중에서

상이 갈구한 이상(理想)의 세계는 바로 그러한 '절대적인 내면'

의 세계며 그것은 황소의 뱃속이다. 그것은 또한 앞에 나온 <나비>의 유계(幽界)이기도 하다. 그 원초적인 휴식의 상태만이 새로운 탄생의 이전 단계로서 절실히 필요한 것이다. 그렇다면 <황소와 도깨비>에서 상처입은 도깨비는 바로 상의 분열이며 아픈 자아다. 이러한 논리를 뒷받침해 주는 내용을 <지주회시>에서 발췌해 보자.

> (어떤巨大한母체가나를여기다갖다버렸나) (……) 또 거미, 아내는 꼭 거미 (……) 이방이 그냥거민게다. 그는 거미속에가넓적하게드러누워있는게다. 거미내음새다 (……) 그래도그는안해가거미인것을잘알고 있다. (……) 아내의이마에손을얹고그래도여전히그는잔인하게아내를밟았다. 밟히는아내는삼경이면쥐소리를지르며찌그러지곤한다. (……) 생명에뚜껑을덮었고 사람과사람이사귀는버릇을닫았고 그자신을닫았다. 온갖벗에서—온갖관계에서—온갖희망에서—온갖慾에서—그리고온갖욕에서—다만방안에서만그는활발하게발광할 수 있다. (……) 방안은기어병들어가면서빠득빠득버티고있다 (……) 그러나—두시—그황홀한동굴—방—을향하여걸음은빠르다 (……) 두다리를 쭉뻗고깊이깊이잠이좀들어보고싶었다.
>
> —<지주회시> 중에서

알 수 없는 어떤 '거대한 모체'에서 내던져진 '나'는 분열된 의식의 중압감에 괴로워할 수밖에 없다. 그러한 자아의 상태는 아내인 거미와 방으로 묘사되고 있다. 그것은 '나'의 영역인 방이 타인의 의식으로 상징되므로 '나'는 '나'의 존재론적인 자유를 박탈당하는 절망의 영향으로 응축되고 축소된다. 그러나 아내를, 그 거미를 밟아 죽임으로써, 그리고 온갖 세속적인 상황과 단절로 '나'의 방은 원초적인 상태, 그 황홀한 동굴로 환원될 수 있다. 진정한 내면의 자아를 획득했을 때 '나'는「두 다리를 쭉 뻗고 깊이 잠이」들 수 있는 것이다. 그러므로 괴로운 내면의 어두운, 음산한 방의 어두움, 그러한 비인간적인 밤은 모든 것을 회복시키며 평화와 안정감을 주는 인간적인 밤, 그 '황소의 뱃속'이며 '어떤 거대한 모체' 내부의 밤으로 대치되어야 하는 것이 아닐까?

상이 갈구한 세계, 그러나 갈 수 없는 그 막연한 세계는 새로운 삶을 향한 진정한 죽음의 세계인 것이다. 그러므로 어둡고 음울한 방 속에서 한없이 게으른 생활인 것처럼 보이지만 사실 「은화처럼 맑은 정신 상태」를 언제나 견지하려던 의식의 갈등은 조화되고 아늑한 지난날 언젠가는 원초적 세계를 갈구할 만큼 처절한 절망이었다.

5

지금까지의 내용을 간단히 요약하면 다음과 같다. 상의 작품에서 동물의 이미지를 살펴볼 때, 우선 사회와 인간에 대한 풍자의 효과로서 동물의 비유를 하고 있으며 자기 자신과 타인 사이의 존재론적인 갈등은 동물의 아날로지에서 마조히즘과 사디즘으로 나타난다. 그러나 상상력의 사디즘은 결국 극단적인 마조히즘의 변형된 모습이며, 그러한 절망에서 벗어나려는 욕망은 이상(理想)의 세계에 대한 심적 욕망이다.

그리고, 그것은 '날개'의 이미지들로 연결된다. 그러나 '날개'의 이미지는 상승과 추락이 하나로 응결된 즉 비상할 수 없다는 절망의 인식으로 표상화된다. 날 수 있는 세계, 이상의 세계는 모호한 것이지만 새로운 삶을 위한 원초적인 죽음의 상태, 행복한 절대적 내면의 세계였던 것이다.

이러한 과정에서 동물의 이미지는 때때로 잔혹하게 그리고 때때로 음산하게 꿈틀거린다. 그러므로 상의 태도는 카프카의 <변신>의 주인공과 유사한. 카프카에게서 '변신'이란 불행과 타락이며 또한 인간의 소멸이고 추악해 가는 과정이다.

벌레로 변신된 주인공은 아무것도 욕망하거나 바라지 않는다. 바란다면, 지난날의 인간이었던 그 과거를 바란다. 그는 미래가 없는 시간속에 살며, 변신이 되는 인간의 타락에서 존재자(存在者)는 극단적인 불행에 사로잡히는 것을 표상한다. 벌레로 추락한 인간의 고독은 탈출할 수 없는 악의 세계에서 겪는 인간의 극단적인 불행이었다. 그것처럼 자기 자신을 소멸하고 싶었던 이상의 1930년대는 어쩌면 그에게 가장 불행한 시대였는지 모른다.

> 五官이 모조리 剝製된 것이나 다름없다. 답답한 하늘 답답한 地平線 답답한 風景 답답한 風俗 가운데서 나는 이리 디굴 저리 디굴 굴고 싶을 만치 답답해 하고 지내야만 된다.
>
> 아무것도 생각할 수 없는 狀態 以上으로 괴로운 狀態가 또 있을까?
>
> —<권태(倦怠)> 중에서

이와 같은 이상의 말을 기억하면서 우리의 시도는 끝을 맺는다.

— 《신동아》 (1970. 2)

이상 문학에 있어서의 수학

김 용 운

머리말

이상 문학이 지닌 난해증의 일부는 그가 즐겨 사용한 수학적 또는 물리학적 표현으로 인해 가중되는 것으로 알려져 있다.

그러나 그것은 결코 허(虛)된 현학이거나 무의미한 고답적인 이유에서가 아니고 수학적 표현을 구사함으로써 그의 사상적 경향을 더욱 효과적으로 부각시키기 위해서였다. 자신의 주제 의식을 강하게 느끼면 느낄수록 수학적 직관이 움직였고, 그것이 상당한 수준에 달했음을 보이고 있다.

그의 문학의 주제는 창세기 이래의 인류의 중대 관심사인 사(死)·생(生)·지(知)·죄(罪) 등의 문제였는데, 그의 일관된 사상은 고도로 세련된 시적 표현으로 겉보기와는 달리 명쾌하게 또 성실하게 제시되어 있다.

그의 작품(作品)은 니체가 말하는 '인간적 너무나 인간적'이었다는 사실이 그처럼 특수하게 만들었다고밖에 할 수 없으며 28

세라는 짧은 생애는 그의 독자성(獨自性)을 위해 연소된 것이다. 그는 세상의 몰이해를 탄식하며 죽어 갔지만 아직도 그에 대한 일반의 이해라는 것은 섬뜩스러운 천재라는 정도다.

천재이기 이전에 너무나도 인간적이었던 인간 이상은 우리의 공동문제인 '인간 조건'을 가지고 진지하게 고뇌하였다. 죽음을 응시하면서 이룩한 그의 문학에 대한 평가는 니체의 「나는 모든 책 중에서 오직 피로 쓴 책만을 택한다」로써 대신할 수 있다고 하겠다.

고뇌의 심층을 표상화한 그의 문학은 수학적 감각과 시적 에스프리가 교차함으로써 우리 문학에 하나의 찬란한 성좌를 실존의 문제를 두고 생각할 때에 수학을 토대로 하는 세계관이 의미를 상실한다는 것은 자명하다.

그러한 견지에서 그가 수학적 세계관을 배격하는 것이 필연적이었다는 것을 살펴보기에 앞서 그의 사상 형성을 잠시 살펴보기로 하다.

이상의 사상적 배경

「처음 놀라움이 있었다」라는 아리스토텔레스의 말처럼 이상 역시 '놀라움'에 대한 '왜'라는 물음에서 그의 사고를 시작한다.

> 나는 '왜' 거기에 있지 않고 여기에 있을까?
>
> — 파스칼

이러한 소박한 물음에 대해서 이상은「내가 여기에 있는 것은 내가 의식하기 때문이다」라는 답을 하고 다시 그 답에서「나에게 실존하는 유일한 세계는 나의 의식의 작품」이라고 믿게 되었을 것이며 마침내 이러한 생각은 하이데거가 말한「나는 존재를 존재시키는 존재다」라는 불안한 사상을 갖기에 이른다. 그래서 이상은「내가 나를 의식할 때 비로소 나의 존재가 확립된다」, 「아니다」,「나를 의식하는 나의 의식을 의식할 때 내가 존재한다」,「아니다」,「아니다」,「나를 의식하는 나의 의식을 의식이 나를 존재케 한다」고 생각하기에 이르렀을 것이다.

「아니다」,「아니다」, ……「아니다」……, 보이는 것 전부를 돌로 바꾼 힘을 가진 '골곤'인 양 그는 의식할 수 있는 대상 전부의 실존을 확립시킨다.

「나의 존재의 이유가 어머니라니 그것은 너무나도 미약하다. 그것은 전혀 '나'(나의 존재를 확립시키는 자의식)와는 관계가 없는 때문이다.」

이러한 사고를「왜 나는 태에서 죽어서 나오지 아니했던고?」라는 <욥기>에 있는 말에 적용해서 생각한다면 그는 그가 태에서 살아서 나온 것을 저주함으로써 그의 생존을 의식할 수 있었다고 할 수 있다.

이러한 논리는 극단적으로 도착의 세계를 형성하고 다음의 시를 나오게 한다.

> 나의아버지가나의곁에서조을적에나는나의아버지가되고또나는나의아버지의아버지가되고그런데도나의아버지는나의아버지대로나의아버지인데어쩌자고나는자꾸나의아버지의아버지의아버지의……아버지가되느냐.
>
> — <오감도(烏瞰圖) 시제2호(詩第二號)> 중에서

나의 아버지를 의식하면 아버지의 존재를 내가 확립시킨다. 고로 내가 나의 아버지의 아버지가 될 수밖에. 따라서 나는 그렇게 의식하는 나 자시니을 의식하니 나는 다시 나의 아버지의 아버지의 아버지가 된다…….

'나' 없이는 아무것도 존재할 수가 없고, 또 그들이 존재한다는 것도 사르트르가 말한 것처럼 나를 위해서인 것이다.

본명인 김해경이라는 이름을 이상이라고 부르게 한 것도 세상의 전통적인 질서를 전적으로 거부하고 나 혼자의 질서를 내 안에 설정하고 살자는 의도에서였다.

「분총에 계신 백골까지가 내게 혈청의 원가 상환을 강청」할 때는「당신의 인감이 이미 실효」(<문벌(門閥)>)된 것이라고 선언하면서 전적으로 모든 존재에 대한 책임을 그 자신이 지게 되고 그것에서 오는 불안, 고독, 죄, 좌절성, 자살에의 유혹, 권태감 등 인간의 근본 문제가 원색으로 채색된 채 그의 생활을 둘러싼다.

이상의 수학관

실존하는 것, 현실적인 사상, 그 자체를 전체적으로 받아들이지 않고 그 사상 중의 어느 부분만을 추출하여 그것을 대상으로 하는 수학이나 물리학 같은 학문은 그 과학적 방법에 전적으로 의존한다. 즉 과학의 대상은 실존적인 것이 아닌 필연적·보편적인 것이다.

본질주의는 모든 것이 일정한 존재의 양식을 가지고 있다고 믿는다. 특히 피타고라스 이후 수가 모든 존재 양식의 근원이라고 믿은는 사상가는 상당히 있다. 가령 갈릴레이의 말을 빌려 보면 이렇다.

「철학은 우리의 눈에 비치고 있는 이 우주라는 큰 책 속에서 찾아 보게 되는데 그 책은 그 언어를 이해하고 그 글을 배워야 이해할 수 있다. 그 언어는 수학이고 그 글이란 삼각형, 원과 같은 기하학적 원형이다. 이들을 이해하지 않고서는 한마디도 이해할 수 없다……」

이와 같은 사상은 근대 합리주의에까지 계승되고, 합리주의는 과학적 정신과 더불어 20세기 초기에는 거의 마력적 부적이 되다시피 하였다.

그러나 상은 이러한 합리주의적 세계관을 부정한다. 말하자면 자기 자신을 의식의 대상으로 삼을 때 비로소 자기의 실존이 확립되며 나아가서 전세계를 확립시키는 것도 자신의 의식이라고 믿는다면 실존 그 자체를 인식하지 않고 존재하는 일반적인 형, 보편적·필연적인 법칙이 이 세계를 지배한다고 믿을 수가 없었다. 그 점을 그는 자기 문학 속에 수학의 언어를 빌어 역설적으로 표현한다. (상은 고등공업 출신답게 상당한 수학의 소양도 있었고 건축 기사로 총독부 재직시에는 독특한 계산법을 발견하여 동료를 놀라게 할 정도로 수학적 재능도 있었다.)

다시 말해서 그가 살고 있었던 합리주의적 세계(現實)에 대한 반발을 자신이 알고 있는 수학적 지식을 통해 반증한다는 점에서 상문학(箱文學)의 아이러니컬한 독창성이 있으며 일반적인 서정시에서 맛볼 수 없는 특수한 언어 감각을 느끼게 한다.

이런 점에서 그의 문학성에 나타나는 수학에 대한 태도가 두 가지로 나뉘어진다.

첫째는 앞에서 말한 '아버지'의 존재도 자기의 의식에서 결정한다고 본다면 냉혹한 수학적인 메커니즘으로 세계가 지배된다는 소위 기계론적 자연관은 거의 생리적으로 거부될 수밖에 없으며, 둘째로 수학이 일종의 형태학으로서 수학 세계에도 유기적인 변환 구조가 생성된다고 보고 이러한 체계에서 그는 어떤 시적인 미를 찾으려고 했다는 점이다.

즉 철학적(前者)으로는 거부할지라도 감성적(後者)으로는 받아들였다는 점에서 그의 섬세한 시인다운 태도가 그의 수학관에 일관되어 있는 것이다.

따라서 그는 과학적 세계마저 부정하지 않을 수 없게 된다. 다음의 시가 그의 이러한 사상을 나타낸다.

> 능금한알이 墜落하였다.地球는부서질程度만큼傷했다. 最後. 이미如何한精神도發芽하지아니한다.
>
> — <최후(最後)>

능금 한 알이 떨어진 것에 힌트를 얻은 뉴튼은 웅대한 고전 역학을 완성하였으며 따라서 우주는 데카르트, 뉴튼 등의 주장대로 수학적 개념을 토대로 설명되었다. 이러한 자연학은 결국 무미건조하고 비타협적인 주지주의에 연결된다. 그러나 상은 이것으로 자기의 실존 세계(지구)가 몹시 상하여 이후 어떠한 정신도 발아하지 않는 것을 슬퍼한 것이다.

이러한 사고는 상과 같은 사상 체계를 이룬 사람들에게는 모두 공통되는 일이다. 카뮈는 그의《시지프스의 신화》에서「지구가 떨고 있는지 태양이 떨고 있는지 그것은 일절 관계가 없는 일이다. 요컨대 그것은 하잘 것 없는 문제다」라 하였으며 파스칼 역시《팡세》에서「그런 학문을 제아무리 연구해도 자기 자신의 상황을 이루는 조건은 하나도 알 수 없다」라고 하였으며, 니체는「과학의 목적은 인류 절멸에 있다」고 까지 극언을 하고 있다.

상의 과학적 세계관에 대한 부정, 배격은 과학의 발달로 인한 인간 정신의 메마름에 대한 경고로서 당시로서는 상상도 못했던 오늘날의 원자력, 공해 등 인류의 크나큰 문제를 예지한 듯한 그 혜안(慧眼)과 예리한 감수성에 경탄을 금할 수 없다.

이상이 본 수학적 우주관

상의 수학적 우주관은 다음 시에서 잘 나타난다.

	1	2	3	4	5	6	7	8	9	0
1	•	•	•	•	•	•	•	•	•	•
2	•	•	•	•	•	•	•	•	•	•
3	•	•	•	•	•	•	•	•	•	•
4	•	•	•	•	•	•	•	•	•	•
5	•	•	•	•	•	•	•	•	•	•
6	•	•	•	•	•	•	•	•	•	•
7	•	•	•	•	•	•	•	•	•	•

8 • • • • • • • • • • •
9 • • • • • • • • • • •
0 • • • • • • • • • • •

(宇宙는冪에依하는冪에依한다)
(사람은數字를버리라)
(고요하게나를電子의陽子로하라)

—<선(線)에 관(關)한 각서(覺書) · 1> 중에서

수학에서 큰 수를 나타내기 위해서 멱(예=10^n의 n을 말함)을 사용한다. 가령 100=10^2, 1000=10^3, 10×10×……10 즉 10을 n번 곱한다면 10^n이다. 이 시에서 0에서 9까지 10개의 수표는 물리적으로는 세계가 수로 표시된다는 것이고, 대우주는 이들 수의 멱으로 표시된다는 것을 의미한다. 실지 천문학 용어인 광년(光年)은 멱의 멱의……즉(……$((10^n)^m)^l$)……)과 같은 방법으로 표시된다.

그러나 이 숫자, 즉 나 아닌 타인이 만든 추상적인 사고가 자신의 생의 영역을 침범하여 하나의 질서를 확립하고 나의 세계를 지배할 때 그는 서슴지 않고「사람은 숫자를(즉 관념적이고 추상적인 규범을) 버리라」고 규탄한다.

나에게 의의 있는 유일한 것은 나의 실존을 의식하는 의식이라 확신했기 때문에 그러한 수의 세계, 즉 합리적인 세계를 거부했던 것이다.

그러나 끝없이 몰려오는 의식의 회오리 속에서 자기 자신만이 자신의 존재 이유가 되는 것으로 생각했을 때 그 존재 이유는 어쩔 수 없는 고독의 심연으로 그를 몰아세운다.

「重要한位置에서한性格의심술이悲劇을演繹하고있을즈음範園에는他人이없었던가」(<위치(位置)>)라고 말했듯이 상은 자기의 이러한 사고 방향을 '성격의 심술'이라 말하였고 그의 의식의 분석 과정에서 자신을 자학하는 것을 '비극의 연역'이라고 하였다.

의식의 대상이 될 나와 의식하는 나의 관계를 원자탄 밖에 있는 전자와 그 안에 있는 양자의 관계(그림 1)로 보고 「고요하게 나를 전자의 양자로 하라」고 한 것은 그가 '성격의 심술'이 가져오는 자학의 고통에 못 견뎌 했던 절규다.

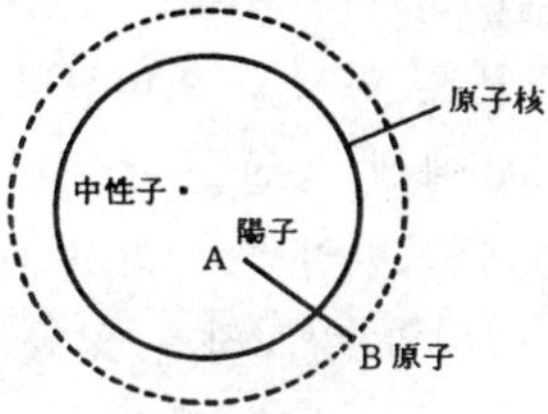

<그림 1>

앞에서 말했던 것처럼 상은 의식적으로 형이상학적인 성찰을 하지는 않았지만 그러한 '양자와 전자'의 일치를 원한 것은 자의식을 없애고 무로 돌아가려는 것으로 하이데거가 말하는 자기의 '망각' 또는 후설의 '판단 중지'(에포케), 아니면 종교적 '망아'의 경지일 것이다.

서구의 합리주의적 풍토가 일세를 풍미하던 이 20세기 초기에 있었던 상은 이처럼 특수한 의식 구조를 가짐으로써 스스로 소외감을 금할 길이 없었다. 그러나 몇 번이고 '절름발이'라고 자조하면서도 그 합리성을 초월하는 무엇인가를 구하려 했던 것은 사실이다.

상의 문학 전체를 하나의 교향곡에 비유한다면 이 사상(합리성의 초월)은 (때로는 변조되면서) 모티프처럼 몇 번이고 되풀이되어 그의 문학 세계를 수놓고 있는데 다음과 같이 노래하기도 한다.

> 季箱의 順序는 끝남이로다. 算盤알의 高低는 旅費와 一致하지 아니한다. 罪를 내어버리고 싶다. 罪를 내어던지고 싶다.
>
> —<수인(囚人)이 만들은 소정원(小庭園)> 중에서

여기서「계절의 순서」는 수학적으로 표시되는 세계관을 뜻할 때「산반알의 고저」란 하나하나 합리적으로 따지고 믿는 합리적인 사고며「여비」란 물론 인생을 의미한다.

지혜의 열매를 먹고 에덴 동산을 좇겨나온 '아담'의 후예인 상은 이성, 즉 죄로 인해 산반알을 올리고 내려야 했다. 그러나 그것이 자기의 생, 즉 여비와 일치하지 않았을 때 스스로 의존해야 할 부득이 무엇인가를 추구해야 했으며 이에 따르는 고뇌를 달게 받아야 했다.

「죄를 버리고 싶다」는 마음은「전자가 양자가 되고 싶다」는 심리와도 일치한다.

인간은 지(知) 즉 죄로 인하여 자살도 생각하게 되고 그것마저도 이루지 못할 때 완전한 허탈감만이 남는다.

카뮈의 소설《이방인》이 주인공 '뫼르소'의 '우울'이나, 실존 그 자체의 추악을 의식하는 사르트르의《구토》등의 예민한 지성의 산물들을 상이 <날개>에서 회화적으로 묘사한다. 그것은「닭이나 강아지처럼 말없이 주는 모이를 넙죽넙죽 받아먹고 산다」는 그의 의식세계와 일맥 상통한다.

희랍의 철학자 디오게네스가 역시 회화적으로「사람은 지를 가져야 한다. 만일 그것을 갖지 못하면 목매는 끈을 가져라」했는데 상은 지를 가짐으로써 목을 졸라매는 끈을 가져야 했으니 그의 자의식의 심층이 얼마나 깊었는지 알 수 있을 것 같다.

상이 맛본 유(類)의 고뇌에 대해 키에르케고르는「의식의 심도는 절망의 멱의 지수」가 된다고 간파했다. 즉 의식이 깊어지면 깊어질수록 그만큼 절망의 도는 심해진다는 것을 말한 것이다.

아리스토텔레스에서 힐티에 이르기까지 행복을 논할 때는 누구나가 의식의 과잉을 경고한다.

상 자신 그 사실을 몰라 고뇌한 것은 아닐 것이다. 몇 번이고 자의식 세계가 '군웅할거(群雄割據)' (<공복(空腹)>되어 싸우는 것을 <이상(異常)한 가역 반응(可逆反應)>에서는「圓內의 一點과 圓外의 一點을 結付할 때 圓을 殺害하였는가」라고 자의식의 소멸을 바라기도 한 것이다. 그것은 앞서 말한 핵(圓) 속의 나(A) 양자와 전자(圓外) B의 일치를 원했던 것이다. (<그림 1> 참조.)

원으로 분리된 두 점이 결부하는 직선은 의식의 소멸을 뜻하고 그것은 바로 자기 지성의 포기를 뜻한다.

이성을 중시한 J. S. 밀은「행복한 돼지가 되는 것보다 불행한 소크라테스를 바란다」라고 했는데 자의식의 포기는 인간의 포기와도 같은 것이다. 이 결과에 대하여 불안을 감출 수가 없다.

무한대 무한소 사이의 공포

무한대의 멱수(冪數)로 표시되는 광막한 우주 속에는 일면 무한소의 원자가 도처에 산재하고 있다.

이 무한대, 무한소의 두 벽 사이의 심연에서 죽음의 불안을 의식하면서 자기 생의 의의를 모색하여야 한다. 나의 죽음이란 누구와도 나눌 수 없는 것이다. 인간이 고독할 수밖에 없는 이유는 여기에 있는 것이 아닐까?

이 불안을 덜기 위해 한번 과학 세계를 믿어 보기로 하자. '수'가 광선의 속도를 멱수의 형식으로 알려 줄 것이고 이보다 더 큰 멱수를 사용해서 표시되는 속도를 가진 기계가 있다면 죽음의 불안을 제거할 수가 있다.

그렇다면 그것으로 자기의 실존의 의의를 설명할 수 있을까? 결국 수학의 힘을 빌려 보아도 별수없다.

> 速度는etc의統制例컨대光線은每秒當300,000킬로미터달아나는것이確實하다면사람의發明은每秒當600,000킬로미터달아날수없다는法은勿論없다. 그것을幾十倍幾百倍幾千培……幾兆倍하면하면사람은數十年數百年……數兆年의太古의事實이보여질것이아닌가…… 原子는原子이고原子…….
>
> —<선에 관한 각서 · 2> 중에서

여기에서 나타나는 상의 공포는 파스칼의「이 끝없는 공간의 영원한 침묵이 나에게는 무섭기만 하다」(≪팡세≫)에서도 보인다. 엄청난 크기를 나타내는 먹수의 세계는 무섭기만 하다. 유한일 수 밖에 없는 인간상은 압도적인 크기에 대한 공포를 작품 <날개>에서 다시 다음과 같이 말하고 있다.

> 나는 내가 지구 위에 살며 내가 이렇게 살고 있는 지구가 질풍신뢰의 속력으로 광대무변의 공간을 달리고 있다는 것을 생각했을 때 참 허망하였다. 나는 이렇게 부지런한 지구 위에서는 현기증도 날 것 같고 해서 한바삐 내려 버리고 싶었다.
>
> —<날개> 중에서

무한대, 무한소 두 벽 사이에서 영원히 어느 끝에도 도달할 수 없는 줄다리기를 하는 상의 독백이다.

유일의 인간에게 '무한'의 문제는 끝없는 문제성을 제기한다.

희랍인은 아예 무한을 아포이론, 즉 의미 없는 것이라고 해서 생각의 대상에서 제거해 버렸다. 그래서인지 피타고라스 등은 상의 암흑의 우주관과는 달리 천체는 궤도상의 운동에서 미음(美音)마저 내면서 돈다는 주장을 하였다.

고뇌의 대상을 없애 버리는 것이 상책이다. 그런 의미에서 희랍인은 확실히 슬기로웠다. 그러나 상의 해결 방법은 자신을 지구상에서 없애는 것이라고 생각한 것이다. 상의 성실성은 인식하는 것을 외면할 수 없었다.

소우주와 대우주의 대응 — '군(群)'의 준동형 사상(準同型 寫像)

'나'라는 존재가 전세계의 실존을 확립시킨다. '나의 의식'이라는 소우주가 '전세계'에 대응해서 존재할 때, 전세계를 {0 1 2 3 ……9}라고 표시한다면 '나의 의식' 이라는 소우주는 이보다 작은 수의 체계로써 대응이 가능할 것이다. 상의 사고는 마침내 두 체계의 대응에서 다음과 같은 관계를 생각하기에 이른다.

자의식과 전세계의 대응 즉, 자의식 ↔ 전세계를 다음 관계에 옮긴다.

{1 2 3} ↔ {1 2 3……9 0}

{1 2 3} 아닌 다른 수계(數系)를 생각할 수 있으나 구태여 3을 택한 이유는 3의 형태미에서 온 것인지 알 수 없으나 또 3차원의 현실 세계를 의식해서인지도 모른다.

이러한 사상은 실존을 주시한 허다한 사상가들도 가진 바다. 특히 중국이 낳은 위대한 실존주의자 장자(壯子)가 상의 사고와 일치한 견해를 가졌다.

「만물은 나와 더불어 존재한다.」(<재물편(齋物篇)>)

나 즉 자의식과 만물 즉 전세계와의 대응은 이미 장자도 간파한바 있다.

{1 2 3……9 0}이 만든 수의 체계는 {1 2 3}의 수계와 다음과 같이 대응이 가능하다.

1 ↔ 1

2 ↔ 2

3 ↔ 3

4 ÷ 3 = 1 …… 1 (4를 3으로 나누면 1이 남는다)

4 ↔ 1

5 ÷ 3 = 1 …… 2, 5 ↔ 2

6 ÷ 3 = 1 …… 3 (또는 0) 6 ↔ 3

7 ÷ 3 = 2 …… 7 ↔ 1

수학자는 이것을 3진법에 의하는 수의 분류라고 하는데 상은 이과정을 <▽의 유희>에서「3은 그 공배수를 정벌하려 간다」고 표현한다.

실제로 우리가 사용하는 시간제는 12진법에 의한 분류다.

13시는 13÷12=1 …… 1 즉 13을 12로 나누면 1이 남는다. 고로

13 ↔ 1 (1시이고)

15 ↔ 3 (15시는 3시다)

{1 2 3} ↔ {1 2 3……9 0}의 대응은 나아가서 다음 대응이 가능하게 된다.

```
1 2 3 4 5 6 7 8 9 0
• • • • • • • • • •  0
• • • • • • • • • •  9
• • • • • • • • • •  8
• • • • • • • • • •  7
• • • • • • • • • •  6
• • • • • • • • • •  5
• • • • • • • • • •  4
• • • • • • • • • •  3
• • • • • • • • • •  2
• • • • • • • • • •  1

          ↕

1 2 3
• • •  3
• • •  2
• • •  1
  1 2 3
1 • • •
```

2 • • •
3 • • •
  3 2 1
3 • • •
2 • • •
1 • • •
∴nPh=n(n-1)(n-2)……(n-h+1)
(腦髓는부채와같이 圓까지展開되었다, 그리고完全히廻轉하였다.)

—<선에 관한 각서 · 3>

근대 수학의 중요한 일면은 집합의 구조를 생각하는 것이다. 장기의 예를 들어보자.

장기는 {초(楚), 한(漢), 상(象), 차(車), …… 사(士), 졸(卒)} 의 성원과 그들이 어떻게 움직여야 한다는 규칙으로 구성되어 있다. 실제로 이들 성원들이 달리 불리더라도 움직이는 규칙만 같다면 같은 종류의 장기가 된다.

한 초 …… 사 졸
↕ ↕ ↕ ↕
왕 패 …… 장 병

라고 해도 상관이 없다는 말이다.

이와 같은 예는 흔히 민속(民俗)에서도 볼 수 있다. 산중에 사는 사람들의 이야기에 「호랑이는 사람을 잡아먹고 사람이 담비를 잡고 담비는 호랑이를 잡는다」고 한다.

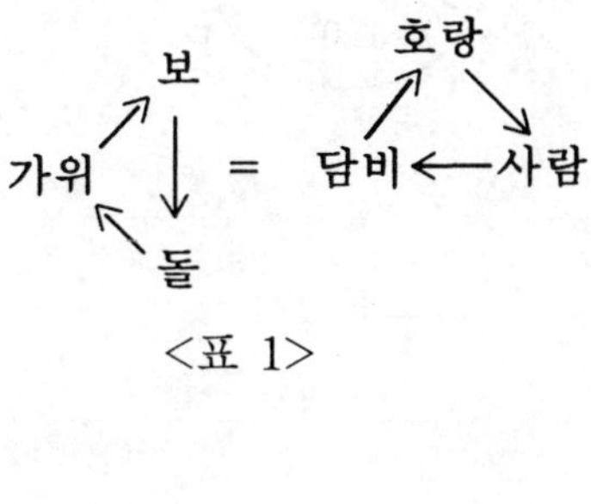

<표 1>

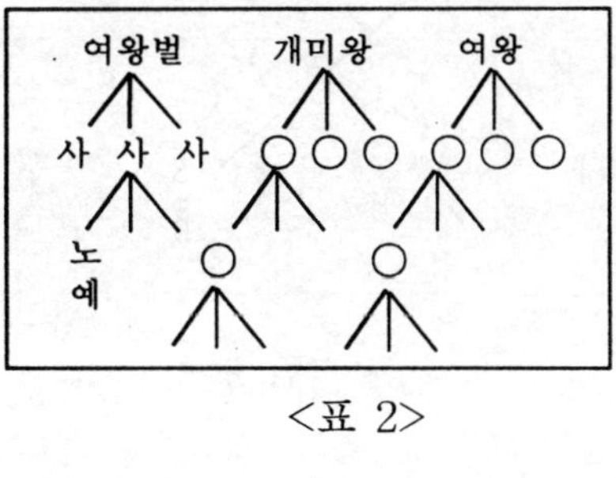

<표 2>

여왕벌	개미여왕	여 왕
귀족별	귀족개미	귀 족
노예별	노예개미	노 예
벌집	개미집	여왕국

<표 3>

또 아이들 놀음 중의 「가위, 바위, 보」를 보면 「가위가 보를 잡고 보가 돌을 잡는데 돌은 가위를 잡는다」

{가위, 바위, 보}의 집합을 {호랑이, 담비, 사람}에 대한 대응을 생각하면 이들 두 집합은 같은 것으로 생각된다. (<표 1>)

이것이 나아가서 벌집과, 개미집, 군주 국가에도 같은 조직이 있다고 본다. (<표 2>)

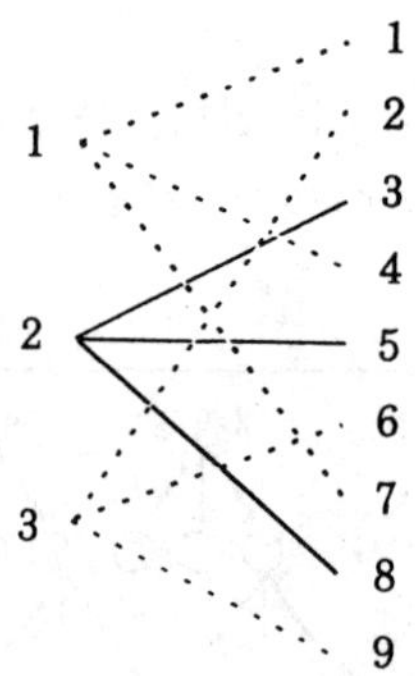

<그림 2>

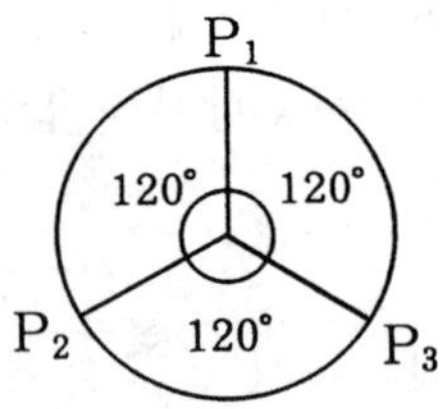

<그림 3>

{1 2 3}을 {1 2 3 4 5 6 7 8 9 0}으로 대응하는 것은 <그림 2>와 같은 방법으로 이루어진다.

이 {1 2 3}의 대수계를 기하학적으로 표시한다면 원을 3등분한 점을 각각 P_1, P_2, P_3이라고 번호를 붙여 보면 <그림 3>과 같이 된다.

이들 3점 {P_1, P_2, P_3}과 {1 2 3}을 대응시킬 수가 있는데 상은 적어도 여기까지 생각이 미친 것 같다. 왜냐하면 nPn은 순열의 기호이고 그것은 nPn(n-1) …… 2, 1라 하고「뇌수는 부채와 같이 원까지 전개되었다. 그리고 완전히 회전하였다」고 했다.

{1 2 3}만으로 완전한 소세계를 이룬다. {1 2 …… 9}를 전세계라면 이 소세계도 유기적으로 움직인다. 전세계에 대하여 자의식이라는 소세계, 즉 뇌수는「부채와 같이 전개시키면서」회전한다는 뜻이다.

현대 수학에서는 집합에 결합의 법칙을 도입해서 '군'(소우주)이라는 구조를 생각한다. 과연 상은 '군'의 구조까지도 알고 있었을까? 시기로 보나 그가 배운 고등공업의 수학의 교수 요목으로 보나 의심스러운 일이라 하겠으나 그는 직관적으로 그러한 개념을 생각하고는 있었던 것 같다.

여담이지만 '군론'은 현대 수학의 가장 중요한 분야의 하나다. 이것은 요절한 프랑스의 천재 수학자 카로아에 의해 발견되었던 것이다.

20세의 젊은 나이로 거리의 여자를 사이에 두고 결투를 하여 생을 마친 그의 생애의 어느 면을 상에게도 볼 수 있는 바인데, 만일 상이 스스로 '군론'에 대한 것을 느꼈었다면 여간 흥미로운 대조가 아니다.

이상의 숫자관

폴 발레리, 장 콕토, 르나르 등 극도로 예민한 감각을 세련시킨

바 있는 시인들은 시간적인 것, 또는 추상성과 논리성에 대한 이미지의 효과를 감안해서 숫자의 시어로서의 가치를 인정하고 있는데 상 역시 숫자의 간결한 표상에 매혹되어 적극적으로 그것을 사용했다. 그의 숫자관은「숫자의 일체의 형태, 숫자의 일체의 성질, 이런 것들에 의한 숫자의 어미의 활용에 의한 숫자의 소멸」(<선에 관한 각서 · 6>)이라고 한다.

여기서 그는 숫자를 형태적으로 본다거나 추상적인 이미지가 주는 효과를 고차원적으로 이용해서 숫자의 냉엄한 인상을 없앤다는 마술사 같은 자부를 가지고 있었다.

「오늘 三月三日……. 」

「그 33번지 18가구의 낮은 참 조용하다.」

3 3 3 3 ……은 개미의 표상이라고 이미 르나르가 그의《박물지》에서 말하고 있으나 상 역시 33에서 형태적인 미를 느낀 것이 아닐까 한다. 물론 18은 음으로 얻은 인상인데 그가 경영한 다방 '69'의 숫자처럼 노오적(露惡的)인 취미에서 온 것 같다.

그의 시 중에서 가장 유명한 것의 하나인 <오감도 시제1호>에서「13人의兒孩가道路로疾走하오……」라 해서「13」이 통상 예수의 최후의 만찬에 참석한 사람의 수를 의미한 것으로 해석된 것 같지만 상은 그 이상으로 13을 이해한 것 같다.

> 「나의 방의 時計 별안간 十三을 치다 …… …… …… 12+1=13
> 이튿날(卽 그때)부터 나의 時計의 침은 三個였다」
>
> —<1931년(一九三一年)> 중에서

여기서 13은 의식 세계에 현실 세계를 합한 4차원 세계의 시계를 암시한다. 현실 세계의 시계(가치 기준)의 바늘 2개와 자의식의 기준을 이룬 바늘 1개를 합해서 3개의 바늘을 가진 상에게는 13은 자의식 세계와 현실 세계를 합한 괴이한 면을 암시하는 것이다.

「나는 일곱이라는 숫자를 훈장처럼 좋아했다.」(<날개>)

1과 자기 자신 이외에 약수가 없는 수를 소수라고 한다. 이와 같이 어떠한 숫자라도 나누어질 수 없는 수가 의미하는 것은 어떤 다른 이유로는 존재가 설명될 수 없고 실존으로서만 모든 존재가 이해될 수 있다는 것을 암시하고 있는 것이 아닐까?

상은 자기의 실존을 상징하는 7을 '훈장처럼' 좋아했던 것이다.

그리고 이와 같은 것은 그의 작품 <동해(童孩)>에서 나오는 다음 구절에서도 볼 수 있다.

「四十三錢인데」
「어이쿠」
「어이쿠는 뭐이 어이쿠예요」
「고눔이 아무 數로도 除해지질 않는군 그래」
「素數」
옳다.
신통하다.

—<동해> 중에서

희랍인은 수의 표상에서 받은 소박한 느낌을 모든 사물 중에서 수가 가장 정확하고 신이 만든 것이라 하여 로고스라 생각했고, 가장 본질적인 것이라 하여 이데아(예 : 1=천, 2=여자)에까지 승화시켰고 마침내 그 생각은 본질주의의 기본적 개념으로까지 발전되었다.

감성이 강한 상은 어느 누구보다도 숫자에서 받은 감정을 존중하였으나 희랍적인 이데아의 관념과는 거리가 먼 것이었다.

그가 추구하는 형태미는 무기적인 면을 떠나 유기적인 생성 구조면에까지 이른다. (그림 4)

4 = 3 + 1

즉 사(死)는 어디로 보나 「사」 이외의 해석이 없다는 뜻이었다.

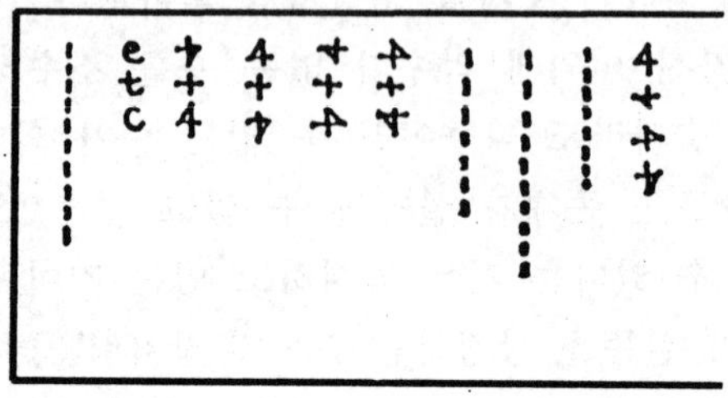

<그림 4>

사, 생
<시제4호>에서 그는 그의 인생에 최후의 판정을 내린다.

患者의容態에關한問題

• 0 9 8 7 6 5 4 3 2 1
0 • 9 8 7 6 5 4 3 2 1
0 9 • 8 7 6 5 4 3 2 1
0 9 8 • 7 6 5 4 3 2 1
0 9 8 7 • 6 5 4 3 2 1
0 9 8 7 6 • 5 4 3 2 1
0 9 8 7 6 5 • 4 3 2 1
0 9 8 7 6 5 4 • 3 2 1
0 9 8 7 6 5 4 3 • 2 1
0 9 8 7 6 5 4 3 2 • 1
0 9 8 7 6 5 4 3 2 1 •

診斷 0 : 1
26. 10. 1931

以上 責任醫師 李　箱

환자는 무슨 병을 앓고 있는가? 바로 키에르케고르가 말하는「죽음에 이르는 병」즉 실존하는 인생이다. '삶'을 앓는다.

상식(常識)의 세계, 즉 {1 2 …… 9 0}로 나타나는 합리적인 '나'라는 존재를 의식하는 또 하나의 내가 관찰하는 입장에 선다면 그것은 내면에서 대상을 보는 것이니 {3 2 1 …… 9 0}으로 보인다. (<그림 5>).

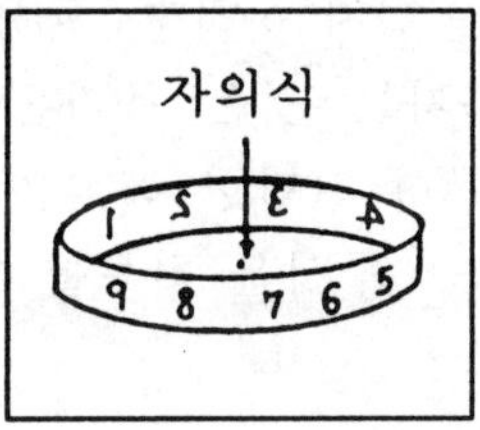

<그림 5>

그러나 결국 관찰하는 나에게는 (0, 1)=(無有)=(死生)이란 판단만이 있을 뿐이다. 책임 의사 이상 자신의 이 '죽음에 이르는 병'은 그 진단이 사(死) 아니면 생으로밖에 나타날 수 없다.

다시 이 뜻은 다음과 같이 새겨지기도 한다.

> 人間일 것 이것은 限定된 整數의 數學의 헐어빠진 習慣을 0의 整數倍의 役割로 重複하는 일이 아닐까.
>
> —<유고(遺稿)·3> 중에서

「정수의 수학의 헐어빠진 습관」 즉 정수 길이의 덧셈, 곱셈(헐어빠진 습관)은 결국 정수일 수밖에 없다. 즉 합리적인 생각은 결국 그것이 그것이고, 0의 정수배인 $n \times 0 = 0$=사(死)이니까 아무런 답이 나올 수 없는「인간일 것」이라는 것도 역시「환자의 용태에 관한 문제」다. 다시 같은 <유고·3>에서 더욱 분명해진다.

「생사의 초월—존재한다는 것은 생사 어느 편에 속하는 것일까. 그것은 플라폰의 일차방정식보다도 더 유치하다」

하이데거 역시「인간의 존재를 죽음의 존재」로서 풀이하고 있다. 그런데 상에게 있어서는 (0, 1) 즉「사생(死生)」이외의 중간치를 얻지 못하고 있다. 키에르케고르나 파스칼처럼 종교에의 회심을 기도한다거나 또는 사르트르처럼 철저한 무신론의 논리로써 무장하는 따위의 길은 걷지 못하고「죽음으로 행하는 존재」로써 무슨 의의를 구하자는 것은 플라톤(본질주의자)의 1차 방정식의 해(解) 즉 지극히 간단한 해석을 얻는 것보다 더 유치한 말이다. 여기서 그는 무서운 허무를 맛본다.

뫼비우스 띠의 세계

현실 세계인{9 …… 1 0}를 자의식이 관찰하면 이것은 이미 설명한 것처럼 {9 …… 0 1 2 3}로서 보인다.

이러한 관찰은 마침내 소설 <실화(失花)>에서 두 여인, '연(姸)'과 'C' 양을 겹쳐서 번갈아 등장시킨다.

{9 …… 2 1 0}와 {9 …… 1 2 3}는 동일한 대상인데도 일치하지 않는다고 하는 것은 불행할 수밖에 없다. 한 쪽을 무시한 외다리 인생행로를 <척각(隻脚)>이라는 시가 말한다.

> 신어보지도못한채山積해가는외짝구두의數爻를보면슬프게걸어온距離가 짐작되었다.
>
> —<척각> 중에서

상과 어느 의미에서 유사한 성향을 가진 에드가 엘런 포우의 작품 <윌리암 윌슨>, <군중 속의 인간>(A man in the crowd) 등에서 이상심리(異想心理)를 묘사할 때 역시 상처럼 2면을 일치시켰을 때의 현상처럼 묘사하고 있는 것은 우연한 일은 아니다.

2면을 가진 띠의 일면화란 위상 수학(位相數學)에서 취급하는

'뫼비우스띠'(Möbius band)로 설명할 수밖에 없다.

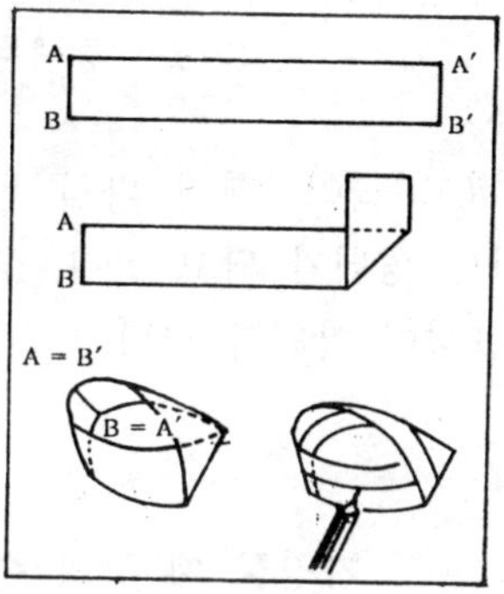

<그림 6>

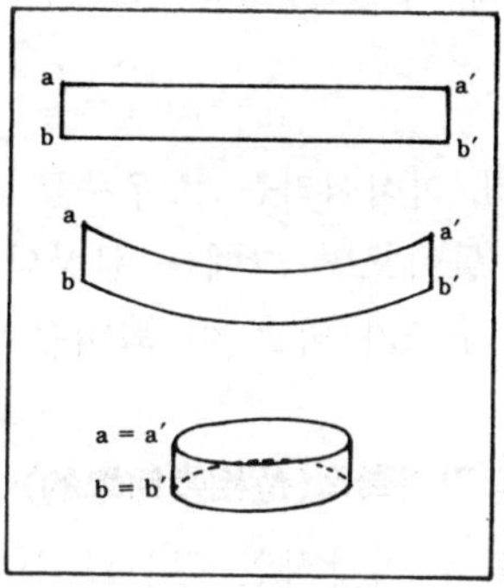

<그림 7>

지금 안팎이 있는 띠를 <그림 6>과 같이 연결하면 우리가 흔히 보는 원통이 된다. 이 원통은 분명히 2면이고 그 안에서 관찰하는 것과 그 밖에서 관찰하는 것은 완연히 다르게 보인다.

그러나 <그림 7>과 같이 띠의 한끝(A, B)을 뒤집어서 다른 끝(AB)에 연결하여 (A에다 A′를, B에다 A′를) 얻은 띠를 뫼비우스 띠라고 한다. 이것은 안팎이 없는 2면으로 된 도형이 된다. 연필로 이띠의 중심에 선을 그어 가면 도중에 한 번도 끊어짐이 없이 원위치에 돌아오게 된다.

그런데 사람이 뫼비우스띠의 상의 어느 한 점에서 출발하여 한 바퀴 돌아 원위치에 돌아와보면 사람이 좌우의 위치가 완전히 바뀌어 있게 된다.

천문학에서 보는 우주 공간은 뫼비우스 띠와 같은 구조의 공간이라는 것이 과학자들 사이에 거론되고 있다. 즉 상의 말대로 「광속의 기십배」(<선에 관한 각서 · 1>)로 이 지구를 일직선으로 달아난다면 다시 지구로 돌아오게 되는데, 그때는 심장이 오른편

가슴에 있게 되는 등 좌우가 완전히 자리를 바꾸게 된다.

> 거울속의나는왼손잡이오.
> 내握手를받을줄모르는握手를모르는왼손잡이오.
>
> —<거울> 중에서

그가 의식이라는 소우주를 무한히 파고 들어갔다가 다시 원위치에 돌아오면 그때는 원상의 자기 아닌 형태가 되고 만다. 상의 의식 구조가 바로 이 뫼비우스 띠의 그것이 아닌가 한다.

위상기하학적(位相幾何學的) 도형관

수학을 희락적인 정신의 산물이라고 굳이 가정할 때 상의 수학에 대한 그것은 플라톤적인 영구 부동의 이데아로서의 수학은 아니었다. 차라리 「만물은 유전(流轉)한다」라는 전제 아래 강물은 흘러가기 때문에 두 번 같은 강물에 발을 디딜 수가 없다고 한 헤라클레이토스의 사상에 가까운 것이었다. 상은, 같은 강물의 궤적이 연속 운동할 때 정해지는 다음의 궤적을 추구하면서 새로운 개념의 세계로 줄달음친다.

실존을 인식하는 과정에서 기존 질서를 전적으로 부정하는 태도가 그의 역설적인 표현을 가능케 한 동기가 되는 것이다.

> 屈曲한 直線(<▽의 유희(遊戲)>)
> 四角이난圓(<건축무한육면각체(建築無限六面角體)>)
> 三心圓(<수염>)
> 彈丸이一圓壔를 疾走했다(<선에 관한 각서 · 4>)

그가 시도했던 역설적인 표현을 기하학상으로 보면 그 부정이라는 것이 도형의 연속적인 변형의 응용 범위를 벗어나지 못하는 것이다. 그의 이러한 표현은 현대 수학 특히 위상학자가 본

도형관과 일치한다. 사람의 얼굴을 사진에서보다는 때로 만화에서 더 잘 실물의 인상을 받을 수가 있다. 또 현대화의 자유 분방한 화법이 실물을 더욱 절실하게 표현한다고도 주장한다. 이처럼 자유스러운 시적인 표현이 때로는 원형의 본질적인 모양을 더욱 절실하게 느끼게 해줄 때도 있다.

위상기하(位相幾何)에서는 강체운동(剛體運動, 원형을 변형하지 않고 그대로 움직이는 것)의 개념을 넘어서 하나의 원형은 그 도형의 연속적인 운동으로 말미암아 얻어지는 도형과 동일시된다. 직선이 연속적인 운동의 결과로 곡선으로 변형될 때 본래의 직선은 후자의 곡선과 위상학적으로 동일한 모형으로 생각한다.

따라서 위상학에서는 <그림 8>에서 세 개의 도형은 같은 것으로 본다.

즉, $a_1 = a_2 = a_3$

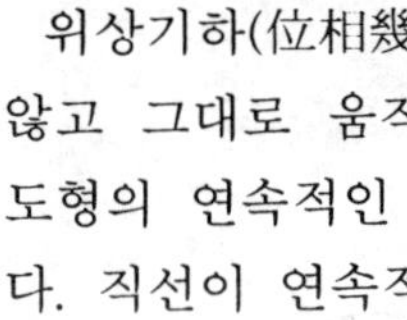

<그림 8>

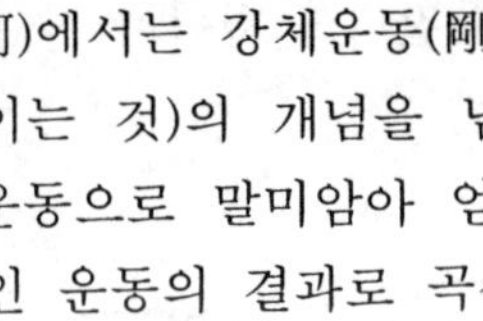

<그림 9>

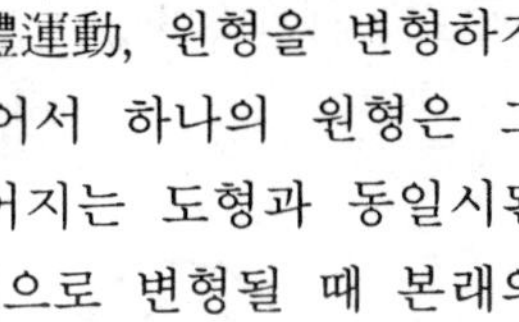

<그림 10>

상의 역사적인 표현은 위상학에서의 상식이다. 그래서 굴곡의 직선도 있고 사각의 원도 나온다(<그림 9>).

물론 상은 위상이라는 개념조차도 몰랐을 것이다. 다만 그가 상식의 세계를 전적으로 부정한 때 그의 기하학적인 관념은 고차원적으로 앙양되어 마침내 현대 수학과 일치하게 되었던 것이다.

위상 기하를 좀더 설명하자면 두 개의 원형이 상호(연속적으로) 1대 1의 대응이 가능하게 되면 그들은 위상적으로는 동일한 도형이라고 한다.

다시 말해서 그림 10에서 *a*, *b* 두 도형에서 본다면 *a*의 한 점 χ에 대해서, *b*의 한 점 χ'가 존재하고 χ가 움직이는 데 따라 χ'도 움직인다면 *a*는 *b*와 같다고 한다.

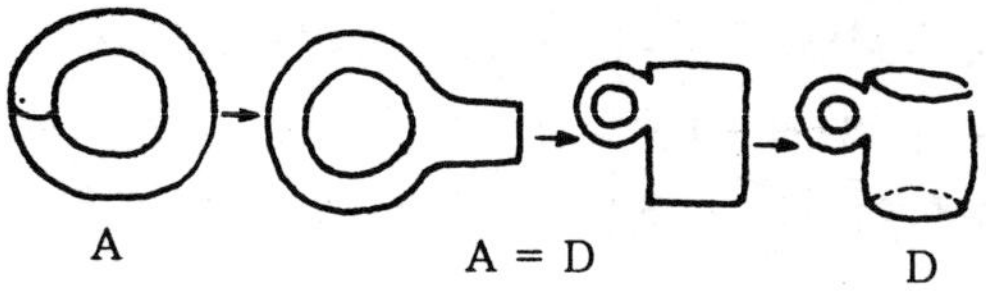

<그림 11>

원과 사각형도 반지름이 두 도형상의 점과 만나서 생기는 점을 각각 대응시키면 위상학적 의미에서 동일한 도형이 된다.

극단적인 이야기로 「위상학자란 도넛과 커피잔을 구별 못하는 사람」이라고 한다. (<그림 11>에서 A(도넛)의 한 부분을 잡아늘여서 오목하게 파면 D(찻잔)가 된다.)

'삼심원(三心圓)'이란 어떠한 것일까?

원은 일심이다. 그림 12에서 중심 O에서 같은 거리에 있는 점들의 집합이다. 그리고 두 정점 F_1과 F_2에서의 거리의 합이 일정한 도형이 이심원, 즉 타원이다. 고로 삼심원은 타원 이상의 변형을 했을 때를 말한 것이 아닐까 한다.

<그림 12>

영구 부동을 기본 정신으로 하는 유클리드 기하학의 입장에서 본다면, 변화와 운동을 기본 원리로 하는 위상 기하학은 어쩌면 상이 흔히 받은 평「정신병자의 잠꼬대」와 같이 상식 세계와는 거리가 멀다.

정지 상태에 있는 원형의 어느 부분을 신축시켜 가면서 연속 운동을 할 때 생기는 도형은 자의식의 어느 부분을 극단적으로 신축해서 얻은 인생관과 상통된다고 할 수 있겠다. 아마도 상이 그리는 기하학적 묘사가 거의 위상적인 도형에 가까운 까닭이 여기에 기인하는 것이 아닌가 한다.

> 幾何學은 凸렌즈와같은불장난은 아닐른지, 유우크리트는死亡해버린오늘유우크리트의焦點은到處에있어서人文의腦髓를마른풀과같이燒却하는收斂作用을羅列하는것에의하여最大의收斂作用을재촉하는危險을재촉한다.
>
> —<선에 관한 각서·2> 중에서

만물은 유전한다는 헤라클레이토스적인 상의 생리로서는 유클리드의 물상관(物象觀)은 배겨날 수 없었다.

끝말

상의 시에 에스프리를 수학의 세계에 반영시킬 때는 무기적 또는 정적인 것보다 변환의 구조, 유기적인 생성면을 중히 여겼으며 군론이나 상위학적인 면에 치중하고 그 원리를 직관적으로 파악하고 있다. 이러한 점을 들어 이상은 문학뿐만 아니라 수학에 있어서도 한결같이 모더니스트의 경향을 보여 준다.

그는 분명히 수학자가 아니었고 그가 받은 수학 교육 역시 현대수학은 아니었다. 다만 그의 탁월한 통찰력이 현대수학의 양상을 직관적으로 스쳐갔다는 것이 타당한 견해일 것이다.

세삼 생각나는 것이 C. D. 루이스의 말이다.

「시적 이미지가 높아지면 높아질수록 우리에게 주는 공감의 도는 높아진다.」

상의 수학적 통찰력이 예리한 것은 그만큼 그의 시적인 이미지가 높았다는 것으로 풀이할 수 있다.

상이 수학자로서 출발했다면 그의 탁월한 수에 대한 감각과 비상한 계산력 같은 것으로 미루어 어쩌면 상당한 영역의 일가를 이루었으리라고 억측된다. 여러 가지 그의 수학자로서의 소질, 특히 수학자가 소중히 하는 분석적(또는 해석적) 능력은 어느 해석학자 못지 않게 철저히 지니고 있었다.

「왜 나는 미끈하게 솟아 있는 近代建設의 偉容을 보면서 먼저 鐵筋鐵骨 시멘트 細砂 이것부터 선뜩하니 感應하느냐 말이다.」

이렇듯 상의 문학을 성공시킨 것은 수학적인 분석력이었는데 그것을 자의식에 적용함으로 해서 그의 생애는 비극으로 끝나고 말았다.

— 《신동아》 (1973. 2)

이상 문학과 건축

崔 專 實

1. 서론

이상의 문학이 지금까지 많은 연구자들의 관심을 끌어온 것은 수학적 요소로 대변되는 신기성과 난해함 때문일 것이다. 이런 독특함은 먼저 전기적 입장에서 많이 연구되어 왔다. 이상이 폐결핵에 걸렸기 때문에 정상인의 생활을 할 수 없었고 그의 비정상적인 여인행각이 작품을 기이한 내용과 분위기, 형식으로 이끌었다는 주장은 상당한 설득력을 갖는다. 이에 반해 어떤 논자들은 이상이 개인적 반항을 함으로써—숫자를 이용해서 문법을 헤채한다든가 분열된 지식인의 자의식을 표현한느 등의—식민지시대 지식인의 저항과 좌절을 표현했다는 논리를 펼치기도 한다. 작품을 사회생활과 연결짓는 이런 시도는 좀더 발전하여 그의 작품들이 근대 자본주의의 산물이라는 주장에 이르기까지 한다.

그러나 전자의 견해는 여러 전기적 사실들이 작품의 특이성을 이해하는 데는 도움을 주나 분석이 여기에 머무르고 만다면 작품은 한 정신분열자의 고백 내지 일개인의 지적 유희 이상의 의미를 가질 수 없게 된다. 이에 반해 후자의 견해는 작가의 개성이 시대상황과 연결지어짐으로써 보편성을 획득하게 된다. 그러나 식민지 시대의 지식인의 고뇌는 당대 모든 작가들에게도 해당되는 상황이었기 때문에 이 포괄적 상황으로 그의 개성을 설명하기에는 무리가 있는 것이다.

개개 작품과 작가의 연구가 당대 사회와 문예사조 등 공적 측면에 포함되도록 하는 것이야말로 문학사 연구의 순리일 것이다. 그러나 개인의 기교와 시대상황 사이에는 그 엄청난 차이를 자연스럽게 연결시킬 수 있는 다양한 매개항이 있어야 한다. 또 이런 작업 없이 그의 작품에 나타나는 건축수학의 요소를 개인적 유희로 치부하여 작가의 글쓰기 행위를 신비화하거나 반대로 보편적 시대상황과 곧바로 연결시켜 버릴 때 우리는 종래 지나치리만큼 다양한 해석으로 인한 공허한 순환을 피할 수 없으리라 본다. 이 글에서는 그 극복의 일환으로 건축학적 지식을 적용함으로써 문학은 반드시 문학적 비유를 나타내야 한다는 강박관념을 버리고 텍스트와 건축미학의 관계를 정확히 규명해보고자 한다. 이 작업에서 필자는 이상 문학의 독특함은 언어예술과 시각예술과의 갈등구조에서 말미암은 것이라는 확신을 갖게 되었다.

2. 이상과 기능주의 건축 이론

1927년 보성고보를 졸업하고 경성고공에 진학한 이상은 그곳에서 건축에 관계된 교육과정을 2년에 걸쳐 받게 된다. 당시 고공의 건축교육은 구조나 역학 쪽으로 기울어져 있었는데 이는 당시 일본이 관동 대진재를 겪고 난 직후였기에 건설을 위한 이론이 중시되었기 때문이며 그것은 기술 중심의 식민지 교육의 특징이기도 했다.[1] 그러나 이상이 배운 교과과정 중에서는 건축사

---

1) 한국건축가 '80, p.11～12

와 건축장식법의 비중도 상당히 크게 나타나고 있다.[2] 당시 고공에서 그 과목을 가르쳤던 藤島亥治郎과 野村孝文은 동경제대 공학부 건축과 출신들로서 그때 동경제대에서는 secession운동(분리파의 신건축 운동)이 강세를 띠고 있었다. 따라서 그들이 고공에서 가르친 강의 내용에는 기능주의 건축이 상당 부분 포함되어 있었을 것이다. 시대양식과 상세(detail)가 아니라 기능의 효율성이 미로 환원되며 기하학적 미가 아름답다는 사고방식은 당시 학생들에게 큰 영향을 주었는데 이는 아래의 회고에서 잘 드러난다.

> 의장학 시간에 symmetry란 단어를 배우고는 이 단어에 매혹되어 지금은 타계한 반우 김세연 군과 같이 만나면 「시메트리」 「시메트리」하고 우스개 조크를 나누기도 하였다. 그러나 이것이 단순히 조크로만 여길것이 아니었다. 우리는 여기서 신학문에 대한 새로운 감각을 얻었기 때문이었다. 이론은 지식을 만든다고 생각하였다.[3]

위에서 언급한 시메트리는 좌우대칭, 균형잡기의 의미로 고대 그리스 이후로 수를 중시여기는 미학의 기본 개념이었고 근대 기능주의 건축에서 다시 미적 요소로 대두되었다. 건축은 몇 가지 부분적인 이의[4]를 제외하고는 음악과 더불어 형식 예술로 분류된다.[5] 특히 쇼펜하우어의 정의는 형식예술로서 건축의 성격을 잘 말해주고 있다.[6] 그에 의하면 건축의 미는 중력과 강성의

---

2) <이상 성적표>, 김윤식, 이상연구(문학사상, 1988), p.313
3) 박동진, <나의 학창시절-그후>, 《대한건축회지》, 1975. 8, p.15
4) R.Scrupton(김경수 역), 건축론(서광사, 1989, pp.168~171, 229~261)
5) 森田慶一(양광용 역), 건축론(동명사, 1985), p.34
6) 권대문, 김진일, <현대 건축조형이 현대회화에서 받은 영향에 관한 연구>, 대한 건축학회 논문집, 1987. 12
A.Schopenhauer(곽복록 역), 《의지와 표상으로서의 세계》(을유문화사, 1987), pp.272~274

투장에서 발현된다. 중력은 대지를 향하여 끊임없이 압박을 가하고 건물 재료인 강성은 여기에 끊임없이 저항한다. 건축재료는 기둥의 힘을 빌려 대지를 압박하고 천장은 스스로 지탱할 힘이 있어야 한다. 건축물은 인간이 임의로 선택하는 아름다움이 아니라 전체의 존립에 적절한 의미, 전체에 대하여 각부분의 위치, 크기, 형태가 필연적인 관계를 갖고 있어야 한다. 따라서 건축물의 균형잡기에 필수적인 symmetry는 건축학의 중요개념이 될 수밖에 없으며 이상의 문학이 모티브와 구조에서 대칭으로 이루어져 있음은 그의 문학과 건축이 밀접한 관계를 갖고 있음을 의미하는 것이 된다.

이런 관계는 그가 편집을 맡은《朝鮮と 建築》의 권두언에서 잘 드러난다. 지금까지 이상이 이 잡지에 발표한 <건축무한육면각체> <이상한 가역반응> 등은 시로, 권두언은 수필 장르 구분이 되어왔으나 이 잡지의 체계 속에서 작품을 살펴 볼 때 몇 가지 의의를 달지 않을 수 없다. <조선과 건축>에는「만필(漫筆)」란이 있어 여기에 건축에 관련된 단상들이 발표되었는데 당시 조선의 건축가들은 Le Corbusier등의 영향을 받아 건축이론을 아주 시적이고 문학적인 필치로 발표하고는 했다. 이상의 초기시들은 바로 만필란에 게제되었으므로 시의 체계상으로 보나 주변상황으로 보아 건축이론과 밀접한 관련을 가지는「수필」의 속성을 띠고 있음을 알 수 있다. 또한 그의 작품으로 확인되고 있는 권두언에는 Moholy-Nagy의 이름과 저서의 제목들이 그대로 제재되고 있다. Nagy는 헝가리 출신의 건축학자로서 1923년에서 28년까지 바우하우스의 교수로 재직했었다. 바우하우스는 기능주의 건축을 제창한 곳으로 그는 이 시절의 연구에서《Von Material Zu Architektur》란 저서를 낼 수 있었다. 이상의 권두언들은 이 저서의 구절들을 그대로 따온 것이거나 이곳에서 나온 이미지들에 착상해서 문학적 상상력을 진행시킨 것들이다. 다

음의 예에서 우리는 Nagy의 건축이론이 권두언의 이론으로, 다시 초기시로 발전하는 과정을 관찰할 수 있다.

A. 原經驗
모조리 —, 나기이……
최초의 不分明한 原經驗으로부터 계속적 증가로 생활전체가 생기고…… 基礎經驗이 발전하고 변형하여 정신적으로 되고 다른 여러 경험과 관련하여 건축에까지 도달한다.
敎育問題……
부채꼴의 人間……原始人은 혼자서 獵師, 工藝家, 建築家, 醫師를 겸했다……現代人은 그중 하나를 선택한다.
미래는 전적인 人間을 요구한다. 對照에서는 인간은 목적이다.
人間에서 性欲을 控除하는 것, 인간에게 繁殖을 停止하는 것,
인간은 어느 것을 희망하는가?
그것을 우리들은 잊어버리고 있는 것 같다. (1932. 9)[7)]

B. 線에 關한 覺書 3

1	2	3		3	2	1	
•	•	•	3	•	•	•	1
•	•	•	2	•	•	•	2
•	•	•	1	•	•	•	3

㉠ ${}_nP_h=n(n-1)(n-2)\cdots\cdots(n-h+1)$
㉡ (腦髓는 부채와 같이 圓에까지 展開되었다. 그리고 完全히 回轉하였다.)

A글은 전인교육을 중시하는 나기의 교육방침을 그대로 인용한 구절이다. 그에 의하면 원시사회에서 인간의 한 개인이 수렵, 공인, 건축가, 의사의 능력을 겸비하고 있었으나 현대인은 다만 하나의 독립된 일, 직업에만 관여하고 있다. 현대의 직업은 인간의

7) 이어령, 이상수필전작집(갑인출판사, 1977), p.244

성향과 전혀 다른 것이며 사회의 목적, 필요와도 전혀 다른 것이다. 그는 모든 것이 물질적 이익을 위해서만 그 역할을 하고 있음을 지적하고 통일된 인간의 지적, 정서적 능력이 자연스러운 균형을 획득해야만 전문교육이 의미 있는 것이 된다고 강조하고 있다. 그런데 이상이 B에서 제시한 「부채꼴의 인간」은 나기가 전인교육의 전범으로 제시한 다음의 그림과 동일한 이미지에서 나온 것임을 확인하게 된다.

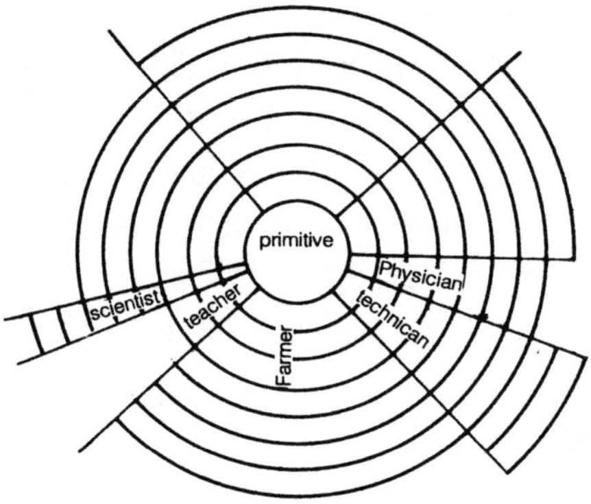

원시인이 겸했던 여러 직업들을 부채꼴 모양으로 펼쳐 원을 만들고 있는 이 그름은 B와 쉽게 연결된다. 특히 ㉠, ㉡은 아래 권두언의 구절, 즉 Nagy의 견해와 일치함을 쉽게 알 수 있다.

부채꼴의 인간……原始人은 혼자서 엽사, 공예가, 건축가, 의사를 겸했다……

㉡′ ⟶ ㉡′

現代人은 그 중 하나를 겸했다.

㉠′ ⟶ ㉠′

㉠ ${}_nP_h$=n(n−1)(n−2) …… (n−h+1)

㉠′ 現代人은 그 중 하나를 선택한다.

$_nP_h$ 란 n개에서 h개를 선택하는 확률을 표시하는 기호이다. 현대인이 엽사, 공예가, 건축가, 의사 등 여러 가지 직업 중에 하나를 선택함은 일종의 확률이라 할 수 있는데 구절의 연결은 ㉡에 의해서 더욱 확실해진다.

> ㉡ 腦髓는 부채와 같이 圓에까지 展開되었다. 그리고 完全히 回轉하였다.
> ㉡′ 부채꼴의 인간……원시인은 혼자서 엽사, 공예가, 건축사, 의사를 겸했다.

㉡′는 엽사, 과학자, 교사, 농부, 공예가, 의사의 직업들이 각각 부채꼴 모양으로 연결되어 원에까지 전개된 Moholy Nagy의 그림을 연상시키므로 쉽사리 ㉡으로 연결된다. 요컨대 <선에 관한 각서>의 ㉠′는 분업하고 있는 현대인의 상태를 ㉡′는 모든 직업을 한몸에 구현하고 있는 다재다능한 원시인의 모습, 즉 미래의 전인교육을 의미하고 있는 것이다. 결국 <선에 관한 각서>는 시이기에 앞서 Moholy—Nagy[8]의 미래교육관을 몇 가지 트릭으로 표시한 이론이라고 볼 수 있겠다.

이론의 상징적인 응용에서 더 나아가 1932년 10월에 실린 이상의 권두언은 아예 Moholy—Nagy의 <The New Vision>에 실린 소제목의 나열로 이루어져 있다. 마찬가지로 1933년 8월에 실린 권두언 또한 <The New Vision>의 3장 Volume의 핵심부분을 소개한 것이다.

3. 대칭의 문화적 적용과정 ——〈오감도 시 제1호〉를 중심으로

이상은 초기 작품에서 위의 건축 이론을 그대로 도입하고 있는

8) Moholy—Nagy, The New Vision(Georg Wittenborn), 1928, p.14

데 <Au MAGASIN DE NOUVEAUTES>와 <운동>이 그 대표적 작품이다. 전자는 제목부터가 입체파 이론을 이어받은 신건축 즉 Art Nouveau를 연상시키고 있다. 아르 누보는 재현의 의미를 부정하고 선 중심의 곡선적 이미지 유동성을 강조한다. 또 생물학적 기능주의를 주장하여 후에 모호리 나기, 르 꼬르부지에 등의 건축이론에 크게 영향을 끼친다. 시의 전문을 인용하여 하나하나 분석해 보기로 하겠다.

① 사각형의내부의사각형의내부의사각형의내부의사각형의내부의사각형.
② 사각이난원운동의사각이난원운동의사각이난원.
비누가통과하는혈관의비눗내를투시하는사람.
③ 지구를모형으로만들어진지구의를모형으로만들어진지구.
거세된양말(그여인의이름은워어즈였다.)
빈혈면포, 당신의얼굴빛깔도참새다리같습네다.
④ 평행사변형대각선방향을추진하는막대한중량.
마르세이유의봄을해람한코티의향수의마지한동양의가을
쾌청의공중에붕유하는Z백호회충양약이라씌어져있다.
⑤ 옥상정원원후를흉내내이고있는마드무아젤.
⑥ 만곡된직선을직선으로질주하는낙례공식
⑦ 시계문자반에XII에내리워진일개의침수된황혼.
⑧ 도아 —의내부의조롱의내부의카나리아의내부의감살문호의내부의인사.
식당의문깐에방금도달한자웅과같은붕우가헤어진다.
⑨ 파랑잉크가엎질러진각설탕이삼륜차에적하된다.
명함을짓밟는군용장화.가구를질주하는조화분련
⑩ 위에서내려오고밑에서올라가고위에서내려오고밑에서올라간사람은밑에서올라가지아니한위에서내려오지아니한밑에서올라가지아니한위에서내오지아니한사람
⑪ 저여자의하반은저남자의상반에흡사하다(나는애련한해후에애

련하는나).

⑫ 사각이난케—스가걷기시작이다(소름끼치는일이다).

라지에—타의근방에서승천하는굳빠이.

바깥은우중.발광어류의군집이동.

①은 무수한 사각형의 모임들을 지칭한 것인데 본시 사각형은 입체파의 어원이기도 한다. cubism의 cub는 작은 입방체를 뜻하는 것으로 브라크 등이 모든 사물들을 단순화시켜 기하학에 그들의 시각세계를 남김없이 종속시킨 데서 온 말이다. 입체파의 작품들이 무수한 정사각형으로 이루어져 있음은 잘 알려진 사실인데 그들은 여성의 부드러운 몸매조차 입방체로 묘사하고 있다. 이것이 건축학에까지 영향을 끼쳐 바우하우스의 건물들은 무수한 입방체의 병치, 상호연결, 상호관입으로 나타나 있다. 이들은 단순한 입방체의 병렬이 아니라 내부의 모습이 외부에서 투시되고 부분적으로는 양자가 뒤집혀서 동시에 보이도록 되어 있다. 특히 철근, 콘크리트 등 건축재료의 발달로 벽은 지지의 기능에서 벗어나 자유로운 율동과 곡선으로 화하여 서로 침투, 난무, 때로는 투명하게 비추어져 원근법의 단일초점에 집중되는 종래의 건축과 대조를 이루고 있다. 따라서 건물은 입방체들이 허공에서 움직이며 춤추는 것 같은 운동감, 즉 곡선미를 이루게 된다. ②의 「사각이난원운동」은 신건축물들의 벽이 곡선미의 운동감을 일으키는 모습을 설명한 것으로 풀이될 수 있다. ③은 지구의 대칭축으로 해서 지구와 모형이 대칭을 이루고 있다. 마치 건물이 대칭으로 균형을 잡고 서 있는 모습을 연상시킨다. ④를 그림으로 보면

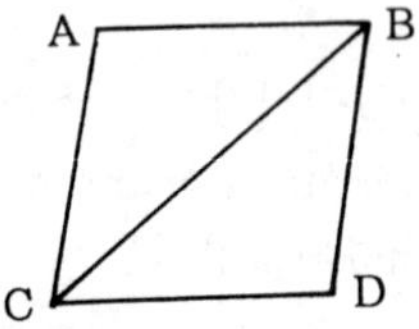

가 된다. 두 힘이 합쳐져서 평행사변형을 이루는 것은 정력학의 가장 기초가 되는 이론이다. 따라서 ④는 작가가 묘사하고 있는 건축물이 받고 있는 중력을 묘사하고 있는 셈이 된다.

⑤의 옥상정원은 르 꼬르부지에가 창안한 근대 건축 5원칙 중 하나이다. 여기서 옥상정원은 단지 풍치를 돋우고 자연을 즐기기 위해 만들어진 정원이 아니다. 주지하다시피 입체파나 신건축물의 조형은 단일 시점이 아니라 여러 시점에서 보아야 완성된 조형 감각을 획득할 수 있도록 설계되어 있다. 따라서 한 면에 해당하는 건물의 윗부분도 당연히 공중에 펼쳐져 있는 하나의 면으로 채택되어야 하는 것이다. 그것을 위해 가옥을 평지붕으로 만들어 일정한 표현을 가한 형식을 옥상 정원이라 한다. 당시 일본 건축계는 르 꼬르부지에게서 수학한 坂倉準三 등의 영향으로 이 이론이 한창 유행하고 있었고 이상도 이 영향을 상당히 받은 것으로 보인다.

⑥은 ①②와 같은 맥락에서 생각될 수 있다. 수직면들이 상호 관입되어 난무하는 상황에서 직선은 곡선과 같이 율동감을 일으킬 수 있다.

그런데 이런 율동감은 운동감이라고도 지칭되지만 한편으로는 공간에 도입된 시간성이라고도 말해진다. 따라서 ⑦에서 강조된 시계의 모습은 4차원의 시간성을 비유한 것이라고 보아도 무방하다. ⑧은 양파의 껍질을 벗기듯 내부를 하나하나 해체해나가는 기법에서 초기 분석적 입체파의 대상 분석 이론을 엿볼 수 있다.

여기에 ⑨의 각설탕은 정육면체로 입체파의 어원을 다시 한번 연상시키게 한다.

⑩은 두 가지 방향으로 생각될 수 있다. 첫째 건물의 운동감을 건물속에 사람이 질주한다고 비유했다는 점, 둘째 위 : 밑, 내려옴 : 올라옴의 대칭 구조로 되어 있다는 점이다. 대칭(symmetry)은 건물이 토대위에 존립할 수 있게 하는 가장 기본적인 구조로서 그것의 공간성을 대변한다. 이 3차원의 공간에 사람이 전층을 오르락 내리락하는 것으로 시간성을 표현하여 신건축의 이론을 시화하고 있다.

⑪은 의미가 닿지 않은 기묘한 역설로 보이나 실상은 이상이 즐겨 사용하는 수학적 논리의 한 예이다. 여자와 下半은 (－)의 의미자질이고, 남자의 上半은 (＋)의 의미를 갖고 있다. 수학에서 (－)χ(－)＝(＋)χ(＋)이므로 여자(－)의 하반(－)은 남자(＋)의 상반(＋)과 흡사하다는 논리가 성립될 수 있다.

⑫의 「사각이 난 케스」는 역시 입방체를 지칭하는 것으로 그것이 걷기 시작한다는 것은 입체의 운동을 의미하는 것이니 ①과 ⑨의 입체파 이론과 같은 맥락으로 생각할 수 있다.

위의 분석을 토대로 위의 시를 해석한다면 (AU MAGASIN DE NOUVEAUTES>는 아르누보풍의 건축물을 형상화한 시이다. 이상은 이시에서 건물의 공간성을 대칭구조로 표현하고 이 속에서 부동하는 율동감을 사람의 오르내림, 사각이 난 원운동 등으로 형상화시키고 있다.

그러나 그의 초기시들은 건축의 시각성을 너무 직접적으로 적용하기 때문에 시적 형상화가 제대로 이루어지지 못한 감이 있었다. 이런 초기의 혼란은 그가 곧 어휘화를 강조함으로써 어느 정도 극복을 보게되는데 <오감도 시 제1호>와 <거울> 계열의 시가 그것이다.

그간 <오감도 시 제1호>는 「까마귀」, 「13」, 「아해」, 의미가 갖는 추상성과 시 전체에 흐르는 공포의 이미지 때문에 무수히 거론되어 왔다. 쉬르리얼리즘, 정신분석학, 원형비평 등 다양한 접근방법에서 공통되는 점은 이 시가 고도의 상징성을 바탕으로 하기 때문에 시의 다양한 해석이 불가피하다는 점이다. 그 해석 중 하나로서 「13인」에 대해서 그 동안 1) 최후의 만찬에 참석한 사람의 수 2) 위기에 당면한 인류 3) 무수한 사람 4) 해체된 자아의 분열 5) 시계시간의 부정, 시간의 불가사의를 희화한 것 6) 이상 자신의 기호 7) 불길한 공포 8) 성적 상징 9) 원시적 자아로의 분화 등 다양한 견해가 있어 왔다. 이러한 견해들은 각기 나름의 특성을 갖고 있어서 어느 하나도 배제하기 힘들었으며 그 때문에 통일적이고 구조적 시 해석에 막대한 지장을 초래해 왔다.

그런데 고도의 문학적 해석은 문학 텍스트 수용의 가장 본질적이고 최종적인 단계이기는 하나 또 한편으로는 텍스트 자체의 의미에서는 가장 멀어지는 단계일 수도 있음을 우리는 명심해야 한다. 따라서 수많은 해석에서 비롯되는 혼란스러움을 극복하기 위해서는 역으로 텍스트의 가장 기본적인 해석—예컨대 낱말풀이—부터 다시 점검하는것도 하나의 방법이 될 수 있을 것이다. 이상의 작품은 문학이므로 문학적 해석이 최고의 단계임에는 틀림없으나 그 단계를 올바로 짚기 위해서는 가장 기초가 되는 초석을 바른 자리에 튼튼히 놓을 필요가 있다.

지금까지 논자들은 이상의 시에 나타나는 수학적 요소를 문학적으로 해석하는 데 노력을 집중시켰으며 그것은 그의 시를 「시」로 보는 한 당연한 태도였다. 그러나 숫자가 나타내는 의미를 너무 문학적으로 해석하려 노력한 나머지 꿈보다 해몽이 더 좋은 격으로 나아간 폐단이 있었음도 사실이다. 따라서 이 지나침을 없애기 위해서 수학적 요소를 수학의 범위 내에서 해결해 보려는 극단적 행위가 해석의 균형잡기에 큰 도움이 되리라 생각한다.

이상의 시에서 13이 12에 1을 더한 것으로 규정되는 것은 아래의 인용문에서도 쉽게 확인된다.

> 12 + 1 = 13 이튿날(卽 그때)부터 나의 時計의 針은 三個였다.[9)]

위의 구절에서 우리는 이상이 시간의 12진법에서 13을 도출하였음을 짐작할 수 있다. 여기에 서양의 관습이 작품에 결합되어 일종의 공포분위기가 조성된 듯하다. 그런데 13이 주는 공포감을 일단 접어두고 12진법이란 수학적 요소를 두고 생각할 때 이상은 12진법 외에도 10진법을 사용한 숫자시를 자주 썼음이 연관성을 가지고 떠오르게 된다. 다음은 그 숫자시의 실례이다.

1 2 3 4 5 6 7 8 9 0	1234567890.	1111111111 ·
1●●●●●●●●●●	123456789.0	222222222 · 1
2●●●●●●●●●●	12345678.90	33333333 · 22
3●●●●●●●●●●	1234567.890	4444444 · 333
4●●●●●●●●●●	123456.7890	555555 · 4444
5●●●●●●●●●●	12345.67890	66666 · 55555
6●●●●●●●●●●	1234.567890	7777 · 666666
7●●●●●●●●●●	123.4567890	888 · 7777777
8●●●●●●●●●●	12.34567890	99 · 88888888
9●●●●●●●●●●	1.234567890	1 · 999999999
0●●●●●●●●●●	.1234567890	· 0000000000
<선에 관한 각서 1>	<진단 0 : 1>	<오감도시 제4호>

9) 1931년(작품 제1번), 시전작집, p.167

위의 세 시는 수학적 기호의 시각적 형태를 강조한 시로서 모두 십진법의 수의 세계를 표시한다는 공통점을 지니고 있다. 이 시들의 주제는 1) 질서정연한 숫자로만 세상이 인식된다고 믿는 칼테시앙(이상주의자)의 세계관(이어령) 2) 이상의 수학적 우주관(김용운) 3) 욕구의 무한성(정귀영) 4) 우주설계도(김우종) 5) 자아분열에 대한 극복(이승훈) 등으로 다양하게 해석되고 있다.[10] 특히 김용운은 이상의 십진법이 최석정이 <구수략>에서 남긴 수표와 거의 일치함을 들어 세상의 구체적인 현상과 일정한 수 사이의 관계를 연결지으려는 이상의 사고방식을 포착해 냈고 이것이 세계를 수학으로써 이해하려고 한 피타고라스, 데카르트의 근대 수학관과도 일치함으로 밝혀내고 있다.[11] 이러한 기존 연구들의 업적을 종합해 볼 때 이상의 숫자시들은 근대 서양의 수학관을 도표로 보인 것이라 할 수 있다. 그러나 여기에 한 가지 덧붙일 것은 1)의 시는 입체의 공간구조 및 그에 적용된 시간적 요소를 표현하는 신건축물을 설명하는데 삽입된 행위 일부라는 점이다. 여기서 1)의 숫자군들은 축 XYZ 즉 입체구조의 공간적 요소를 뜻하고 있다. 좀더 쉽게 말하면 이 숫자군은 건물의 구조를 상징하고 있다고 볼 수 있다. 그중 1)이 가장 먼저 발표된 시이므로 2) 3)을 해석할 때 선행 텍스트로 1)의 건축적 요소를 참조할 필요가 있을 것으로 판단된다.

비교해 보면 세 시는 상당히 유사한 면모를 보이면서도 1)→2)→3)으로 갈수록 질서정연함에서 좀더 풍부한 변형이 가해지고 있음을 볼 수 있다. 1)은 가로, 세로가 1-10까지의 숫자로 순서대로 나열되어 있음에 반해 2)는 점에 의해 숫자군들이 양분되어 있다. 또 3)에 이르러서는 2)를 거울에 비추는 변형을 가함으

---

10) 이승훈 <이상의 대표시 20편은 무엇인가>(「문학사상」, 85. 12), p.357참조

11) <자학이냐 위장이냐>, 「문학사상」, 85. 12

로써 1) 가치체계의 전도 2) 욕구와 현실의 균형 붕괴 3) 내면에서 대상을 보는 것 4) 수적 환상 및 양가치적 표현 등의 다양한 해석을 낳게 했다. 우리는 이 과정에서 이상이 초기에는 수에 대해 집착을 갖다가 점차 글쓰기로 나아간 궤적을 엿볼 수 있다.

그런데 문제는 가로, 세로 10진법에 의한 숫자 나열의 시와 <오감도시 제1호>가 놀랄 만큼 닮은 꼴이라는 점에 있다.

1 2 3 4 5 6 7 8 9 10 11 12 13
1 第 一 의兒孩가무섭다고그리오
2 第 二 의兒孩가무섭다고그리오
3 第 三 의兒孩가무섭다고그리오
4 第 四 의兒孩가무섭다고그리오
5 第 五 의兒孩가무섭다고그리오
6 第 六 의兒孩가무섭다고그리오
7 第 七 의兒孩가무섭다고그리오
8 第 八 의兒孩가무섭다고그리오
9 第 九 의兒孩가무섭다고그리오
10 第 十 의兒孩가무섭다고그리오
11 第十一의兒孩가무섭다고그리오
12 第十二의兒孩가무섭다고그리오
13 第十三의兒孩가무섭다고그리오

앞의 시 1) 2) 3)이 가로 세로 십진법의 나열이라면 위의 시는 십삼진법의 나열로 볼 수 있다. 그간 발표된 해석들은 그 모두가 나름대로의 타당성을 인정받아 왔으며 또한 논리의 허점도 지니고 있었다. 본고의 해석 역시 그에서 크게 벗어날 수는 없다. 단지 지금까지 제시된 다양한 해석들을 좀더 일관된 논리로 단일화시키는데 그 의의를 두고 싶다. <오감도 시 제1호>는 이상의 다른 시들에 비해 뛰어난 문학성을 지니고 있으나 그의 초기시와의 공통점도 아울러 가지고 있다. 그 해명을 위해 <선에 관한

각서1>과의 관련양상을 구명해 보기로 한다.

① 1 2 3 4 5 6 7 8 9 0
1 ●●●●●●●●●
2 ●●●●●●●●●
3 ●●●●●●●●●
4 ●●●●●●●●●
5 ●●●●●●●●●
6 ●●●●●●●●●
7 ●●●●●●●●●
8 ●●●●●●●●●
9 ●●●●●●●●●
0 ●●●●●●●●●
(宇宙는幕에依하는幕에依한다)
(사람은數字를버리라)
(고요하게나를電子의陽子로하라)
② 스텔톨
③ 軸 X 軸 Y 軸 Z
] 공간성

④ 速度etc의統制例컨대光線은毎秒當…(중략)…
生命은生도아니고名도아니고光線인 것이다
臭覺의味覺과味覺의臭覺
] 시간성

⑤ (立體에의絶望에衣한誕生)
⑥ (運動에의絶望에衣한誕生)
] 시공성

⑦ (地球는빈집일경우封建時代는눈물이날만큼그리워진다)

이 시의 대제목인 삼차각은 삼차원의 각 즉, 3차원의 입체를 변형, 의미악화시킨 것이라 볼 때 ①과 ③은 입체의 공간적 구성을 상징한다고 해석할 수 있다. 즉 축 X, Y, Z는 수학에서 입체를 이루는 세 축을 말함으로 ①의 숫자군은 입체의 한면으로 파악될 수 있을 것이다. 반면 ④는 아이쉬타인의 상대성 원리를 다분히 아마튜어적으로 응용한 구절이다. 아인쉬타인의 공식에 의하면 빛의 속도로 달릴 때 시간이 정지한다고 한다. 그러나 이 이론을 접한 문학가들은 이 단서를 제거하고 빛보다 빠른 속도로 달리면 시간이 거꾸로 간다는 가설을 만들어 내어 타임머신 등 공상과학 소설을 탄생시켰다. 이상은 이러한 공상과학적인 이론을 도입함으로써 공간과 시간이 절대적으로 분리될 수 없는 상 호융합적 존재라는 사실을 밝히고 있다. 그런데 이 이론은 문학뿐 아니라 건축, 미술계에도 많은 영향을 끼쳐 입체파와 신건축 이론을 만들어 냈다. 이상이 공간성(①②③) 다음에 ④의 시간성을 설명한 것은 바로 신건축 이론에 입각한 것이다. 그다음 ⑤⑥의 시공성을 도입함으로써 ①②③의 공간성과 ④의 시간성을 통합하고 있다. ⑤의 입체는 공간성을, ⑥의 운동은 시간성을 의미하며 양자의 절망에 의하여 창조된 것이 시공성이다.

그러나 이것을 시라 할 수 있는가? 건축이론을 다소의 언어의 유희로 윤색시켜 놓은 것을 섣불리 문학이라 말할 수는 없는 것이다. 그것이 적어도「문학화」되기 전에는 이 시의 가치는「신기함」을 빼놓고는 전무하게 된다.

<오감도 시 제1호>는 바로 <선에 관한 각서1>이 가지고 있는 이 결점을 기묘하게 극복한 작품이다.

十三人의兒孩가道路로疾走하오.
(길은막다른골목이適當하오.) ── 시간성의 변형

第一의兒孩가무섭다고그리오.
第二의兒孩도무섭다고그리오.
第三의兒孩도무섭다고그리오.
第四의兒孩도무섭다고그리오.
第五의兒孩도무섭다고그리오.
第六의兒孩도무섭다고그리오.
第七의兒孩도무섭다고그리오. ── 공간성의 변화

第八의兒孩도무섭다고그리오.
第九의兒孩도무섭다고그리오.
第十의兒孩도무섭다고그리오.
第十一의兒孩도무섭다고그리오.
第十二의兒孩도무섭다고그리오.
第十三의兒孩도무섭다고그리오.
십삼인의兒孩는무서운兒孩와무서워하는兒孩와그렇게뿐이모였소.
(다른事情은없는것이차라리나았소)
그중에一人의兒孩도무서운兒孩라도좋소
그중에二人의兒孩도무서운兒孩라도좋소
그중에二人의兒孩도무서워하는兒孩라도좋소
그중에一人의兒孩도무서워하는兒孩라도좋소

(길은뚫린골목이라도適當하오)
十三人의兒孩가道路로疾走하지아니하여도좋소.

<전문해도>

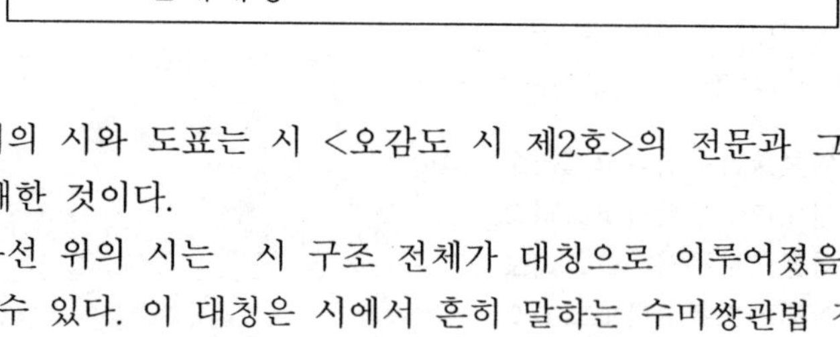

위의 시와 도표는 시 <오감도 시 제2호>의 전문과 그 구조를 도해한 것이다.

우선 위의 시는 시 구조 전체가 대칭으로 이루어졌음을 발견할 수 있다. 이 대칭은 시에서 흔히 말하는 수미쌍관법 정도로는 설명될 수 없을 만큼 지배적이고 전체적으로 나타난다. 마치 건축 도면의 대칭구조를 보는 듯한 느낌이 들 정도이다. 이상이 얼마나 대칭을 중시하였는가는 이 시의 첫행과 뒤 2행의 대립에서 잘 드러난다.

a. 十三人의兒孩가道路로疾走하오.
(길은막다른골목이適當하오.)

대칭 대칭

b. (길은뚫린골목이라도適當하오)
十三人의兒孩가道路로疾走하지아니하여도좋소.

지금까지 이렇게 상반되는 한 말이 한 작품 속에 나온 데 대한 많은 의문과 해석이 있어 왔는데 주로「공포」를 상징하기 위해서 즉 13인의 아해가 질주하든 질주하지 않든 길이 뚫렸든 막혔든 관계없이 13인의 아해가 무서운 아해와 무서워하는 아해로 겁에 질려 있다는 것을 부각시키기 위해 이런 대립된 상황을 설정했다는 것으로 풀이되고 있다. 그러나 이 구절을 시 전체의 구조 속에 포함시켜 볼 때 a와 b는 이 시의 대칭구조상 당연히 설정되어야 할 논리적 구도인 것이다. 다시 말해서 시 앞부분에 a의 상황이 설정되었으므로 시 뒷부분에는 a의 반대상황인 b가 와야 대칭구조가 설정되는 것이다. 따라서 의미상으로 역설인 a와 b의 설정은 대칭구조의 논리로 볼 때 합리적이다.

이 철저한 대칭의 도상적 공간구조 속에「疾走」라는 의미가 도입됨으로써 의미상으로 무한한 운동감을 자아내게 된다. <선에 관한 각서1>을 비롯한 이상의 초기시를 분석해 보건대 공간구조 속에는 반드시 시간적 요소가 존재해야 한다. 왜냐하면 이상은 시간과 공간의 절대적 분리를 믿는 종래 유클리드 기하학이 아닌 시공성을 믿고 있기 때문이다. 다라서 兒孩들은 가만히 서 있어서는 안된다. 골목을 「질주」함으로써 그들이 만들어 낸 공간구조 속에서 시간적 요소를 창출해 내야 하는 것이다. 이 시에서「질주」는 <선에 관한 각서 1>에 나타나는「속도etc의 통제—」

로 시작되는 광속, 즉 시간성과 같은 요소이다. 그러니「아해들이 막다른 골목을 질주하는 상황」은 13인 아해들이 창출해 낸 공간구조 속에서의 시간성 즉 시공성을 의미한다. 아해들의 질주야말로 「입체 절망에 의한 탄생」이고「운동의 절망에 의한 탄생」이다.

<오감도 시 제1호>가 같은 대칭, 시공성을 사용하면서도 다른 어느 작품에서 흉내낼 수 없는 완성도 높은 문학적 효과를 성취한 것은「공포」의 이미지 때문이었다.「13」이란 극수가 갖는 공포에 시공의 운동감에서 나온「질주」의 의미가 연결되어 양자가 놀라운 상승효과를 갖게 된 것이다. 즉 내용으로서의 공포가 구조로서의「질주」에 연결된 것으로 <선에 관한 각서 1>에서 어휘와 시구조가 건축의 시공성 설명을 위해 사용되었음에 비해 <오감도>에서는 그 구조가 인생의 다른 무엇을 설명하는 내용을 살리도록 뒷받침되는 데 쓰여졌다. 여기에서부터 이상의 진정한 문학적 도정이 시작된다고 볼 수 있다.

좀더 쉽게 말하자면 <선에 관한 각서1>과 <오감도 제2호>와의 차이 즉 초기 숫자시와 <오감도>와의 차이는「烏瞰圖」「鳥瞰圖」의 차이에 그대로 대응된다고 할 수 있다. 조감도란 공중에서 바라본 건물의 도면을 말한다. 이상의 초기시의 제목이 <조감도>[12]였고 그 속에 르 꼬르부지에의 건축이론을 근거로 한 건축물을 형상화한 <운동>이란 시가 들어 있음을 상기해 볼 때 우리는 이상이 <조감도>를 문자 그대로 건축학의 의미로 사용했음을 알 수 있다. 그러나 1934년《조선일보》연재물에 이르러 <조감도>는 <오감도>로 바뀌었다. 양자의 외형적인 의미 차이는 한자의 한 획 차이만큼이나 미미하다. 전자는 새가 공중에서 바라본다는 의미이고 후자는 새 중에서도 까마귀가 공중에서 내

---

12) 《조선과 건축》(31. 8)에 실린 시가 지금까지는 <오감도>로 소개되었으나 필자가 확인해본 결과 원전에는 <조감도>로 되어 있다.

려다 본다는 의미이기 때문이다. 그러나 실제로 「새」에 비해 「까마귀」라는 단어는 조감도라는 일상적 의미를 초월하여 불길함, 공포의 이미지로 화하여 전자와는 판이하게 다른 풍부한 의미의 증폭현상을 일으키고 있다. <조감도>와 <오감도>의 공통점과 차이점은 <조감도>와 같은 시기에 발표된 <선에 관한 각서 1>과 <오감도 시 제1호>와의 공통점 및 차이점에 그대로 대응된다. 즉 <오감도 시 제1호>는 「공중에서 바라 본, 운동감이 강조된 입체파류의 건물의 모습」을 그린 점에서는 <선에 관한 각서)와 동일하며 극도의 과학적인 의미를 초월한 무수한 공포의 이미지를 창출했다는 점에서 문학적으로 성공한 작품이다. 따라서 <오감도 시 제1호>에 대해 내려진 수많은 해석들은 모두 긍정될 수 있다. 이 난무하는 해석들이야말로 <오감도 시 제1호>가 과학이 가지고 있는 명료함과 그에 따르는 빈곤함을 극복하고 그 속에 다양한 의미를 담아낸 결과이기 때문이다.

그러나 <오감도 시 제1호>의 구조에는 여전히 의문점이 남는다. 대칭구조는 왜 필요했는가? 대칭점 찾기가 이 시의 성취에 무슨 의미를 갖게 하는가? 물론 하나의 효과는 있다. 앞에서 설명했듯이 막다른 골목/뚫린골목, 질주함/질주하지 아니함의 대칭을 설정함으로써 의미론적으로 미묘한 역설을 낳아 시 전체의 공포 분위기에 일조를 하고 있다는 점이다. 그러나 그외의 대칭구조는 내용에 도움을 주지 못하고 형식만의 대칭에 집착한 것에 불과하다. 과연 수학의 대칭은 문학에서 어떤 의미를 갖는가? 건축물에는 그 건물의 생존을 결정하리만큼 본질적인 대칭이 문학에서는 의미없는 형식의 유희로 전락하고 만다. 과연 대칭은 문학에 의미없는 존재일까? 문학이 다루는 주제에서 대칭이 그것의 생존권을 위협하리만치 중요한 무게를 차지하는 경우는 없을 것일까? 「문학에서 의미있는 대칭점 찾기」—이것이 후기 이상문학의 주제를 이루게 된다.

4. 결론

예술에서 작가의 정신이 객관화되기 위해서는 실재하는 어떤 질료를 통해야 하는데 이 질료들은 저마다 특성을 갖고 있기 때문에 예술 작품의 소재선택, 특성에 알게 모르게 영향을 준다. 예컨대 언어예술의 질료는 시각예술의 그것과는 전혀 다른 성질과 힘을 갖고 있다. 언어는 색채, 흙, 석고들처럼 자연에서 주어진 것이 아니라 인간에 의해 구성된 사회적 약속이다. 말과 글은 이미 객관화된 성격을 가졌고 기호체계와 대응의 원리에 의거하고 있다. 그 언어를 아무리 시적으로 꾸미더라도 그것이 일상생활에서 나타내는 의미는 사라지지 않는다. 그렇기 때문에 문학은 비예술적인 역사 전기물 등과의 구별이 모호하며 이런 것들이 갖는 사상 및 정신사와 밀접한 관계를 가지게 된다. 언어는 이미 완성되어 있는 질료이므로 회화의 질료에 비해 형성과정이 훨씬 단순하다. 회화는 색채, 형태 등의 조화를 통해 삼차원의 공간을 평면에 표현해 내고 여기에서 물체의 운동성과 생명력을 나타냄으로서 인간의 내면성 나아가 이데올로기를 나타낸다. 반면 질료가 이미 형성되어 있는 문학에서 작가는 회화에서처럼 복잡한 단계를 거치지 않고 기호의 단일한 층을 매개로 곧바로 작가의 사상으로 나아가 버린다.

작가와 독자가 평생을 두고 받은 언어에 대한 교육은 여타 예술의 질료에 비해 언어가 갖는 자율성을 억압한다. 이미 인간은 언어가 지시하는 대상을 똑바로 알아차릴 규약을 갖고 있는 것이다. 물론 언어는 은유, 상징 등을 갖고 이 규약을 깨뜨림으로써 형식의 유희를 할 수 있다. 그러나 은유조차도 원관념과 보조관념의 의미의 차이를 갖고 유희를 할 뿐 의미의 완전한 창조에 이르지는 못한다. 결국 언어 자체의 자유로운 유희라는 것은 존재하기 힘든데 이 제약은 언어로 하여금 감각보다는 이념에 집착하게 된다. 또 언어가 갖는 사물을 가리키는 속성은 문학이 현실의 모방(mimesis)에 가깝게 만든다.

이런 문학과 시각예술의 차이에도 불구하고 이상은 언어를 시각예술의 방식으로 가시화시킴으로써 그의 문학적 도정의 첫출발을 삼았다. 그가 배워온 건축미학에는 대칭의 형식이 절대적인 것인데 마찬가지로 문학에서도 그것은 절대적인 것이 될 수 있으리라고 확신한 때문이다. 그러나 가시성을 강조함으로써 무화된 듯 싶었던 언어의 의미 체계들은 속수무책으로 형식 속에 스며들어 작가의 원래 의도를 변질시켰고 두 질료의 이질적인 표현 방식들이 상호충돌함으로써 문학의 구조체계들을 혼란시켰다. 물론 이 혼란의 와중에서 <오감도>나 <거울> 계열의 시들은 일정한 문학적 성과를 거둔다.

그러나 이 시에서조차 대칭은 쓸데없는 형식의 과용을 남기게 된다. 그렇다면 대칭은 문학에서 의미없는 존재일까? 이를 극복하기 위해 이상은「이야기」를 해야 하는 소설에서 의미있는 대칭점 찾기를 하게 된다. 이 작업은 그의 사적 체험의 진실성과 맞물려짐으로써 남/녀 대칭이란 빛나는 문학적 성과를 거둘 수 있었다. 그러나 이 모티브마저 몇번 작품화되면서 상투어(cliché)로 전락하여 참신함이 사라지고 오직 작가의 사적 체험을 폭로했다는 점에서만 흥미를 유발시키자 이상은 다른 새로운 방법론을 모색할 필요성을 느끼게 되었다. 그가 이즈음 동경행을 결심한 것은 새로운 방법론을 개척할 의도였다고 봄이 무방할 것이다.

그러나 27세에 폐병 3기인 이상이 동경의 새로운 문물을 자기 것으로 소화하여 새로운 방법론을 만들어 내기에는 시일이 너무 촉박했다. 이 초조함은 「동경은 20세기인데 자신은 19세기」라는 솔직한 고백으로 나타난다. 물론 이 굴복은 이상의 자존심을 심히 괴롭히는 것이어서「동경은 서양에서 들어온 가짜 문물이 최신의 유행으로 행사하는 치사스런 도시」라는 흠잡기를 하기도

한다. 그러나 이 흠잡기는 대안 없는 비판일 뿐 자신은 그 가짜 문물조차 자신의 것으로 만들 여력이 없는 사람임을 그는 간파하고 있었다. 폐병 말기의 날카로운 신경은 죽을 날까지 정확하게 예견하고 있었으나 그 유서격에 해당하는 작품이 <종생기> 이다.

여기에는 시각의 「산호편」을 갖고 언어 예술에 뛰어든 후 이질적인 두 질료가 충돌하는 와중에서 악전고투했던 이상의 고뇌와, 초기 소설에서 내용과 형식이 융합되지 못했음에 반해 후기 소설에서 그 접점을 남/녀 이항대립에서 찾은 데 대한 득의의 미소와, 건축에서는 대칭이 그 존립 근거가 되는 데 반해 소설에서는 한갓 플롯에 불과해 담론이 갖고 있는 역사, 사회의 의미망에 부딪쳐 한껏 초라해진 데 대한 부끄러움이 공존하고 있다. <종생기>는 짧으나마 이상이 그의 전 문단생활에서 일관되게 추구했던 대칭 구조의 집대성이다. 여기에는 그간 소설들이 서사양식의 속석상 이야기에 흘러 대칭 구조가 한껏 약화됨으로써 자신의 사생활이 두드러져 보이는 데 대한 반항이 들어 있다. <종생기>는 무수한 패로디(parody)와 말장난 즉 문체상의 대칭이 종래 소설들과는 달리 대칭구조 강화의 욕구를 보이고 있다. 그는 작중에서 정희와 만나기 위해 온갖 치장을 함으로써 창작방법을 집대성하여 내어놓는 데 대한 자신의 경건한 심정을 표현했다. 요컨대 <종생기>에는 이상이 그간 이룩한 창작방법에 대한 고백록이며 정리담이다. 따라서 <종생기>는 현란할 수밖에 없다.

이상 시 생산 연구
- 말하는 주체와 기호적 코라의 의미 작용을 중심으로

김 승 희

1. 생산품의 기호론에서 생산의 기호학으로

이 글의 목적은 1930년 한국 현대시 최고의 실험적 모더니스트이자 한국시사 최고의 아방가르드 시인인 이상(李箱)의 시 텍스트를 생산하는 "말하는 주체"의 독특한 심리의 양상과 기호적 코라의 의미작용을 살펴 이상 시 텍스트 생산의 근원을 밝히고자 하는 데 있다.

이상은 한국시의 전통적 요소를 누구보다도 많이 파괴했고, 통사론적 측면에서의 해체와 더불어 인식론적 측면에서의 로고스 중심주의를 해체시킨 한국시사 최고의 아방가르드 시인이다. 그리하여 이상 문학에 대한 연구는 학계에서 다각도로 심도 있게 진행되어 왔다. 그의 텍스트 생산의 원형을 탐구하려는 시도는 아직까지 없었으나, 방대하고 흥미진진한《이상연구》의 저자인 김윤식 교수에 의해 그 필요성이 지적된 적은 있었다.

이상 문학의 연구수준은 아직도 보이는 바둑판의 수준에서 벗어나지 못하고 있다. 이상 문학이 백지에 위트, 아이러니, 패러독스를 수놓는 것, 그러니까 바둑판이 포석된 지적 놀음의 규칙 찾기에서 아직도 더 나아가지 못한 형편이다. 만일 이러한 일이 기호론의 영역이라고 규정한다면 보이지 않는 바둑판은 무엇이겠는가. 기호를 생산하는 기호 전 단계의 영역이라 할 수 있을 것이다. 기호의 전 단계는 기호생산의 원형 탐구가 아니겠는가.(……)기호 생산의 근원을 찾는 연구가 이제 겨우 크리스테바의 대담무쌍한 압젝션 개념에 머물고 있다고 하더라도 그 탐구 방향만은 정확히 알아차릴 수 있는 일이다.[1]

약간의 용어 사용의 부적절함(가령 압젝션[2]을 모체로부터의 분리체험으로서의 공포라고 그는 규정한다)이 있다고 하더라도 김윤식 교수는 예지력을 갖춘 대가답게, 막강한 연구 실적이 축적된 이상 연구 분야의 빈곳을 정확히 포착하고 있다.

김열규교수 또한 이상과 같은 시인의 경우엔 기호 생산의 근원을 찾는 작업이 심층 심리학 쪽에서 이루어질 수 있다고 암시하면서 「이상으로 하여금 반논리, 또는 탈논리가 되게 강요하는 무엇인가가 그의 창작 과정에 개입하고 있다」고 지적하고,[3] 「비록 프로이트 학파와 융 학파 사이에 상당한 차이를 보이긴 하지만 양자는 다같이 인간 행위 일반 및 역사 그리고 나아가서 인간 창조 행위의 바탕에, 그 결정적인 동기로서 무의식이 작용하고

---

1) 김윤식, 《이상연구》, 문학사상사, 1987, p.378
2) Kristeva Power of Horror, trans by Roudiez. Columbia univ. 1980. pp. 2-4참조 Fletcher and Benjamin ed. Abjection Melancholia and Death. Routledge and Kegan paul. 1990, pp.80~100참조. 뒤에 자시히 언급하겠지만 Abjection은 내쫓음(throwing it away)이나 추방(Cast out) 또는 명사형으로 비천함, 더러움으로 본다. 소두영 교수는 모성 기각으로 보는데 그것이 더 적절한 것 같다.
3) 김열규, <현대문학과 정신 분석>, 《정신 분석과 문학 비평》, 고려원, 1992 1992, p.63

있다는 것을 공통으로 보여 준 셈이다. 이것이 종국적으로는 라캉의 "그것이 말한다"라는 명제와 이어지고, 크리스테바의 '말하는 주체'를 제기하게 된 동인과도 맺어진다는 것을 간과하지 말아야 할 것이다」[4]라고 무의식의 기호학에 의한 문학 연구의 새 지평을 예견하고 있다.

사실 그동안의 문학 연구, 특히 이상 문학 연구의 분야에서, '생산품의 기호론적 연구'는 어느 정도 완성되어 있다고 볼 수 있다. 김윤식 교수의 표현으로「보이는 바둑판」에 대한 연구는 구조주의와 기호론적 입장에서 상당 수준 진행되어 온 것이 사실이다.

텍스트 내재적 연구라고 불러도 좋을 그 분야의 탁월한 업적으로는 김열규 교수의 <현대의 언어적 구조와 이상 문학>, 김옥순의 <이상 문학의 은유 구조 연구>(이화여대 박사 학위 논문, 1989), 김정은의 <오감도의 시적 구조>(서강대 대학원 석사 학위 논문, 1981), 이승훈 교수의 <이상 시 연구> 등을 들 수 있다.

텍스트 내적 연구는 언어학과 손잡은 형식주의나 구조주의적 연구방법처럼 텍스트를 하나의 닫힌 기호 체계로 보면서 그것이 지닌 텍스트성이나 랑그로서의 구조를 찾는 것이기 때문에 텍스트 밖과 연관성을 지니지 못하는 자기 자족성을 띤다. 그렇기 때문에 말하는 주체 혹은 글쓰는 주체가 위치한 역사성이나 시대성, 사회성과 그의 가족 구조, 개인사와 육체성을 배제해 버리게 되고 단지 박제된 생산품만을 검증하는 해부학적 작업이 되기 쉽다.

그리하여 크리스테바는 기호 분석학의 수립을 제창하면서「새로운 기호학은 언어학의 시체에서 출발할 것이다」라고 주장한다. 그리하여 후기 구조주의자들은「생산품의 기호론에서 생산의 기호학으로」 개종한 롤랑 바르트처럼 모든 인간의 언어 행위를 구

---

4) 김열규, 앞의 책 p.62

조 짓는 랑그에 대한 관점에서 개별적인 파롤(Parole)의 고유한 실천에 관심을 갖게된다.

엄밀한 의미에서의 구조 분석은 오로지 '구체적인 어법' 연구에만 전념할 뿐 텍스트의 주체에 관해서는 아무런 질문도 하지 않았다. 구조주의자들이 분석하는 '현상 텍스트'가 아니라 크리스테바는 발생 텍스트에 관심을 갖는다.

기호 파괴주의자인 롤랑 바르트는 언어의 억압에 대해 글쓰는 주체가 가하는 반격을 텍스트의 쾌락이라고 말하면서 「랑가주는 법제요, 랑그는 법전이다. 그 구조 자체 때문에 랑그는 필연적 소외 관계를 전제한다. 각 랑가주의 실행으로서의 랑그는 반동적인 것도 진보적인 것도 아니고 다만 파시스트적일 뿐이다」라고 말하면서 「문학이란 랑가주의 법규 파괴적 실천, 도전과 개인적 실천 행위를 의미하며 언어 속에서 언어를 통하여 하는 주체의 행위를 밝히는 것이 문제의 핵심」[5]이라고 한다.

이렇듯이 내러티브의 구조나 미학적 체계, 시적 문법 등을 찾아 '문학의 과학'이 되고자 했던 구조주의적 연구 방법론의 폐쇄성을 탈피하고자 후기 구조주의자들은 자아나 주체, "개인의 사유", 말하는 주체와 텍스트 생산에 관심을 기울인다.

그리하여 필자는 이상 연구에서 기호 생산의 근원에 있는 말하는 주체의 고유한 심리 양상을 후기 구조주의자라고 광범위하게 부를 수 있는 라캉의 주체 이론과 크리스테바의 텍스트 생산 이론을 원용하여 밝히고자 해보았다.

2. 말하는 주체와 기호적 코라

텍스트 생산을 설명하기 위해서는 크리스테바가 「말하는 주체」라고 부른, 텍스트를 생성시키는 힘들에 대해 알아야 한다.[6] 그

---

5) 로제 파이욜, <문학 텍스트에 관한 비평적 담화>, 김화영 역, 《해외 문예》 1979. 가을, pp.60~63 참조.

러기 위해서는 먼저 후기 모더니즘의 주체 이론에 엄청난 영향을 미친 라캉의 '주체 형성'에 대한 고찰이 필요하다. 라캉의 주체 이론은 데카르트적 코기토가 선재하고 그것이 세계 이해를 구성하는 원천이 된다고 보는 선험적 자아 개념(자기, 의식)을 전복시키고 주체란 '구성하는 것이 아니라 구성되는 것'이라고 본다.[7]

라캉은 크로이트의 심리학이나 소쉬르의 구조 언어학, 레비 스트로스의 문화 인류학에 지대한 영향을 받아「무의식은 언어처럼 구조되어 있다」라거나「나는 내가 존재하지 않는 곳에서 존재한다」라는 유명한 명제를 생산한다. 그에게 인간의 심리는 주체는 두 가지가 있는데 하나는 나르시시즘의 존재의 주체(의식, 에고)요, 또 하나는 말하는 주체다.[8]

라캉은「프로이트로 돌아가자」라고 말하면서 인간 주체를 비통일적인 의식으로 보는 프로이트의 초기 저작에 초점을 맞추고 통합된 자기 또는 에고나 통합된 자기 또는 에고의 가능성을 위치시키는 에고 심리학에 정면으로 도전한다.

라캉은 자기나 또는 에고에 대한 우리의 감각이란 전혀 허구적으로 구축된 것으로서 인간 주체란 비통합적인 것이고 그/그녀란 세계 속에서 보다 효과적으로 기능하고 덜 공포를 느끼고 살기 위해 통합적 실체라는 환상이 증여된 것이라고 본다. 그것을 설명하기 위해 그는 '거울 단계'를 예로 들면서 주체란 데카르트의 코기토처럼 선험적인, 통합된 것이 아니고 타자에 의해 '형성되는 것'이라는 것을 보인다.

'거울 단계'[9]는 생후 6개월에서 18개월 사이에 아이가 거울(또

6) Kristeva, Revolution in Poetic language, Columbia univ. 1984, p.7
7) Mark Taylor, Altarity, univ. of chicago press. 1987, p.36
8) Sullivan, Jancques Lacan and the philosophy of psychoanalysis, 1987, p.1
9) Sullivan, 앞의 책, pp.16~67 참조

는 거울 같은 타자, 즉 어머니 같은 존재)를 통해 자신의 몸을 하나의 통합된 전체성(게슈탈트)으로 인식하는 단계를 말한다. 그 이전에 아이는 자신의 몸을 조각난 것, 흐믈거리는 것으로 느끼고 오믈렛과 같은 미정형의 상태에 빠져 있다. 그러나 거울 속에 비친 자신의 모습을 통해(어머니와 같은 상상계의 타자를 통해), 자신의 몸의 통일성을 인식하게 되는데 그것을 나르시시즘적 나, 이상적 자아라고 부른다.

그것은 환희고 해방이지만 그러나 영상을 통한 허구적 구축, 타자를 통해 자아가 구성되어야 하기 때문에 자기 소외적이다. 그것을 라캉은 「거울 단계는 비극이 아니라 드라마다」라고 부르지만 제인 갤럽은 최고의 비극」이라고 본다.[10]

왜냐하면 낙원과도 같은 어머니와의 이중 관계나 자신의 충만했던 실재계로부터 분리되어 하나의 실낙원이 시작되는 순간으로 보기 때문이다. 거울 단계는 그렇게 외부적 육체의 형태를 느끼는 '에고의 기하학'이 탄생되는 순간이면서 동시에 자기 소외의 쓰라린 이중성을 가지고 있다.

그리고 그것은 허구적 구축 위에 세워진 것이기에 상상계이고, 그 다음 거울 이후 단계가 오는데 그것은 어머니와의 근친 상간적 이중관계를 파괴되는 상징적 질서, 아버지의 이름, 큰 타자 A, 제3자의 개입으로 이루어지는 것이고 이때가 되어서 아이는 언어를 습득하게 되고 언어를 통해서 상징적 질서를 받아들이게 되면서 하나의 단위 주체성을 지닌 주체로서의 위상을 얻게 되는 것이다. 이때의 나는 오이디푸스적 나, 사회적 나라고 불린다.

오이디푸스 콤플렉스와 언어 습득으로 인한 상상계 속의 나르시시즘적 나는 상징계 속의 사회적 나로 진입하게 되고 그렇게 함으로써 주체의 기능을 가지게 된다는 것이다. 라캉은 이렇게 거울 이전 단계—거울 단계—거울 이후 단계로 나누어 자아 형

---

10) Gallop, Reading Lacan, p.84

성 과정을 설명하면서 그것을 각각 실재계—상상계—상징계라고 명명한다.11)

이 '거울 단계'의 개념은 이상처럼 끝없이 거울에 사로잡혀 있는 시인, 거울 단계를 극화하면서 거울 속 영상을 나와 동일시하고 그 동일시의 환상 때문에 나의 타자성에 고통을 받고 '거울' 이란 존재자체를 부정하면서 거울 이전 단계인 전(前) 주체로 되돌아가고자 하는 욕망을 보이는 시인 연구에 매우 유용한 열쇠가 된다.

거울 이전 단계는 자기 충족적이고 어머니의 육체와의 분리가 안된 상태면서 낙원이지만, 거울 단계를 거쳐 상징계에 진입하여 '나'로서의 단위 주체성을 습득한 순간 인간은 결핍이 되고 의식과 무의식이 분리되고 아버지의 이름(상징적 질서) 안에서 하나의 시니피앙으로 고착되어야 하기 때문에 이상은 거울 이전 단계인 전 주체의 상태로, 김해경(아버지의 이름 안의 하나의 시니피앙) 이전으로 돌아가고자 한다.

그것이 이상 문학의 불변적 테마인 자살 욕망이고, 잠에 대한 탐닉이고, 상상계 속의 타자인 연인과 동반 자살을 하고 싶다는 미친 욕망으로서, 의식 절멸의 모티프로 진행된다. 라캉이 거울 단계의 특성이라고 규정한 오인, 공격성, 나르시시즘적 동일시, 자기 파괴 욕구, 응시와 눈의 대답은 이상 텍스트 생산 연구의 열쇠 용어가 되고, 본 논문에서 중요한 근간을 이룬다.

라캉은 말하는 주체를 무의식으로 보며 시니피앙과 시니피에 사이엔 장애의 선이 있고(Sa/Se), 시니피에는 그 선 위에 떠 있는 시니피앙 밑으로 미끄러져 달아난다고 본다. 그는 프로이트의 꿈 이론에서 무의식의 의미 작용인 자리 바꿈을 야콥슨의 은유와 환유 체계로 바꾸어 부르면서 언어가 사물을 지시하고 관념이나 감정을 표현한다는 언어의 힘에 대한 신념을 저버리도록

---

11) Sullivan, 앞의 책, pp.16~67 참조.

권유한다. 상징계는 통사론, 가부장적 기능, 사회적 속박들, 아버지의 이름의 부권 상징들의 세계이므로, 예술의 언어는 특히 자유로운 시니피앙의 유희가 된다는 것이다.

크리스테바는 라캉의 주체 이론과 궤를 같이 하면서 라캉의 상상계를 기호계로 부른다. 그녀는 말하는 주체를 기호계와 상징계로 분열되어 있는 주체로 보면서 의식과 무의식, 비의식(당대 사회의 지배적 이데올로기, 사회의 신화들과 편견들)까지도 포함한 주체로 본다.[12)]

서구 사상은 오랫동안 통일된 주체의 필요성을 전제로 해왔는데, 어떤 것을 안다는 것은 그것을 알고 있는 통일된 의식의 존재를 전제로 하고 있다는 것이다. 그러한 의식은 초점이 잘 잡힌 투명한 렌즈와 같은 것인데, 통일된 주체로 하여금 대상과 진실을 인지하게 해주는 매개체가 바로 통사론이다.

질서 잡힌 통사론은 질서 잡힌 정신을 만든다. 그러나 합리적 이성만으로 모든 사물을 다 다루기는 어렵고 이성은 그것을 전복시키려는 쾌락이나 웃음들, 술과 섹스, 시들의 소음에 의해 위협을 받는데, 육체 안에 있는 본능적 충동들과 심리적 충동들이 흘러다니는 공간을 플라톤의 코라 개념과 연관시킨다.[13)]

코라는 플라톤의 <티마이오스>편에 나오는 용어로서 신의 조화와 질서가 개입되기 전의 무정형으로 무한하며, 모든 감각적 속성이 담기기 전의 수용체적·물적·에네르기적 공허 그 자체다. 크리스테바는 코라의 특성을 기본적으로 운동적이고 운동과 그 정지에 의해 구성되는 잠정적인 본질로 본다.

인간이란 처음부터 육체적 충동과 심리적 충동들이 율동적으로 교차해서 흐르는 공간이다. 이러한 무한한 충동의 흐름은 점차 가족과 사회(용변 훈련, 성의 구별, 공적인 것과 사회적인 것의

---

12) Kristeva, 앞의 책, pp.7~8
13) Kristeva, 앞의 책, pp.25~30 참조.

구별 등 점차적 오이디푸스화)의 제한에 의해 지배된다. 아주 초기의, 오이디푸스 콤플렉스가 일어나기 이전 상태에서는 그러한 충동의 흐름은 어머니의 몸에 집중되며, 언어 습득 이후인 상징계 진입 이후에 그것은 억압된다.

그래서 무질서하게 언어 이전의 동작이나 소리나 율동의 흐름은 성인의 성숙한 언어 행위 이면에 남아 활동하고 있는 기호학적 자료의 근본을 이룬다. 크리스테바는 그것이 무질서한 기호화하는 과정처럼 작용하기 때문에 기호계라고 부르며 그 기호계가 시적 텍스트를 상징계와 더불어 생산한다고 보기 때문에 그녀의 이론을 코라 기호학이라 부르기도 한다.

크리스테바의 말흐는 주체는 그런 기호적 코라와 상징적 장치에 속해 있는 분열된 주체며, 그런 변증법적 과정 안에서 기호화하는 과정은 의미 작용의 발생을 일으킨다고 본다. 의미작용이란 상징성의 언어를 부수는 기호적 코라의 부정성의 작용을 말하는데 그것은 흔히 어조, 리듬 등 언어의 음악적, 물리적 특성을 통해 나타나며 이상 문학의 경우 구문 파괴, 아이러니, 역설, 모순어법, 위트, 홍미 등의 시니피앙의 재분배의 공격성으로 표출된다.

이런 기호적 코라의 의미 작용으로 인해 상징 언어의 주체인 단일성 주체는 끝없이 그 정체성이 교란받고 도전받는 주체, 상징계와 기호계의(변증법적) 과정중에 있는 이질 혼성적(Hetero geneous)주체가 된다.

그러므로 이상과 같이 기호적 코라의 공격적 힘이 과격하게 텍스트 생산을 지배하는 경우, 텍스트 안의 상징 언어는 극도로 교란당하며 해체되게 되고 반어와 역설, 모순 어법이 지배적이 되고 상징언어의 수호자인 에고(의식)는 감소되며 기호적 코라의 운동성과 시니피앙들의 극단적으로 자유로운 유희가 텍스트를 압도하게 된다.

본 논문은 이런 용어와 이론적 범주 안에서 진행되며 이상 시를 생산하는 '말하는 주체'의 심리의 양상과 기호 생산의 발생론적 원형을 탐색해 본다.

라캉 심리학의 열쇠 용어인 상상계, 상징계, 거울 단계, 아버지의 이름, 큰 타자, 작은 타자, 어머니의 욕망과 크리스테바 기호분석학의 열쇠 용어인 기호계, 상징계, 과정중에 있는 주체, 의미작용, 기호적 코라, 압젝션, 어머니의 몸이 이 논문의 주요한 이론적 장비가 된다.

3. 아버지의 몸을 부수고 어머니의 몸으로 돌아가기

먼저 필자는 이상 시 텍스트 생산의 발생론적 양식을 '아버지의 이름을 부수고(위반) 어머니의 몸으로 돌아가기'와 '상징계의 기호계화'로 가정해 보았다.

이런 가정의 축 아래 2장 <'거울 단계'와 주체 형성의 문제>에선 이상의 거울 시편들(거울을 소재로 하여 쓴 시들—<오감도 시제15호>, <거울>, <명경>, <오감도 시제4호>의 경우)이 라캉이 '나의 기능의 형성 요소로서의 거울 단계'를 잘 보여 주고 있다는 주요한 연결 고리에서 출발하여 이상의 텍스트에 끊임없이 되풀이 극화되어 나타나는 거울 단계들을 살펴봄으로써 '주체성'이라는 것이 이상 텍스트에서 어떻게 생성되어 가는가, 또는 어떻게 해체되어 가는가, 그리하여 어떻게 '과정중에 있는 주체', '교란중에 있는 주체'인지를 자세히 분석한다. 라캉이 L도표라고 부른 주체 형성 과정(유년 시절의 문법적 범주)의 도표가 원용된다.[14]

---

14) Sullivan, 앞의 책, p.2

(ES) S ⓐ utre(other)

(mol) a A utre(other)a

S는 발화의 주체고 a는 자신의 욕구를 채워 준다고 추측된 타자(어머

이상의 거울 시편들은 홍미롭게도 라캉이 주체 형성의 단계라고 부른 거울 단계의 특성들을 잘 보여 주고 있으며, '거울'이라는 반영의 도구를 매개로 자아의 정체를 탐구하려고 했던 다른 어느 현대시인들보다도 치열하고 비극적인 문제 의식을 작품화했다. 가령 윤동주에게 있어서 거울이 비극이 아니고 드라마였다면 이상에게 있어서 거울은 드라마가 아니고 비극이었다.

바로 그렇기에 시인 이상은 실낙원이 시작되는 거울 단계의 순간을 끊임없이 텍스트 안에서 재현하는 반복의 강박 충동을 보이고 있으며(반복은 무의식의 최고의 자기 표현이다. 평생토록 되돌아오는 귀환의 반복 충동이 바로 무의식의 특징이며, 코라적 운동성의 특징이기도 하다), 그리하여 그는 에고의 불안전성, 에고의 와해의 순간을 텍스트 안에 능동적으로 되풀이 생산하고 있다.

도표가 말해 주듯 인간 심리는 두 가지 다른 주체들로 구성되어 있다. 하나는 대상 같은 나르시시즘적 존재의 주체요, 또 하나는 말하는 주체(S)이다. 에고는 의식 안에서 주체와 같은 공간을 차지하고 있으나 무의식의 측면을 끝없이 참조해야 한다.

이상의 텍스트는 바로 그런 분열의 결핍의 틈새에서 자의식의 변증법적 투쟁을 따라 전개되며, 인간 주체란 이미 완성되어 심리의 내부 안에 있는 존재의 주체가 아니라 생성되고 있는, 과정 중에 있는 주체라는 것을 보여 준다.

거울때문에나는거울속의나를만져보지를못하는구료마는

니의 젖가슴 같은)이고 a는 그의 영상 타자 a에서 발견된 자아다. A는 큰 타자이고 아버지의 이름, 차이화의 세계며 언어와 오이디푸스 시나리오에 의해 상징계에 진입시키는 상징적 질서의 자리다. moi는 존재의 주체고 나르시시즘적 동일시의 주체며 moi와 동일시의 대상이 작은 타자들 a이며 이들은 각각 이상적 자아와 자아 이상으로 부른다. S는 언술 내용의 주체인 P인데 그것이 무의식의 자리에서 부상한다는 점에서 Es로 표기된다.

거울아니었던들어찌거울속의나를만나보기만이라도했겠소

—<거울> 중에서

'거울때문에', '거울아니었던들'의 두 조건은 주체가 거울이라는 타자(어머니 같은, 상상계의 큰 타자인 A, 혹은 뒤의 무수한 작은 타자들 a)를 통해 비로소 구성된 자아라는 인식과 함께, 그러나 그 자아는 '자기가 아닌 것(a)'에서 얻어 온 허구적 구축이기 때문에 필연적으로 자기 소외적이라는(만져 볼 수 없음) 모순성을 충분히 알고 있다는 것을 암시해 준다. 이런 거울 단계는 자아가 선험적으로 존재하는 절대적 코기토가 아니고 동일시 과정을 거쳐 형성된 결과물, 하나의 시니피앙일 뿐임을 보여 준다.

또한 그것은 허구적 구성이며 상실이며 결핍이지만 거울 속 상상계를 통해서만 인간은 나—거울 속의 나라는 환유적 관계를 통해 '에고의 기하학'을 설정하는 것이며 또한 그 때문에 자기 소외, 자기 분리를 어쩔 수 없이 겪게 된다. 그런 결핍과 상실을 통해 인간은 쪼개진 주체($)가 되고 오인이나 공격성, 나르시시즘적 동일시, 자기 파괴 욕구 같은 모순적인 심리가 생겨나게 된다. 응시와 눈[15] 의 대립 같은 것도 발생한다.

거울을 소재로 한 이상 텍스트 안에는 바로 이런 상상계의 모순성을 가진 심리적 특성들과 또한 거울 단계로 인해 생겨나는 자기 전체성의 상실에 대한 격분과 나--거울 속의 나로 쪼개져 결코 만날 수 없는 거울 이전 단계의 나를 향한 결합의 욕망이 자살 욕구로, 상상계를 파괴하고 전 주체로 돌아가려는 의식

15) 응시(gaze)란 타자의 영역 속에 나에 의해 투사된 상상적이고 나르시스적 욕망이 시선이다. 그리하여 인간의 욕망이 타자에 대한 욕망인 한 그 타자는 항상 나의 욕망이 상실한 그 이상의 존재가 된다. 눈(eye)이란 상징계의 시선이고 의식의 시선인데 그것은 gaze를 억압하고 성립된다. 그것은 타자에 의해 보여짐을 인식하는 시선이다. A Leigh Deneef, Traherne in Dialogue Heideggar. Lacan and Derrida, Duke Univ. Press. 1988, pp.102~105 참조

(ego) 절멸의 욕구로 구체화되어 나타나기도 한다.

또한 그것은 나—거울속의 나(어머니 같은 타자)의 2자 관계를 파괴하고 아버지의 이름으로(의족을 담은 군용 장화) 자아 정립을 시키려는 상징계, 즉 큰 타자의 언술 체계에 대한 증오로 나타나기도 하면서 한국어 언술 체계의 기본 규칙인 띄어쓰기 위반을 일관되게 시도한다. 이런 '거울 시편'들의 분석을 통해 이상 시 텍스트를 생산하는 주체는 안정적으로 정립되어 있는 단일성 주체가 아니고 끝없이 자아 형성의 전제가 되는 상징적 질서를 파괴하고 와해되고 불안정화되어 가는 '과정중에 있는 주체'임이 밝혀진다.

그것을 통해 이상 텍스트 안에 그로테스크하게 되풀이되어 나타나는 자살 욕구, 의식 절멸의 모티프, 시각성를 부정하고 다른 육체적 감각이나 비천한 육체 모티프를 집요하게 탐색하는 것 등이 생산되는 발생적 원점을 알 수 있게 된다. 그것은 거울 단계를 거쳐 단일에고를 정립하기 위해 인간이 숙명적으로 진입해야 하는 상징적 질서, 즉 아버지의 이름에 의해 상실되어 버린 것(실재계)으로 되돌아가려는 무의식의 반란이면서 '어머니의 몸으로 돌아가기'의 기호계적 전략이다.

3장 <아버지의 이름과 큰 타나의 상징계>에서는 2장에서 이상 텍스트 속의 말하는 주체의 정체성 혹은 불안정성의 형성에 커다란 지배력을 끼치고 있는 것으로 나타났던 상징적 질서—아버지의 이름—큰 타자[16)]가 탐구된다. 시인으로서의 이상은 유고적 가부장적 이데올로기가 사회와 개인을 지배하고 있던 20세기 초에 태어나 모든 규범성과 사회적 제도에 대한 부정성의 기호적 에너지가 압도적으로 드러나는 모더니즘 문학의 세례를 받으며

16) 큰 타자는 대체로 다섯 가지로 분류된다. 1. 기표의 장소인 상징 언어 2. 상호 주체적 정신 분석 대화 3. 주체의 타자요 기표로 이루어진 무의식 4. 말의 진리성의 보장자로서의 제3자. 5. 남근 표상, 부권, 또는 그것을 대리하는 어머니, Lemaire 앞의 책 pp.243~244.

창작 생활을 했다.

세대적으로 그는 봉건/모던, 19세기/20세기 사이에 위치해 있었으며 유교에서 신적으로 옹호되는 가부장적 부권주의에 대해 회의적 입장, 가족주의적 봉건성에의 부정성을 보여 주고 있으면서도(텍스트 안에서 큰 타자의 언술 체계인 띄어쓰기를 위반한다거나 외래어 남용, 여러 가지 상징계를 위반하는 기호계적 배치에 의해), 동시에 유교적 가부장 이데올로기를 반영하는 상징적 질서, 큰 타자에 굉장히 종속되어 있음을 보여 준다.

상징계 위반과 아울러 상징계로의 종속이 텍스트 안에 모순적으로 배분되어 나타나는데, 그것은 말하는 주체가 상징계 안에 정립되어 있는 위치성을 보여 주며 그러면서도 동시에 무의식의 의미 작용에 의해 그 정체성이 도전받고 교란당하는 주체라는 것을 보여 준다. 그것은 말하는 주체의 필연적인 숙명성으로서 정립적 국면의 완결이 없으면 어떤 의미하는 실천도 가능하지 않기 때문이다.[17]

이상 텍스트에 나타나는 상징계는 오이디푸스 구조를 지닌 부권표상으로서의 아버지, 사회적 I. S. A.[18]로서의 봉건 가족주의로 표상되는 가부장적 조상들의 총체(시 <문벌>이나 <오감도 시제2호><육친> 등)로 나타나기도 하고, 그런 과거의 인물들과 사건들의 집합체인 '역사'로 나타나기도 하며「부모를 공경하고 네 이웃을 사랑하라」는 기독교적 사랑의 이념조차 자신을 억압하는 큰 타자의 상징계로 보여주고 있다.

---

17) Toril Moi(ed), The Kristeva Reader, Columbia Univ Press. 1986, p.114.

18) I. S. A.'s (Idealogical Status Apparatuese) : 알튀세의 용어로 한 사회를 구성하고 있는 모든 이데올로기의 그물망을 말한다. 학교, 제도, 국가, 종교 등 상징적 질서를 만들고 구성원들의 의식과 무의식을 지배하는 이데올로기적 지배소다. ISA는 주체의 정신적 지평선을 한정짓는다. 알튀세의 ISA는 라캉의 상징계와 같다. Morris, The Irrepessible Real: Jacques Lacan and poststructualism, Ira Konigsberg(ed..), American Criticism in the Poststructualist Age, Ann Arbor, 1981, pp.116~134.

또한 <주역>의 상징 체계 역시, 우주의 체계와 유교적 윤리와 음양의 기호 체계 안에 '하나의 시니피앙으로서 주체를 위치시키고 종속시키려는 문화적 무의식의 질서 체계로 보면서 그것에 '저항/순응, 정립/부정'하는 과정중에 있는 주체의 불안정성을 보인다.

<역단(易斷)>이라는 표제하에 쓰인 다섯 편의 연작시는 「인간이 시니피앙의 질서를 구성하는 주체가 아니라 시니피앙의 결과물이 주체」라는 것과 「나의 무의식은 타자들의 언술」이라는 라캉적 사고가 지배적으로 드러난다.

그래서 상징계 안의 시니피앙일 수 밖에 없는 A관계 안에서의 김해경이기를 거부하고 철저하게 거울 단계에서의 '이상적 에고'로서의 a관계 안에서의 이상으로 자기 낳기를 스스로 하고 있는데, 그것도 理想, 異常, 異相, 以上 등의 동음 이의어를 사용함으로써 끝없이 단일성 주체를 거부하고 시니피앙의 다의성이나 애매 모호성의 유희를 보여 줌으로써 투명한 코기토를 흐리고 주체의 안정된 정체성을 거부한다.

4장 <상징계적 언어를 파괴하는 기호적 코라의 의미 작용>에서는 그런 상징계에 대한 거부와 저항의 무의식의 의미 작용이 생산하고 있는 제노 텍스트, 즉 상징계 파괴의 텍스트적 장치들을 탐색한다.

기호적 코라는 상징계와 초월적 에고의 입장을 지지해 주는 통사나 문법적 질서를 위반함으로써 부단히 상징 언어의 틈을 파괴력과 부정성을 뚫고 나오는데 그것은 이상 텍스트에서 리듬, 어조, 구문 파괴, 또는 신탁시스를 파라탁시스로 만들기, 띄어쓰기 위반, 역설, 아이러니, 패러독스, 모순 어법, 숫자 기호나 기하학적 기호 사용으로 풍부하게 나타난다. 이상 텍스트의 리듬과 리듬적 구조에 특히 관심을 가져 보았는데 기호계적 코라가 리듬이나 소리 연쇄, 부단한 반복을 일으키는 충동 에너지의 방출

과 같은 운동성이기 때문이다.[19]

이 모든 것은 '강직한 일관성을 유지하는 신테그마는 초월적 자아를 위한 위치성을 제공하는 것'[20]으로서 부정되기 때문에 그 부정성이 생산하는 기호계적 배치다. 역설, 모순 어법, 반어는 주체가 이질 혼성적 모순성인 기호적 코라의 지배 아래서 기호계/상징계, 무의식/의식, 정립/부정 사이의 파쇄된 금 사이에 위치한 주체의 이질 혼성적 모순성을 보여주는 아포리아적 '시적 의장'이다.

그리고 숫자 기호나 기하학적 기호, 그래픽 디자인 사용, 그리고 활자들의 다양한 배치나 의성어 활용 등은 초월적 자아의 수호자인 통사를 약화시키고 문법적 규범을 해체하려는 기호계적 반란이면서 동시에 추상적 이성으로 시각의 체계를 세워 감각적으로 체험하는「자연적 현상 위에 군림하는 기하학의 우선성」을 세운 유클리드적 이성중심주의를 해체하기 위해 숫자적 기호들을 자신이 저항하고 해체해야 할 상징계적 대상으로서 사용하고 있기도 한다.

5장 <압젝션과 의미 작용의 육체>에서는 기관적 육체적 통일성으로서의 인간이 네 가지 상실을 겪으면서 상징적 질서 안에 진입하여 자기의 정체성을 정립하기까지의 단계적 국면에서 추방시켜야만 했던 몸, 즉 육체가 어떻게 텍스트 안에서 의미 작용을 하여 텍스트 생산을 하고 있는지가 탐색된다. 크리스테바는 상징계가 쫓아냈던(추방) 육체성들을 '비천한 몸들'이라고 명명하고,[21] 언어 습득을 통해 주체가 상징계 안에 집입하여 언표행위의 주체가 되기 위해서는 '깨끗하고 적절한 몸'이라는 개념 설정

---

19) Kristeva, The Revolution in Poeticlanguage, Columbia Univ. Press, 1984. pp.25~30 참조

20) Roudiez(ed..), p.136

21) John Fletcher and Andrew Benjamin(ed..), Abjection. Melancohlia and Death. Routledge Kegan Paul, 1990, pp.80~100 참조

이 필수적이라고 본다.

압젝션은 타자들이나 가사성, 그 성적 특수성이라는 주체성의 육체성에 대항하는 주체의 문화와 반란이다. 그러나 시인 이상은 상징계의 억압적 지배인 압젝션을 거부하고 주체성 속의 육체성이나 비천한 대상들, 시체들을 텍스트 안에 복귀시킴으로써 주체를 오이디푸스 이전, 사회화 이전, 전(前) 언어적인, 그리하여 전주체적인 상태로 되돌리려고 한다. 자신이 스스로 의식과 에고를 추방하려고 하는 것이다.

여기에서 다시 조각난 몸의 환상인, 라캉이 말한 태아화의 이미지들—육체 절단, 각혈의 피, 병을 앓는 폐, 하이얀 뼈 등—이 나타나고 '비천함'의 극치인 시체의 이미지가 등장할 뿐만 아니라 '자기 시체화'에의 강박적인 환상을 보인다. 이런 자기 시체화의 환상은 상징계가 그토록 추방시키려고 했던 '비천한 몸'이나 죽음 충동이 오히려 에고를 쫓아내 버린 경우다. 쫓아내야 할 '비천한 몸'이 에고를 쫓아내 버리고 육체는 에고에 대한 우월성을 기호계의 의미 작용을 통해 실천한다.

육체의 의미 작용은 이상 텍스트에서 '어머니의 몸으로 돌아가기'라는 상징계가 가장 금지했던 위반으로 나타나기도 한다. 잃어버린 대상으로서의 어머니가 아니고 어머니처럼 공생 관계를 이룰 수 있는, 상상적 합일을 줄 수 있는 여성들로 향한다.

<나—아내> 시편들에서 그것은 유교적 이데올로기인 남녀 유별, 부부 유별, 정조 관념 등과 같은 상징계의 개입으로 이루어지지 않는다. 그리하여 '나—아내'의 관계는 끝끝내 부축할 수 없는 절름발이, 영원한 두통으로 기호화되지만 매춘부나 창녀들은 상징계에서 쫓겨난 비천함이면서 동시에 스스로 상징계를 폐기한 '기호계의 여인들'이기 때문에 '어머니의 몸'처럼 태초의 합일성을 주지만 에고를 흡착한다. 에고의 감소 표시로 초현실주의적이고 카니발적 언술이 탐구된다. 기하학적 기호와 압젝션의 문제

도 성(性)과 연관되어 탐구된다.

결국 육체를 추방하는 순수 추상의 기하학적 기호가 상징계에서 가장 강력하게 추방되는 비천한 대상인 성적 기관들과 전복적 연관을 맺는다는 의미에서 (기호적 코라의 상징계로의 침투는) 이상 텍스트에 작용하는 육체성의 의미 작용의 극점이라고 보여진다.

본고는 이러한 범주 안에서 진행되며 결국 본고를 이루는 중심저 항목을 요약하면 ① 거울 단계와 주체 형성의 문제, ② 아버지의 이름(상징계), ③ 텍스트 해체, ④ 어머니의 몸(기호계)의 네 가지 요소가 된다. 즉 이상 텍스트 생산의 발생적 구조를 필자는 '아버지의 이름을 부수고 어머니의 몸으로 돌아가기(상징계의 기호계화)'라는 명제로 가정한다.

따라서 이 논문은 ① 거울 단계에서 에고가 정립되는 순간을 되풀이 극화하면서 에고의 정립을 허물기→② 아버지의 이름을 부수기→③ 텍스트 해체의 다양한 전략들→④ 어머니의 몸으로 돌아가기라는 방향성을 가지고 전개된다.

그러나 이 발생적 구조는 이상 텍스트 생산에서 일회적 선후관계로 고정되는 것이 아니고 끝없이 빙빙 돌면서 뫼비우스띠와 같은 꼬임의 순환체계를 가지고 텍스트 생산에 참여한다. ④어머니의 몸은 미분리의 흡착이나 미정형 상태의 전 주체고 에고의 죽음이기 때문에 거기에 지속적으로 머무르기는 불가능하다. 그래서 다시 에고 형성의 거울 단계로 시인은 나아가게 되고 ①에서 ④로 나아갔다가 다시 ④에서 ①로 빙빙 도는 순환 체계가 이상 시 텍스트를 생산하는 발생적 구조다.

그러므로 말하는 주체는 상징계적이고 기호계적이며, 과정중에 있고, ①에서 ④로, ④에서 ①로 빙빙 도는 순환 궤도의 어느 한 지점에서 시인 이상의 각 텍스트는 생산되고 있다고 필자는 본다. 따라서 이상 시 텍스트를 생산하는 이 네가지 요소는 이 논문의 중심요소가 되며 2장에서는 주체 형성과 거울 단계, 3장에서는 아버지의 이름, 4장에서는 텍스트 해체, 5장에서는 어머니의 몸으로 돌아가기가 순차적으로 자세히 다루어졌다.

4. 에고의 해체와 대칭점 구하기의 언어들

바로 이러한 과정을 총체적으로 보여 주고 있는 것이 그의 소설텍스트 <날개>다. <날개>는 이 거울 단계의 플롯이 전(全)과 정적으로 구체화되어 나타나는 텍스트면서 이상의 궁극적 욕망인 아버지의 이름을 부수고 어머니의 몸으로 돌아가기라는 욕망이 현실화된 코라 공간 안에서부터 시작되고 있다고 보여진다. 「33번지 18가구 일곱 번째 방」은 상징계가 거의 감소된 공간이다. 오직 이 번지수만 이 상징계의 표상의 흔적이다.

안해의 방/나의 방은 성적 정체성이 흐려진 대립 구조를 가지고 있는데 상징적 질서가 흐려지고 감소되면 성적 정체성도 흐려진다는 것은 앞에서 여러 번 밝힌바 있다. 아내 방은 햇빛이 비치는(陽) 윗방(上)이고, 나의 방은 어둠침침한(陰) 아랫방(下)이다. 이것은 문화적 상징계를 전복시킨 관계다.

나는 시도 써보고 논문도 써보려 하나(언어-상징적 질서) 그것은 내 방안에서 「비누 거품처럼」녹아 버리고, 나는 「세상에 이렇게 나를 위해 적당한 방」, 원초적 어머니의 몸과 같은 기호적 코라의 공간에서 잠만 잔다. 이상이 끝없이 욕망하는 의식 절멸—기호적 코라로 돌아가기다. 그러나 '어머니의 몸'과의 합일은 태아화의 희열을 주지만 자아를 삼키는 무서운 공포의 어머니다. 주체도 없고 대상도 없는 미분리의 코라 공간은 상징계의 기능인자인 언어를 녹여 버리는 것이다.

주체는 언어와 오이디푸스적 시나리오에 의해 주체성을 정립하고 따라서 성적 정체성도 확립하게 되는 것인데(그/그녀), 이 기호적 코라 공간은 미분리이기 때문에 문화의 알파벳과 함께 성적 알파벳이 흐려진다. 최초의 상실 이전 양성 존재로 그는 태아화된 것이다. 그러나 이런 코라 공간은 의식 절멸—잠—행복한 충만—죽음이기 때문에 인간은 타자와의 최소한의 교환을 가져야 한다.

장지문 건너 윗방—그 방은 상상계의 공간이다. 거기에서 주체는 거울 놀이를 통해 자신을 보고 여러 가지 작은 타자들(objet petita)을 대상으로 자신의 상실을 보상받으려 한다. 그러나 상상계의 큰 타자인 아내는, 이 주체를 나르시시즘적으로 반영해 주지 않는다. a가 나를 완전히 충만시켜 주지 못하므로 나에겐 작은 타자들이 필요한 것이다.

최초의 대상과의 합일 실패가 소외, 결핍을 강화시킨다. 아내 방은 거울이 있고 교환이 있는 장소인데, 그러나 그 교환은 상징적 질서 안에서의 교환이 아니다. 안해는 L도표에서 자신의 정체성을 확립시킨 상징계적 존재가 아니라 육체를 교환하며 사는 기호계의 여인이기 때문에 아내와의 교환은 상징적 질서 안에 자신을 진입시키는 것과는 상관이 없다. 성의 교환 구조와 돈의 교환 구조를 모르는 것이 그 대표적 예이다.

그 대신 '응시'가 있다. 응시를 통해 주체는 내객들과 자신을 나르시시즘적으로 동일시하고 있다. 상징계적 도덕 관념과 그가 무관한 것은 상상계적 부정적 요인인 오인 때문이다. 오인은 그 타자가 자신인 줄 아는 미분리의 나르시시즘적 도취, 즉 '응시' 때문에 발생한다. 아내 역시 결핍은 있지만 타자이다. 응시는 그러나 눈에 의해 깨어진다.

> 나는 내 방으로 가려면 아내 방을 통과하지 아니하면 안 될 것을 알고 아내에게 내객이 있나 없나를 걱정하면서 미닫이 앞에서 좀 거북살스럽게 기침을 한 번 했더니 이것은 참 또 너무 암상스럽게 미닫이가 열리면서 아내의 얼굴과 그 등뒤에 낯설은 남자의 얼굴이 이 쪽을 내다보는 것이다. 나는 별안간 내어쏟아지는 불

빛에 눈이 부셔서 좀 머뭇머뭇했다.

—<날개> 중에서

내객의 눈은 나의 응시를 차단하고 상상계 안의 오인으로서의 나르시시즘적 동일시를 파괴하는, 상징계의 눈이다. 내객의 눈에 의해 '보여짐'으로써 그는 상징계의 시선에 의해 침투된다. 응시만 있고 보여짐이 없는 단계가 상상계, 즉 반영 단계라면 이제 스스로가 타자에 의해 보여지고 있음을 뒤늦게 깨닫는 단계, 즉 상징계에 들어서면 응시는 억압되고 '보여짐'이라는 의식의 시선이 생긴다.

이런 거울 단계의 플롯에 따라 상징계의 눈, 즉 타자의 눈에 노출되어 타자들의 상징적 질서 안에 진입하게 된 그는 이제 돈을 쓰는 쾌감을 알게 되고 아내에게도 돈을 주고 매춘하고, 경성역 티룸까지 가서 차를 마신다. 상징계 안의 질서, 즉 '주체는 시니피앙의 원인이 아니라 결과라는 것'을 받아들인 이상 그는 돈이라는 시니피앙의 교환 체계에도 참여하게 되고 사회적 공간으로 진입할 수 있게 된 것이다.

그러나 '아스피린·아달린'을 발견하고 기호계적 여성인 아내가 상징적 질서로 점차 진입해 나가려는 주체를 살해하고 마취시키려고 했던 것을 알게 된다. 반영 단계로서의 상상계가 여지없이 깨어지는 순간은「아내의 모가지가 벼락처럼 떨어진다」로 나타난다. 분열의 금이 완성되는 순간이다. 상상계가 완전히 파괴되고 기호적 코라 공간에서의 나의 태아화도 부서지면서 이제야 자신의 정체성이 정립된다.

「우리 부부는 숙명적으로 발이 맞지 않는 절름발이다. 로직을 붙일 필요는 없다.」 이는 중요한 정립의 순간이다. 상상계의 2자 관계가 깨어지고 그는 상상적 질서의 진입을 받아 반영적 나에게 사회적 나로 정립된다.

'날개—인공의 날개'는 a'의 아름다운, 나르시시즘적 이상적 나의 비상이다. 상징계의 억압 아래 종속적인 시니피앙으로서의 나가 아니고, 상징계의 구성을 받으면서도(인공의), 맑은 의식으로서의 에고가 형성된, 상상계의 긍정적 측면과 상징계의 조화를 이룬 나의 비상에 대한 욕망의 선언이거나 또는 '실재계—상상계—상징계'의 플롯에 얽매여 주체를 구성할 수밖에 없는 이 인간 주체성의 형성문법이 지배하는 사상을 떠나고 싶다는 탈인간의 욕망으로 읽히기도 한다.

시 텍스트 안에서는 주체를 박제화시키는 기능으로 상징계의 큰 타자를 탐색했었는데 「박제가 되어 버린 천재를 아시오?」에서는 기호적 코라와 상상계적 반영 단계에 있는 타자 역시 나의 에고를 박제화시키는 무서운 공포로 보고 있다는 것이 <날개>에서 진술된다. 상상계든 상징계든 기호적 코라(거울 이전 단계)는 에고를 살해할 수 있는 무서운 공포라는 것을 <날개>는 종합적으로 집대성해 놓고 있다.

<날개> 안에 잘 드러나고 있는 이런 거울 단계의 플롯은 '실재계—상상계—상징계'들의 다양한 변화의 모습 어느 한 지점에 말하는 주체를 위치시킬 때, 시 텍스트의 다양한 변이들을 낳게 된다. 이상은 평생 동안 이 거울 단계의 플롯에 사로잡혀 있었으며 그의 전체 텍스트는 이런 주체 형성의 플롯에 의해 또는 그것을 부정하고 그에 반란하는 파괴의 문법에 의해서 생산되는 것으로 보인다.

또 아버지의 이름 속에 진입한 후에야 얻게 되는 '단일 에고'를 분쇄하고 주체 형성 이정의 거울 이전 단계로 계속 되돌아가려고 하기 때문에 「생활에 면허가 없는 욱의 눈에 매춘부와 성모의 구별은 어려웠다」라거나 「죽지 못하는 실망과 살지 못하는 복수—이 속에서 호흡을 계속할 것이다.」라는 모순적 발언이 생산된다. 생활의 면허라는 것이 상징계적 에고의 권력이기 때문이다.

「네가 세상에 그 어떠한 것을 알고자 할 때에는 우선 네가 먼저 그것에 대하여 생각해 보아라. 그런 다음에 너는 그 첫 번 해답의 대칭점을 수한다면 그것은 최후의 정확한 해답일 것이니」라고 '대칭점 구하기(이면을 바라보기)'를 <12월 12일>에서 주장한다.

'대칭점 구하기'는 상상계의 특성이고 거울 비추기고 전도시키기고, 되집기다. 이런 대칭점 구하기는 에고의 절대성을 상대화, 이중화시키는 것이고 의미의 단일성을 분쇄하고 양의성, 다의성을 생산하는 것이기에 끝없는 아포리아의 길을 그에게 열어 준다. 그의 지성은 그런 반지성과 항상 손을 잡고 있다. 마치 상징계와 기호계의 두 가지 언어에 똑같이 귀를 기울이고 있는 것처럼. 그것이 바로 뫼비우스의 길이다.

조르쟁은 라캉의 무의식 구조를 뫼비우스의 띠에 비유하고 있다. 상상/상징, 투사/투입, 이상적 자아/자아의 이상, 나르시스적 환상/법과 질서의 복종 등 ①이 모든 이질적 모순성들이 뒤틀린 허리띠처럼 묶여져 순환 체계를 형성하여 중심점이 없다. ②상상적인 것과 상징적인 것이 띠의 두 끝처럼 겹쳐져 있고 동시에 구분되어 있다. ③인간의 사유는 다람쥐 쳇바퀴 돌 듯 언제나 같은 방식으로 전면에서 이면으로 또 바꿔 가면서 돌고 돈다.

이상은 이런 뫼비우스의 띠와 같은 무의식 구조를 따라 빙빙 돌면서 서론에서 말했던 ①→④와 ④→①의 순환 체계 안에서 텍스트를 생산하고 있다. 그래서 그에겐 뚫린 골목과 막다른 골목이 같고 처녀와 창녀가 같고 무서운 아해와 무서워하는 아해가 같고 질주하는 것과 질주하지 아니하는 것이 같다. 아버지의 이름이 욕망과 끝없는 술래잡기를 하는 자리에서 이상 텍스트는 무의식 안에 있는 부정성의 의미 작용으로 생산된다.

「나는24歲 나도어머니가나를낳으시드키무엇인가를낳아야겠다고생각하는것이었다.」 상징계 안에서 여성의 육체가 완전히 압젝섣당하지 않는 이유는 생산에 있다. 시인 이상은, 성적 정체성도 자주 흐려지지만 상징계안에서 압젝섣당하거나 박제화되지 않기 위해 텍스트적 실천을, 기호화하는 과정을 생산하고 있는 것처럼 보인다.

크리스테바는 텍스트적 실천과 사회 정치적 혁명들을 등가적인 것으로 보고 있다.「사회의 지배 계급이나 지배적 이데올로기는 언제나 인간의 내부 안에 깃든 부정성이나 이질 혼성적 충돌들을 재갈을 물려 억압하면서 허구적인 통합성이나 예속으로서의 안정성을 주체가 항상 누리도록 하는 환상을 보급한다. 사회적 구조를 과격하게 변형시키려는 혁명적 실천이나 정치적 행동은 텍스트를 생산하며 기호화하는 실천들과 똑같은 과정들을 가진다. 기호화하는 실천은 권위주의적 담론이나 특정한 테재들을 전복시키기 위해 먼저 본능적 리듬으로 시작하여 어휘적, 통사론적 변화를 만들고 기호화하는 연쇄의 투명성을 방해하면서 그 생산의 물질적 용광로를 찢어서 열어 놓는다. 이런 텍스트적 실천은 단일 의미를 부정하고 변형과 전복의 용솟음 속에 사람들을 내포시킨다. 단일성을 분쇄하고 테제들을 위치시켰다 자리 바꿈시키기 때문에 텍스트는 그 이질 혼성성 안에서 부인의 메커니즘을 탐색할 수 있는 것이다.」[22]

이런 부정성의 말하는 과정, 부정성의 말하는 실천을 통해 이상은 상징계에 구멍을 내고 그 안에서「어머니가나를낳으시드키」 혁명적 실천과 마찬가지인 텍스트 생산을 하였다.

그러면서도 이상은 자기 시대 자기 사회의 모든 I. S. A's들의 억압을 누구보다도 민감하게 느끼면서도 그것에 종속되는 주체이기를 거부했다. '아버지의 이름'이 자신에게 이름 짓기를 통해 부여한 시니피앙(김해경)까지를 거부하면서 그는 자기 시대의 모든 상징적 질서와의 봉합을 거부했다. 그에게 봉합이 있었다면

22) Kristeva, 1984, pp.178~181 참조.

언에 체계, 즉 타자들의 언술 체계를 받아들여 혁명적 실천과도 같은 텍스트적 실천을 하였다는 것뿐이었다. 그러나 그 봉합 고리 역시 기호적 코라의 폭력으로 가득 찬 위반적인 것이었으니 그는 항상 한국어 기술의 기본 규칙인 띄어쓰기를 범하면서 언어적 혁명을 생산하고 있지 않았던가.

롤랑 바르트가 크리스테바에 대해 「그녀는 나의 '생산품의 기호론'을 '생산의 기호학'으로 변형시켜 주었다」라고 말한 것처럼 그녀의 정신 분석학적 기호학, 혹은 기호 분석학은 문학 작품을 닫힌, 통합된, 안정된 가공품으로 읽는 구조주의적 시각을 극복할 수 있는 열린 시각을 제공해 주었다. 말하는 주체는 살아 있는 몸 속에서 말하는 주체이고, 또한 그 주체는 사회적, 역사적, 가족적, 문화적 환경 안에 위치한 주체다.

이런 '말하는 주체' 연구는 그동안 기호학적 문학 연구에서 배제해 버렸던 특정 시대, 특정 사회 속의 시인을 텍스트 안에 다시 복원시키고 기호계라고 불리는 무의식이 텍스트 생산에 어떤 의미 작용을 하고 있는가를 밝힌다는 점에서도 앞으로의 문학 연구 분야에서 구조주의의 폐쇄적 경직성을 극복하면서 총체적이고도 심층적인 탐색의 역할을 폭 넓게 해나갈 수 있으리라 믿는다.

수심을 몰랐던 나비

김 윤 식

1

이상에 있어 동경이 종착역이라는 사실은 아무리 강조되어도 지나침이 없다. 대일본 제국의 수도이자, 상해(上海)를 빼면 동양속의 최신 현대 도시 공경에서 실제로 그가 죽었다는 사실과, 그의 죽음의 상징적 의미 어느 쪽을 보아서도 동경에서의 죽음은 종착역의 뜻을 갖추고 있다. 그는 살아 돌아올 수 없는 여행을 떠났던 것인데, 이 사실은 한국 문학상에서의 모더니즘 운동의 상징적인 장례식이라 불러도 좋을 만큼 현란하고 비장한 모습을 띠고 있어 인상적이다.

동경이란 무엇인가를 물을 때, 우리는 먼저 동경에 이르는 길을 묻지 않을 수 없다. 서울과 동경 사이에는 현해탄이 가로놓여 있었는데, 그것은 현실적인 바다이자 금단(禁斷)의 바다기도 하였다. 망각의 강처럼 그 강은 건너면 죽게 되어 있는 것이다. 이것을 운명이라 볼 줄 아는 슬기가 없이는 한국 모더니즘 문학 운동의 저 기괴하고도 참담한 몸짓은 이해되지 않는다.

현해탄을 건너는 나비떼

한편 현해탄을 건너간 나비 한 마리는 어떻게 되었는가.

「나비가 한 마리 현해탄을 건너갔다.」

그 나비의 이름이 이상이었고, 그의 정박지는 동경역에서 도보로 15분 거리에 있는 신전구(神田區) 신보정 3정목 101의 4의 2층방이었다. 대륙 대련에서 거센 흐름, 추위, 대륙적 크기의 힘을 지닌 달단 해협을 건넌 나비에 비할 때, 반도의 나비는 지나치게 갸날픈 날개를 갖추고 있었다. 이 나비의 가슴에서는 일찍이 결핵균이 붉은 십자가를 세우며, 가브리엘 천사균이라는 이름으로 자주 오줌을 쌌지만, 그 때문에 가냘픈 날개를 지녔던 것은 아니다. 반도적 성격에서 운명적으로 가냘픈 날개를 지녔던 것이다. 그가 '아당만세(我黨萬歲)'라 하고, 구인회를 압축시켜 단 한 사람의 인격체로 통일해 모인 동북재대 법문학부(영문학 전공) 출신 김기림이야말로 이 나비의 날개의 기능을 정확히 꿰뚫어 보고 있었다.

김기림의 날개 인식은 한국 모더니즘 문학의 정상과 한계를 한꺼번에 보여 준 것이어서 인상적이다.

> 아무도 그에게 수심을 일러준 일이 없기에
> 흰 나비는 도무지 바다가 무섭지 않다.
>
> 청무우밭인가 해서 나려갔다가는
> 어린 날개가 물결에 젖어서
> 공주처럼 지쳐서 돌아온다.
>
> 3월달 바다가 꽃이 피지 않아서 서글픈
> 나비 허리에 새파란 초생달이 시리다.[1)]

이를 두고 이양하는 스펜더의 앞서 보인 <바다 풍경>과 한자리에 놓고 말할 것은 되지 못할 것이다. 바다 위를 나는 나비의 아름다운 이미지를 우리 시에 더하였음에는 틀림없다고 평가한 바 있지만[2] 우리의 관심은 이 시가 현해탄을 건너간 한국산 나비임을 확인함에 있다. '흰' 나비 한 마리였다는 점과 청무우밭인가 해서 바다를 향해 나아간 점에서도 그러하지만, 이 나비는 결국 바다를 건너지 못하고 지쳐 돌아온다는 점에서도 그러하다.

현해탄이라는 해협 개념을 갖지 않는 나비였기 때문에 바다에 익사하지 못하고 되돌아온다. 되돌아옴이란 죽음과 같은 개념이 아니고 애처로움의 개념이다. 이상의 동경에서의 죽음은 애처로움이다. 현해탄을 건너지 말아야 했던 한 마리 흰 나비, 그것이 이상이었다.

그런데, 그는 감히 현해탄을 건너, 동경에까지 날아갔다. 이미 그 비상은 나비의 비상이 아니었다. 현해탄을 건너기 전인 서울에서, 부산에서, 또 어딘가에서 멈추어야 했다. 그럼에도 동경까지 간 것은 날개의 힘이 아니다. 그러니까 그는 이미 나비가 아니었다. 나비가 아닌 흰 나비, 그것은 모순이고 착각이다. 번데기에 지나지 않았다. 청무우밭인가 하고 바다를 착각했다가 곧 깨닫고 되돌아왔다면 문제는 간단했겠지만, 이 나비는 그렇지 못하였다.

여기까지 이르면 우리는 현해탄을 건너간 무수한 나비떼를 연상하지 않으면 안 되게 되어 있다. 한국의 근대 문학이라든가 모더니즘이란 많건 적건 알게 모르게 현해탄을 건너간 나비떼에 의해 일구어졌고 펼쳐진 것이다.

「나비가 한 마리 현해탄을 건너갔다.」

이 명제는 한국 근대 문학의 운명과도 같다. 그 나비떼의 유형

---

1) 김기림, <바다와 나비>, 《여성》, 1939. 4, p.18
2) 《이양하 교수 추념문집》, 1964. p.65 참조

을 세 가지로 들어보기로 한다.

(가) 그의 발 밑
하늘보다도 푸른 바다,
태양이 기름처럼 풀려,
뱃전을 치고 뒤로 흘러 가니,
옷깃이 머리칼처럼 바람에 흩날린다.

아마 그는
일본 열도의 긴 그림자를 바라보는 게다.
흰 얼굴에는 분명히
가슴의 로맨티시즘이 물결치고 있다.

예술, 학문, 움직일 수 없는 진리……
그의 꿈꾸는 사상이 높다랗게 굽이치는 동경,
모든 것을 배워 모든 것을 익혀,
다시 이 바다 물결 위에 올랐을 때,

나는 슬픈 고향의 한 밤,
홰보다도 밝게 타는 별이 되리라.
청년의 가슴을 바다보다 더 설레었다.

(……)

삼등 선실 밑
똥그란 유리창을 내다보고 내다보고,
손가락을 입으로 깨물을 때,
깊은 바다의 검푸른 물결이 왈칵
해일처럼 그의 가슴에 넘쳤다.

오오 해협의 낭만주의여![3)]

(나) 포탄으로 뚫은 듯 동그란 선창으로

---

3) 임화, <해협의 로맨티시즘>, 《현해탄》, 동광당서점, 1938, pp.140~146

눈섶까지 부풀어 오른 수평이 엿보고,

하늘이 함폭 나려 앉어
크악한 암탉처럼 품고 있다.

투명한 어족이 행렬하는 위치에
홋하게 차지한 나의 자리여!

망토 깃에 속은 귀는 소라 속같이
소란한 무인도의 각적을 불고—

해협 오전 2시의 고독은 오롯한 원광을 쓰다.
서러울 리 없는 눈물을 소녀처럼 짓자.

나의 청춘은 나의 조국!
다음날 항구의 개인 날세여!

항해는 정히 연애처럼 비등하고
이제 어드메쯤 한밤의 태양이 피어오른다.[4)]

(가)(나)는 30년대를 앞뒤로 한 식민지의 유학생들이 종주국과 식민지의 중간에 놓여 있는 해협 현해탄을 건널 때 갖는 마음의 자세, 이른바 시인이 갖는 어조(tone)를 말해 주고 있다.

시인이 자기 자신에게 갖는 어조, 자기 동족에게, 조국에게 갖는 어조가 겹쳐 있음은 너무도 당연한 일이다. 그런데 (가)에서는 그 어조가 아무리 거세고 힘있어도 한갓 해협의 낭만주의, 고쳐 말해 연락선, 바다, 학생 신분, 학문, 열정, 야망 등이 뒤엉켜 만들어진 일종의 낭만주의적 분위기에 지나지 않았음을 특징으로 한다.

시인의 결의는 실로 대단하다. 적도 동경이란 식민지 출신 유학생에겐 어떻게 보였던가. 모든 것의 가능성으로 보이지 않았던가.

---

4) 정지용, 《정지용시집》, 시문학사, 1935, pp.22~23.

> 예술, 학문, 움직일 수 없는 진리……/그의 꿈꾸는 사상이 높다랗게 굽이치는 동경

이 사실을 그대로 긍정하는 일을 떠나면 근대 문학의 성격을 말하기 어려우며, 특히 모더니즘 문학 운동의 표정을 살필 수 없게 된다. 임화에 있어 동경은 근대를 규정하는 본질(예술, 학문, 움직일 수 없는 진리)이었고, 여기에 대한 의심은 아예 있지 았았다. 그리고, 이것만 배우면 조국의 어둠은 물러날 수 있다. 이것을 배운 자는 모름지기 고향의 어둠을 밝히는 '횃불'이어야 했다. 이것을 바로 저 우리 문학사에서 악명 높은 '이식 문학론'의 근거를 이루고 있다.[5]

임화의 경우 동경은 근대라는 것의 본질이 펼쳐져 있는 상품 시장이랄까 교육 장소와도 같은 공간이었다. 이 문화적·역사적, 무엇보다도 '사상적 공간'이 동경이라 믿고 의심하지 않는 사고 유형에서 '이식 문학론'이 나왔다.

이식 문화론이란 무엇인가. 한국 근대 문학이란「일본의 명치(明治)·대정(大正)기의 문학 및 문화의 이식이다」라는 명제가 그것이다. '사상의 공간' 동경에서 배운 그 사상이 동경과 일본 제국을 폭파할 수 있는 열쇠의 일종이거나 그 실마리라는 생각이야말로 근대적 성격을 잘 말해 주는 것이다. 근대란, 이 경우 제도적 장치의 일종이고, 그 이상도 이하도 아니라는 관점에 서기 때문이다. 군사 제도, 우편 제도, 철도 제도, 교육 제도 등의 도입에서 비롯된 근대란 그 자체가 가치 중립적인 것이다. 그런 제도가 우리의 의식을 변화시키고 규정하는 비중이 훨씬 큰 만큼, 거기에서 무슨 이데올로기를 가르치고 운용하든 그것은 제2차적 의미밖에 없다.

---

5) 김윤식, <이식문학론비판>, 《역사와 문학》, 제1호, 1987 참조.

학교 교사가 학생들에게 민족주의를 주입시켰다고 해서 그들이 독립투사가 된다고 생각하는 것은 어리석다. 그들에게 사고하는 힘, 객관적인 논리만 가르치는 저절로 그들은 자기의 가장 올바른 길을 갈 수 있는 것, 그것이 제도가 낳은 힘의 근원이며, 이것을 근대적 성격이라 부를 수 있을 것이다.

임화의 이식 문학론은, 이러한 의미의 근대적 성격에 부분적으로만 적용되는 것이라 평가된다. 그는 근대를 이데올로기적 측면에서만 보았고, 그것이 가치 중립적 성격임을 알지 못했던 것이다. 이식 문학론의 한계가 여기에서 왔다. 동경이 '사상의 공간'임을 제대로 파악은 했으나, 그 사상을 자기의 주체적인 것에 일방적으로 연결시켜, 그 중간항을 없앴을 때 그는 쓰러지지 않으면 안 되었다.

물론 거기까지 이르는 과정에서 그가 밟고 간 자취는 흥미로운 바있다. 다다이즘에서 출발, 아나키즘 단계를 거쳐, 마르크스주의에로 그의 문학이 옮겨간 것이 항상 중간항을 없애 가는 과정이었다. 임화는 상상한 기간 동안 모더니스였고, 어떤 의미에서는 본질적으로 모더니즘에서 못 벗어난 시인이었다. '해협의 낭만주의자'는 끝내, 낭만주의자로 남지 않으면 안 되었는데, 그것은 우리 문학의 '현해탄 콤플렉스'라 규정될 수 있는 성격이다.

구인회의 중심 분자의 한 사람인 (나) 정지용의 현해탄 콤플렉스는 어떠한가. 이런 물음은 임화 쪽과 비교할 때 좀 더 뚜렷해질 것이다. 정지용에 있어 동경은 사상의 공간이 아니라 '감각의 공간'이었다. 그가 배운 동지사대학(同知社大學)의 성격과 이 문제가 결코 무관하지 않을 것이다.[6] 그는 경도(京都)에서 배웠으며, 미션계 대학에서, 그것도 W. 블레이크를 전공한 영문학도였다. 경도의 지적 분위기란 무엇인가. 종교적인 미의식과, 평안조

6) 김윤식, <카톨릭시즘과 미의식>, 《한국근대문학사상사》, 한길사, 1984 참조.

(平安朝) 천년 고도의 세련된 감각과, 찻집 '로빈'의 제비새끼 같은 단발한 소녀들의 경쾌한 표정들이 빚어낸 생활 공간이라 할 수 있다.

이 공간에서 식민지 유학생인 그는 압천(鴨川)을 거닐며, 조선인 노동자들의 유랑민적 삶의 모습을 관찰하고 도도한 우월감에 빠지기도 하고, 경도의 고도로 세련된 색깔에 반하기도 하면서, 한 마리 말(馬)이라 자처하였다. 《동지사문학》에 일본말로 쓴 시 <말・1, 2>를 발표할 만큼 그는 언어의 자질이 있었는데 그 자질은 그가 낯선 도시 경도의 문화적 감도에 압도되어 당황하고 있는 한 마리 말이었기 때문이었다.

> 바다가 치마폭 잔주름을 잡어 온다.
> 「형제여, 내가 부끄러운 데를 싸매었으니
> 그대는 코를 불으라」[7]

정지용에 있어 경도가 '감각적 공간'이라 할 때 그 감각이란 어디까지나 원시적・본능적인 범주에서 벗어나지 못한다. 경도에서 그가 파악할 수 있는 감각이란 사상도 문화도 역사도 종교도 아니었고, '도피로서의 공간'으로 설정된 동경은 달리 말하면 중도적인 위치에 놓은 공간이다. 김기림은 동경이 무서워 고개를 숙이고 지나쳤다. 청무우밭인가 해서 멋도 모르고 날아갔다가 바다의 아득함, 위대함, 험악함, 견고함을 알고 공중처럼 지쳐 되돌아오는 나비의 생리를 그는 간파하고 있었다. 나비에게 수심을 가르쳐 준 것은 제국대학이고 근대였다. 이런 점에서 김기림은 모더니스트지만, 그가 그 수심을 안 뒤엔 어김없는 리얼리스트였다.

수심을 모르고 덤빈 한 마리의 나비가 현해탄을 건너가고 있다. 이상이 그다. 이상에게 아무도 현해탄의 수심을, 근대의 본

---

7) 정지용, <말・1>, 앞 책, p.80.

질, 자본주의의 생리, 동경의 위대함, 깊이, 위험성을 가르쳐 주지 않았다. 그는 식민지의 토종들이 길가에서 죽 늘어 앉아 '똥누기 시합'을 하고 있는 서울에서 제법 모던 보이라 자처하였다. 가소로운 일이었다. 호박을 안고 가는 시골 소년을 두고 그는 「럭비공을 안고 뛴다」고 표현하고 그 모던한 수사학에 스스로도 놀라곤 했다. 활동 사진을 처음 보는 시골 사람들을 두고 「축음기 앞에 기를 기웃거리는 북극 펭귄새」라고 읊었다. 그러나, 이러한 손재주란 기껏해야 식민지 토종 아이들이 '똥누기 시합'에 지나지 않았다. 그 아이들 중 똥이 나오지 않아 낭패해 하는 '한 아이'가 이상이었다. 그에게 아무도 바다의 수심을 알려 주지 않았기 때문이다.

수심을 모르는 나비 한 마리가 현해탄을 건넜다. 이 나비는 하도 별란 나비인 만큼 누가 설사 수심을 가르쳐 준다 해도 절대로 믿지 않았을 것이다. 그만큼 이 나비는 무지하고도 우둔하였다. 그는 그의 본능만을 믿고, 그의 판단만을 믿는 특이한 습성을 갖추고 있었다. 이것이 비극의 근원이다. 누구의 가르침도 거부한다는 것은, 말을 바꾸면 그의 본능에 따른다는 뜻이기도 하다. 이 나비는 귀머거리자 눈먼장님이다. 박쥐 모양 본능에 따라 곡선 비행을 할 수밖에 없다. 수심을 그는 본능으로 파악해야 했는데, 이를 온몸으로 부딪치는 행위라 부를 수 없을까.

동경 한복판 하숙방에서 이 나비는 성천이라는 시골, 조선이라는 식민지의 똥누기 시합을 회상하지 않을 수 없었다. 성천이라는 시골에서 그는 그를 둘러싼 크고 작음 없는 어둠을 즐기고 있었다. 그것은 불을 향한 본능이었다. 그러기에 1936년 12월 19일 새벽, 그러니까 가의 <종생기(終生幾)>를 쓴 지 한 달 뒤에 이렇게 썼다.

> 불나비가 달려들어 불을 끈다. 불나비는 죽었든지 火傷을 입었

> 으리라. 그러나 불나비라는 놈은 사는 方法을 아는 놈이다. 불을 보면 뛰어들 줄 알고—平常에 불을 憔燥히 찾아다닐 줄도 아는 情熱의 生物이니 말이다.
> 그러나 여기 어디 불을 찾으려는 情熱이 있으며 뛰어들 불이 있느냐. 없다. 나에게는 아무것도 없고 아무것도 없는 내 눈에는 아무것도 보이지 않는다.8)

본능에 따라 부나비의 생리대로 현해탄을 건넌 한 마리의 나비가 이상이다. 이상에 있어 동경은 그러니까 '불의 공간'이었다.

그러나 막상 동경에 와 보니 불은 없고 태양은 어느새 암흑으로 바뀌어 있었고, 동경 바닥은 폐허였고 부지깽이 같은 철골이 여기저기 흩어져 있었고 사람들은 지하철 속에 두더쥐처럼 스며다니고, 두개골 같은 '이태백이 노던 달'이 밤의 은좌(銀座) 하늘에 걸려 있었다.

이 순간, 한 마리의 나비가 할 수 있는 길은 무엇인가. 다시 말해 생존할 수 있는 생물적 규칙은 무엇이었을까. 일목요연하다. 번데기로 변신하는 길이다.

> 아—그러나 인제는 다 틀렸다. 봐라. 내 팔. 皮骨이 相接. 아야아야. 웃어야 할 터인데 筋肉이 없다. 울려야 筋肉이 없다. 나는 形骸다. 나—라는 正體는 누가 잉크짓는 약으로 지워 버렸다. 나는 오직 내 痕迹일 따름이다.9)

나비는 번데기가 되어, 고정된다. 「잉크짓는 약으로 지워 버린 흔적」으로 고정화된다. 이런 생리적 변화는 죽음인가 동면인가. 둘 다이다. 번데기는 자기의 생리를 극복하고 다시 나비로 변신할 수 있다. 흔적은 경우에 따라 복원할 수 있다. 만일 우리가

8) <권태>, 《이상수필전작집》, p.187.
9) <실화>, 《이상소설전작집 · 1》, p.84

번데기 쪽을 선택한다면, 그 번데기가 제철을 만나 나비로 변신하도록 도와주는 방법이 고려될 수 있을 것이다. 흔적이라면 우리는 흔적을 복원하는 특수한 기술을 개발할 필요가 있다. 이러한 방법론의 개발이 이상문학 연구를 결정하는 방법론에 해당될 것이다.

그런데, 이러한 방법론은 그것이 아무리 정교하더라도 '한 마리 나비'의 비상, 그 나비의 '해협 건너기'와 연결된 것이 아니면 별로 쓸모가 없을 것이다. 이 나비는 호랑나비가 아니고, 어디까지나 흰 나비였고, 수심을 몰랐고, 수심을 가르쳐 줄 사람도, 줄 수도 없었던 나비였다.

2

동경에서 번데기가 된 나비의 표정이란 어떠한가. 잉크 지우는 약으로 지워 버린, 한갓 흔적이고자 한 이 나비의 의지는 어떠한가. 이런 의문에서 두 가지 자료를 통해 해답을 모색해 볼 수가 있다. 그것은 단순한 카프카의《변신》같은 변신담 문학에 멈추지 않는다.

먼저 우리는 그가 남긴 <사신 · 9>를 주의 깊게 살펴보지 않을 수 없다. 아홉 개의 사신 중 맨 끝에 속하는 이 사신은 그의 사신의 마지막 것이자 동시에 그가 동경서 쓴 최후의 글이고, 그의 생애의 최후의 글이기도 하다.

<사신 · 9>는「오늘은 음력으로 제야입니다」에서 확인되듯, 1936년 음력 12월 제야를 가리킴이다. 이를 양력으로 환산하면 1937년 2월 10일에 해당된다. 흔히 이상의 절필이 <사신 · 1>이라고 알려져 있으나 아우 운경에 보낸 <사신 · 1>은 1937년 2월 8일이란 날짜가 적혀 있는 만큼 <사신 · 9>보다 이틀 먼저 쓴 것이다. 2월 10일이라면 이상이 유치장에 갇혀 가기 이틀 앞이

다. 1937년 2월 12일에서 3월 16일까지 34일 간 갇혀 있다가 나온 이상의 글은 현재로서는 찾아낼 길이 없는 만큼 <사신 · 9>는 잠정적인 절필로 규정될 수 있다.

<사신 · 9>란 무엇인가. <사신 · 1>이 아우 운경에 보낸 것이고 <사신 · 2~8>이 김기림에 보낸 것이라면 <사신 · 9>란 H(한상직으로 추정)에게 보낸 것으로 되어 있다. 이러한 사신 중 (1)과 (9)만이 사신적 성격을 띤 것이며, 나머지 (2)~(8)은 실상 따지고 보면 사신이기보다는 공적인 성질의 '글'이라 할 수 있다. 모두 《여성(女性)》(?)지에 발표된 작품적 성격을 띤 것이기 때문이다. 공적인 것이라 하나, 이상이 구인회를 '아당'이라 하고, 구인회적 성격을 문단의 공적인 단체로 인식할 수 있었던 것은 당시의 우리문단적인 현상과 관련이 있다.

퇴조하기는 했으나, 아직도 엄연히 세력권을 이루고 있던 임화 중심의 프로문학 그룹이 문단의 큰 세력권을 이루고 있었고, 그 한편에 구인회가 있었다. 저널리즘을 거의 모두 장악한 구인회들이 사적인 단체였고 또 뚜렷한 이념 단체기보다 친목 단체에 지나지 않았다는 점은 지적될 만한 사항이다. 사적이고 친목적 성격을 그대로 공적인 것이라 인식할 만큼 그들의 문단적 감각은 대담한 것이었다. 특히 이상에서 이 점을 느낄 수가 있다.

애인과 함께 떠나는 누이에 보낸 편지 <동생 옥희 보아라>(《중앙》, 1936. 9)를 「세상 오빠들도 보시오」라는 부재를 달아, 당당히 공개한 것도 같은 문맥에서 읽을 수 있다. 한갓 자기 개인 집안 사정을, 천하에 공개하는 행위란 구인회 중 이상이 유독 심했음을 새삼 말해 주는 현상이다.

<사신 · 9>는 이상이 동경서 쓴 최후의 글이자, 절필에 해당되는 것이다. 이것은 편지로 쓴 종생기며, 산문으로 쓴 종생기고, 맑은 정신에서, 일상적 레벨에서 쓴 그의 삶의 결산을 해놓은 글이어서 작품 <종생기>와 짝을 이루는 자료다.

이 글은 다음과 같이 세 도막으로 나눠진다.

> (가)兄의 글 반가이 읽었습니다. 저의 못난 여편네를 위하여 貴重한 하룻밤을 夫人으로 하여금 虛費하시게 하였다니 어떻게 感謝해야 할는지 모르겠습니다. 부인께도 이 말씀 傳해 주시기 바랍니다.
> 兄의 <暝想>을 잘 읽었습니다. 唾棄할 生活을 하고 있는 現在의 저로서 啓發 받은바 많았습니다. 이것은 讚辭가 아니라 感謝입니다.
> 저에게 주신 兄의 忠告의 가지가지가 저의 骨髓에 맺혀 고마왔읍니다. 돌아와서 人間으로서, 아니 사람으로서의 옳은 道理를 가지고 善處하라 하신 말씀은 참 등에서 땀이 날만치 제 가슴을 찔렀습니다.[10]

(가)에서 드러나는 요점은 이 편지를 쓰게 된 동기에 관한 것이다. H가 동경에 와 있는 이상에게 편지를 했고, 그 답장으로 씌어진 <사신・9>는, 이상의 부인 변동림으로 말미암은 것이었다.「저의 못난 여편네」인 변동림이 H의 부인이 하룻밤을 허비할 만큼의 어떤 일을 저질렀음이 드러난다. H가 이상에게 편지한 것은 변동림의 어떤 행위(병이었는지, 혹은 무슨 일로 신세를 진 일인지는 불확실하나)에 관한 것이며 문맥으로 보아, 그 어떤 행위가 H에겐 조금 안타깝게 느껴졌음을 알아 낼 수 있다. H가 이상에게 한 충고가 무엇인지 알 수 없으나, 아내 변동림과 관련된 것만은 분명하며, '사람의 도리'에 어긋나는 일에 해당된다는 것도 암시되어 있다.

> (나) 저는 지금 사람 노릇을 못하고 있읍니다. 계집은 街頭에다 放賣를 하고 父母로 하여금 飢渴케 하고 있으니 어찌 足히 사람

10) <사신・9>, 앞 책, p.227

이라 일컬으리까. 그러나 저는 知識의 乞人은 아닙니다. 七個國語 云云도 元來가 허풍이었습니다.

살아야겠어서, 다시 살아야겠어서 저는 여기를 왔습니다. 當分間으 모든 罪와 惡을 意識的으로 默殺하는 道理로 外에는 길이 없읍니다. 친구, 家庭, 燒酒, 그리고 치사스러운 義理 때문에 서울로 돌아가지 못하겠습니다. 여러 가지를 생각하고 있습니다. 어떻게 했으면 좋을지를 全然 모르겠습니다. 저는 當分間 어떤 苦難과라도 싸우면서 생각하는 生活을 하는 수밖에 없습니다. 한 篇의 作品을 못쓰는 恨이 있더라도, 아니, 말라 비틀어져서 餓死하는 恨이 있더라도 저는 지금의 姿勢를 抛棄하지 않겠읍이다. 到底히 '커피' 한 잔으로 解決될 문제가 아닌 것입니다.11)

(나)은 세 가지 점이 지적될 수 있다.

첫째, 「계집은 가두에다 방매하고 부모로 하여금 기갈케 하고」라는 대목, 이상의 조모를 모신 부모는 아무 생업도 없이 겨우겨우 살아가고 있었고, 집안 심부름하던 누이 옥희는 애인따라 만주로 가버렸고, 아우 운경이 취직한 것은 1937년 2월 8일자 편지에서 확인되는 것이니까, 부모를 기갈케 한 점이 분명히 드러나다.

한편 「계집은 가두에다……」는 무엇인가. 이상의 두 번째 동거자며 아내 변동림을 계집이라 부른 것이라면, 이것은 무엇을 가리킴일까. 이상과 가까웠던 정인택의 기록에 따르면 다음과 같다.

그때 이상 부인은 밤늦도록 나아가 일하고 있어서 새벽 두세 시가 아니면 집에 돌아오지 않을 때이라 혼자 음울한 방을 지킬 수 없었고해서 부인이 벌어다 주는 돈으로 이상 역시 밤늦도록 거리로 쏘다니며 술 먹고 지껄이고 (……) 전등불 켜질 무렵 부인에

11) 윗 글, pp.227~228.

> 세수하고 단장하고 밖으로 나가면 상도 또한 터덜터덜 불결한 자세로 거리로 나와 술집으로나 아무데로나 부인이 집에 돌아올 때까지 헤매이는 것이다.[12]

여기에 나오는 아내는, <날개>의 연심이와 조금 닮은 듯 밤에 단장하고 나가서 새벽 두세 시에 돌아오는 직업을 가졌음이 암시되어있다.

둘째, 친구, 가정, 소주, 그리고 치사스런 '의리' 때문에 「서울로 돌아가지 못하겠다」는 것. 당분간 인간적인 문제를 떠나 절대 절명의 상태에 있겠다는 결의를 보여 주고 있다. 친구, 소주, 가정 따위는 일상적·현실적인 것이며, 이것 때문에 귀국해서 사람 노릇할 의사가 전혀 없음이 단호하게 드러나 있다.

셋째, 그렇다고 어떤 비전을 갖고 있는 것이 아니라는 점. 뒤돌아 설 수도 없고 그렇다고 나아갈 수도 없는 상태, 이를 '절망'이라 부르면 적당할 것이다. 「길은막다른골목이적당하오/길은뚫린골목이라도적당하오.」(<오감도 시제1호>)를 그는 실행하고 있었던 셈이다.

> (다) 朝光 二月號의 <童孩>는 昨年(1936년—인용자) 六, 七月頃 쓴 冷汗三斛의 劣作입니다. 그 作品을 가지고 지금의 李箱을 '忖度'하지 말아 주시기 바랍니다.
>
> 過去를 돌아보니 悔恨뿐입니다. 저는 제 自身을 속여 왔나 봅니다. 正直하게 살아왔거나 하던 제 生活이 지금 와보니 卑怯한 回避의 生活이었나 봅니다.
>
> 正直하게 살겠습니다. 孤獨과 싸우면서 오직 그것만을 생각하며 있습니다. 오늘은 陰曆으로 除夜(1937년 2월 10일에 해당—인용자)입니다. 빈자떡, 수정과, 약주, 너비아니, 이 모든 飢渴의 鄕愁가 저를 못살게 굽니다. 生理的입니다. 이길 수가 없습니다.

---

12) 정인택, <불쌍한 이상>, 《이상시전작집》 부록, pp.329~330.

> 가끔 글을 주시기 바랍니다. 孤獨합니다. 이곳에는 친구삼을 만한 사람이 없습니다. 아직 發見하지 못했습니다. 언제나 서울의 흙을 밟아 볼는지 아직은 茫然합니다. 저는 健康치 못합니다. (……) 夫人께도 인사 여쭈어 주시기 바랍니다.[13]

서울 탈출의 한 마리 나비가 해협을 건너 동경에 왔을 때, 그 동경이 한갓 허망한 가짜의 도시였다면, 제3의 지금의 자기 위치는 무엇인가를 이 글은 잘 말해 주고 있어 인상적이다. 서울 탈출이 자살 방지용이라 생각했는데, 막상 탈출하여 그리운 동경에 와보니 오히려 서울이 그리워지기 시작했다는 것이다. 설날이 닥치니까, 빈자떡, 너비아니가 그립고, 서울이 생리적으로 그리웠다.

그 서울, 그 생리를 거역하고, 논리, 관념, 추상에 매달려 살아온 세계, 기하학적인 몸짓이야말로 회한만을 자아내는 헛것이었다는 깨달음은 자연스러운 일이다. 그러나, 이제 되돌아갈 수 없음도 부정될 수 없다. 오기 때문도 아니고, 체면 때문만도 아니다. 날개가 망가졌기에 비상할 수 없기 때문이다.

고장난 기계와도 같이, 날개 떨어진 나비란 한 마리 벌레에 지나지 않는다. 벌레가 환경의 준엄함에 부딪히면 그 나름의 생리적·본능적 변신을 하게 되어 있다. 번데기가 되는 길이 그것이다. 번데기는, 존엄한 환경이 변하면 나비로 변신하여 비상할 수 있다. 그러나 아직 이상은 번데기의 자각 증세가 투철한 단계에 이른 것이 아니다. 이상은 동경 바닥에서 '친구'를 구하고 있었음이 그 증거다. 김기림은 센다이에 있었고, 김소운과 신백수 등 3·4 문학파들은 지기(知己)이긴 하나 친구 삼을 만한 수준은 못되었다.

이렇게 <사신·9>를 분석한다면, 이 글은 번데기가 되기 전의

13) <사신·9>, 앞 책, pp.228~229.

이상의 정상적 · 일상적인 삶의 풍경이라 할 수 있다. 말을 바꾸면, 동경서 쓴 최후의 글이다. 그의 생애를 통틀어 마지막 집필 부분에 해당되는 <사신 · 9>란, 맨정신으로 쓴 그의 종생기이다. 그의 종생기는 번데기 되기 전의 모습에 지나지 않는다. 그의 죽음이 이 사실을 증명하고 있다. 번데기가 되어 버린, 현해탄을 건너간 나비 한 마리, 그것이 이상이었다. 그 번데기가 준엄한 환경이 변해 봄이 되었을 때, 나비로 변신하기까지에는 8년의 세월이 걸렸고, 그 나비의 나비춤을 보게 된 것은 19540년대, 이른바 전후 문학파들에 의해서였다. 모더니즘, 그것은 6 · 25라는 세계(근대)사적 사건과 더불어 비로소 가능하였다.

작가 연구 자료

金岸曙 : 「詩는 機智가 아니다—李箱氏 <正式>」《四月詩評 · 每日申報》 1935년 4월 11일)
朴龍喆 : 「세로우려 하는 努力—乙亥詩壇總評—」(《東亞日報》 1935년 12월 24일)
崔載瑞 : 「리알리즘의 擴大와 深化—<川邊風景>과 <날개>에 關總하여—」(《朝鮮日報》 1936년 10월 31일, 11월 3, 5, 7일)
朴泰遠 : 「李箱哀詞」(《朝鮮日報》 1937년 4월 22일)
嚴興燮 : 「五月創作評—千折한 두 作家의 作品—」(《朝鮮日報》 1937년 5월 11일)
片石村 : 「故 李箱의 追憶」(《朝光》 1937년 6월)
朴泰遠 : 「李箱의 片貌」(《朝光》 1937년 6월)
鄭人澤 : 「불쌍한 李箱」(《朝光》 1939년 12월)
金文輯 : 「날개」의 詩學的 再批判 (《文藝街》 1집 1937년 2월)
朴祥燁 : 「箱아 箱아」(《每日申報》 1937년 6월)
崔載瑞 : 「現代的 知性에 關하여」(《朝鮮日報》 1937년 5월 15, 16, 18, 20일)
鄭人澤 : 「逐放」(《靑色紙》 5호 1939년 5월)
金起林 : 「東洋에의 叛逆—李箱文學의 한 모—」(《太陽新聞》 1949년 4월 26일)
金起林 : 「切迫의 魅力—李箱文學의 한 모—」(《太陽新聞》 1949년 4월 27일)
李 浩 : 「李箱論」(《詩作》 1954년 7월)

申在然 :「李箱의 生涯와 藝術—文學의 새 衝動을 위하여—」(《聯合新聞》 1955년 2월 25일)

李御寧 :「李箱論—純粹意識과 牢城과 그 破壁—」(서울대《文理大學報》 3의 2 1955년 9월)

林鍾國 :「李箱論—近代的 自我의 絶望과 抗拒—」(《高大文化》 1호 1955년 12월)

李御寧 :「마르시스의 虐殺—李箱의 詩와 그 難解性」(《新世界》 1956년 10월, 1957년 1월)

申石柱 :「李箱의 生涯와 藝術—그의 十八周忌를 보내며」(《平和新聞》 1956년 3월 20일)

金春洙 :「李箱의 詩—그의 詩形態와 그 밑받침—」(《文學藝術》 1956년 9월)

高錫珪 :「모더니즘의 敎訓—李箱 二十周忌에 寄함—」(《국제신문》 1957년 4월 17일)

李鳳九 :「李箱의 孤獨과 表情—그의 二十周忌를 맞으며—」(《서울신문》 1957년 4월 17일)

李御寧 :「墓碑 없는 무덤 앞에서—追悼 李箱 二十周忌—」(《京鄕新聞》 1957년 4월 17일)

李御寧 :「李箱의 文學 二十周忌에」(《聯合新聞》 1957년 4월 18일, 19일)

權 俊 :「李箱의 <날개>—그의 二十周忌를 맞이하여—」(《平和新聞》 1957년 4월 19일)

金宇鍾 :「TABU 李箱論—그의 文學은 과연 옳은것인가—」(《朝鮮日報》 1957년 4월 19일)

金宇鍾 :「李箱論」(《現代文學》 1957년 5월)

金春洙 :「李箱의 죽음—그의 二十周忌에 즈음하여—」(《思想界》 1957년 7월)

李御寧 :「續 나르시스의 虐殺—李箱의 詩와 그 難解性—」(《自由文學》 1957년 7월)

林鍾國 :「李箱挿話—그의 21周忌를 기념하여—」(《自由新聞》 1958년 5월 16일~18일)

李御寧 :「李箱의 小說과 技巧」(《文藝》 1959년 10월)

鄭泰鎔 :「作家와 生活方式—春園과 琴童과 李箱—」(《한국일보》 1959년 10월 9일)

金永秀 :「李箱의 文學姿勢—金宇鍾씨의 견해에대한 이견—」(《文耕》 10집 中央大 1961년 1월)

金玉姬 :「오빠 李箱」(《現代文學》 1961년 6월)

秋恩姬 :「李箱論」(淑明女大 대학원 석사논문 1962년)

車賢實 :「李箱論」(《國語國文學硏究》 4집 梨大 1962년 10월)

任重彬 :「데몽과 實存의 發見—李箱<날개>論攷—」(《成均》 16호 1962년 10월)

김 현 :「李箱에 나타난 <만남>의 問題—小說을 主로 하여—」(《自由文學》 1962년 11월)

曺秉武 :「<날개>의 두 表象」(《現代文學》 1963년 1월)

金 汐 :「李箱論」(國語國文學硏究論文集 4집 동아대 1963년 6월)

李在徹 :「李箱의 詩史的 位相—素月·芝溶과 比較해 본—」(《季刊文藝》 1호 1963년 12월)

吳耕運 :「相剋하는 두 개의 自我—李箱의 烏瞰圖 詩 第15號에 나타난 이미지 分析詩論—」(서울대《文理大學報》 11의1 1963년 1월 2일)

宋基淑 :「李箱論序論」(全南大 대학원 석사 논문 1964년)

李英一 :「逃避와 殉敎—李箱論—」(《文學春秋》 1964년 11월)

崔鎔裁 :「李箱의 小說을 通해서 본 <나>의 精神的 遍歷」(《朝大文學》 2의 3 1964년 10월)

羅宗仁 :「로고 레볼루션—李箱詩의 値域—」(《新東亞》 1966년 2월)

芮容淑 :「詩에있어서 言語와 形態의 分析—特히 李箱의 詩를 對象으로—」(慶北大 대학원 석사논문 1966년 2월)

元容奭 : 「李箱의 回顧」(《대한일보》 1966년 8월 25일)

張伯逸 : 「詩에 對한 疑심—李箱의 詩形態에 대하여—」(《現代文學》 1967년 2월)

南美英 : 「李箱文學의 問題點—그의 小說을 中心으로—」(《靑坡文學》 8집 숙명여대 1968년 4월)

呂榮澤 : 「李箱論」(《語文學》 18호 1968년 5월)

呂榮澤 : 「李箱의 散文 關한 考究」(《국어국문학》 39,40 합병호 1968년 5월)

呂榮澤 : 「李箱論—第 3部, 文學의 源泉에 대하여—」(《어문학》 19호 1968년 11월)

金桂演 : 「깨어진 거울의 混亂—李箱論—」(《文學》 1969년 1월)

김 현 : 「具體時로서의 李箱論」(《空間》 1969년 1월)

李惠玉 : 「이상의 生涯와 작품고—작가의 思想을 中心으로—」(《韓國文學硏究》 10호 이화여대 1970년 2월)

金治弘 : 「李箱小說 속의 주인공들—정신분석학적 입장에서—」(《明知國文學》 4호 1970년 2월)

宋敏鎬 : 「李箱文學短評」(中等敎授資料—국어과절 1의 2, 1971년 7월)

徐廷桂 : 「李箱의 일」(《月刊中央》 1971년 10월)

張允翼 : 「自意識 文學과 難解의 限界性—李箱의 경우—」(《現代文學》 1972년 4월)

金相泰 : 「金光均과 李箱의 詩—그 對比的 考察과, 意味論的 觀點에서」(全北大 論文集 14집 1972년 10월)

張允翼 : 「이상연구」(영남대병설공업전문대학 《工專文化》 6호 1973년 1월)

李明姬 : 「李箱小說考—허무주의적 성격에 관하여—」(고려대 교육대학원 석사논문 1973년 2월)

金容雲 : 「李箱文學에 있어서의 數學」(《新東亞》 102호 1973년 2월)

秋恩姬 : 「쉬르레알리즘에 비춰본 箱의 作品世界」(《현대문학》 1973년 7월)

鄭貴永 : 「李箱文學의 超意論 心理學」(《현대문학》 1973년 7~9월)

辛卿得 : 「李箱文學의 心理主義的 硏究」(청와대 대학원 석사논문 1973년 9월)

金鍾殷 : 「李箱의 現象과 異常—한국예술가에 관한 정신의학적 추적—」(《文學思想》 12호 1973년 9월)

高 銀 : 「李箱評傳—李箱 그 人間과 文學—」(《世界》 1973년 10월)

들롱미셸 : 「이상의 <날개>와 그 失敗의 勝利—外國藝術人이 본 韓國文學—」(《文學思想》 13호 1973년 10월)

辛卿得 : 「李箱硏究方法論批判」(《문화비평》 5의 3 1971년 12월)

裵貞恩 : 「아웃사이더적 의식에 비추어 본 李箱, 孫昌涉, 張龍鶴의 作品考」(이화여대 대학원 석사논문 1974년 2월)

金允植 : 「어둠에의 認識—이상의 文學史的 位置—」(《文學思想》 19호 1974년 4월)

金宗吉 : 「無意味의 意味—李箱詩의 特質—」(《文學思想》 19호 1974년 4월)

文種爀 : 「몇 가지 異議—小說 <蜘蛛會豕>의 人物 '吳'가 證言하는 李箱—」(《文學思想》 19호 1974년 4월)

李成美 : 「새 資料로 본 李箱의 生涯」(《文學思想》 19호 1974년 4월)

吳生根 : 「自我와 진실과 허위—李箱의 小說을 中心으로—」(《文學思想》 19호 1974년 4월)

金相泰 : 「否定의 美學—李箱의 文體論—」(《文學思想》 19호 1974년 4월)

尹在根 : 「李箱의 文體論—散文詩의 問題點—」(《심상》 9호 1974년 6월)

李昇勳 :「李箱解析試論—구조의 문제를 중심으로—」(《碩友》 11호 1975년 10월)

洪慶杓 :「李孝石과 李箱 小說 연구」(慶北大 대학원 석사논문 1975년 2월)

金相善 :「李箱의 <날개>」(語文論集 10호 중앙대 1975년 2월)

金允植 :「李箱論의 行方」(《心象》 18호 1975년 3월)

金鍾殷 :「李箱의 精神世界」(《心象》 18호 1975년 3월)

尹在根 :「李箱의 詩史的 位置」(《心象》 18호 1975년 3월)

李昌培 :「모더니스트로서의 李箱」(《心象》 18호 1975년 3월)

李 活 :「永遠한 實驗」(《心象》 18호 1975년 3월)

具然軾 :「한국 다다이즘(Dadaism)의 比較文學的 硏究」(《東亞論叢》 12집 東亞大 1975년 4월)

尹弘老 :「'날개'와 '處容歌'와의 거리」(《文學思想》 32호 1975년 5월)

金永秀 :「診斷書로 表出된 李箱文學」(《現代文學》 247호 1975년 5월)

李御寧 :「李箱文學의 出發點」(《文學思想》 36호 1975년 9월)

金相善 :「李箱의 詩에 나타난 性問題」(아카데미논총 3호 1975년 12월)

박영환 :「李箱文學의 二重構造」(崇田語文學 4호 1975년 12월)

朴婉淑 :「李箱의 소설에 나타난 女性의 상징적 의미 고찰」(이화여대 대학원 석사학위 논문 1975년)

黃干媚 :「李箱小說硏究」(고려대 교육대학원 석사논문 1976년 2월)

林鍾國 :「李箱의 小說이 지닌 現實性—踟蹰會豕·날개를 中心으로—」(《韓國文學》 32호 1976년 6월)

吳光洙 :「畵家로서의 李箱」(《文學思想》 45호 1976년 6월)

元明洙 :「李箱詩의 時文學史的 位置—詩의 形式과 主題를 中心으로—」(중앙대 대학원 석사논문 1976년 8월)

鄭貴永 : 「李箱과 現代文學」(《現代文學》 260호 1976년 8월)

金昞澤 : 「<날개>의 Imagery에 관한 연구」(동국대 대학원 석사논문 1977년 2월)

朴明鎬 : 「李箱論」(연세대 교육대학원 석사논문 1977년 2월)

李賢洙 : 「李箱小說에 나타난 話者의 心理的 位相」(수도여자사범대학 석사논문 1977년 2월)

趙斗英 : 「李箱 初期 作品의 精神分析—「12月 12日」을 中心으로 하여—」(《神經精神醫學》 38호 1977년 2월)

朴銀景 : 「李箱論의 言語美學的 考察」(명지어문학 7호 1977년 3월)

金慧南 : 「李箱의 二元的 世界—<山村餘情>의 文體를 中心으로—」(高大文化 17호 1977년 5월)

金鳳烈 : 「李箱論—不安意識의 窮極—烏瞰圖 時第一號를 中心으로」(韓國言語文學 14호 1977년 12월)

秋恩姬 : 「李箱文學의 斷絶意識과 破壞的 調律의 要素—李箱의 人間과 文學—」(淑明女大論文集 16집 1977년 12월)

甲尙撤 : 「李箱文學論—作品에 投影된 精神分析學的 要因을 中心으로—」(동아대 대학원 석사논문 1978년 2월)

金亨子 : 「<날개>의 文體論的 研究」(부산대 대학원 석사논문 1978년 2월)

李銀珠 : 「李箱의 <날개> 研究—構成 Image와 文體를 中心으로—」(이화여대 교육대학원 석사논문 1978년 2월)

崔英姬 : 「李箱小說에 나타난 疎外過程研究」(이화여대 대학원 석사논문 1978년 8월)

유시욱 : 「李箱과 尹東柱 詩에 나타난 自我實現의 문제」(영남대 대학원 석사논문 1978년 8월)

尹起煥 : 「李箱詩의 問題點」(《先淸語文》 9호 서울대 1978년 11월)

鄭貴永 : 「李箱의 <날개>—정신분석하적 試論—」(《現代文學》

1979년 7월)

李泰東 :「自意識의 表白과 反語的 意味—李箱의 <날개>를 中心으로—」(《文學思想》 1979년 9월)

李泰東 :「傳統과 個人의 才能—箱과 仁勳의 경우—」(《現代文學》 1979년 11월)

李揆東 :「李箱의 정신세계와 작품」(《月刊朝鮮》 1981년 6월)

김승희 :「李箱詩에 나타난 거울의 상징과 구조」(서강대학교 석사학위 논문 1981년)

김승희 :「李箱의 죽음—레모이 있는 終生劇」(《文學思想》 109호 1981년 11월)

□ 1981년 이후의 저서 및 관계자료

金容稷 :『이상』(무예총서 9)(서울, 志學社, 1985)

전택부 :『이상 재평전』(범우 사르비아문고 · 121)(서울, 범우사, 1985)

李昇薰 :『李箱 詩硏究』(서울, 고려원, 1987)

김윤식 :『이상 소설 연구』(작가총론서)(서울, 문학사상사, 1988)

金允植 :『李箱硏究』(서울, 文學思想社, 1988)

李英芝 :『李箱 詩硏究』(서울, 陽文閣, 1989)

李昇薰 :『李箱 詩全集』(서울, 문학사상사, 1989)

李 活 :『人間的인 너무나 人間的인 ; 李箱 · 李仲燮과의 비어 있는 巨離』(서울, 明文堂,1989)

김윤식 :『李箱 문학전집 · 2』(서울, 문학사상사, 1991)

이 상 :『이상 시집 : 오감도』(한국현대전1)(서울, 東河, 1991)

고 은 :『이상 평전』(高銀全集 · 19)(서울, 청하, 1992)

安惠慶 :「李箱文學의 構造와 意味」(숙명여자 사범대학원 석사논문, 1982)

金千瑞 : 「李箱 小說 硏究」(중앙대 대학원 석사논문, 1982)
유재천 : 「이상 시 연구」(연세대 대학원 석사논문, 1982)
魯幸判 : 「李箱 詩의 意味論的 接近 ; 鳥瞰圖 中心으로」(고려대 대학원 석사논문, 1982)
金有鎭 : 「李箱과 金裕貞의 作品에 나타난 Ego의 硏究」(충남대 교육대학원 석사논문, 1982)
정덕자 : 「李箱文學硏究 ; 時間, 空間 및 物質意識을 中心으로」(이화여자 사범대학 대학원 석사논문, 1983)
曹甲順 : 「李箱 小說의 文體分析 ; 날개를 中心으로」(강원대 교육대학원 석사논문, 1983)
이승훈 : 「이상 시 연구 ; 자아의 시적 변용」(연세대 대학원 박사논문, 1983)
尹明淑 : 「李箱硏究 ; 作家魂의 本質 照明을 爲한 몇 가지 考察」(숙명여대 대학원 석사논문, 1983)
權潤玉 : 「李箱 小說의 時間分析 ; 날개를 中心으로」(동국대 대학원 석사논문, 1984)
洪賢淑 : 「李箱과 金裕貞의 文體」(전남대 교육대학원 석사논문, 1985)
白基文 : 「李箱 小說의 諷刺的 考察」(성균관대 대학원 석사논문, 1985)
李　璟 : 「李箱 小說에 있어서 作中人物의 兩面性 硏究 ; 지주회시, 날개, 봉별기를 중심으로」(부산대 대학원 석사논문, 1985)
金星銀 : 「李箱論 : 참된 자아 실현의 실패」(연세대 교육대학원 석사논문, 1986)
朴惠涇 : 「李箱 小說論 : 상황과 개인의 대립양상을 중심으로」(동국대 대학원 석사논문, 1986)
정희모 : 「李箱 小說 硏究 ; 작품에 나타난 의미와 그 형성과정을 중심으로」(연세대 대학원 석사논문, 1986)

金英愛 : 「李箱 小說의 空間意識 ; 날개, 지주회시를 中心으로」(경남대 대학원 석사논문, 1986)
郭美子 : 「李箱 詩 硏究」(숙명여자 대학원 석사논문, 1986)
孔宗九 : 「李箱 소설의 硏究 ; 文體의 機能的 側面에서」(전남대 대학원 석사논문, 1986)
黃挑慶 : 「李箱 小說의 空間性 硏究」(이화여대 대학원 석사논문, 1987)
李秉烈 : 「李箱 小說의 敍事構造 硏究」(숭실대 대학원 석사논문, 1987)
李福淑 : 「李箱 詩의 斷純性 小考(下)」《月刊文學》217 (1987. 3) pp.238-255
이성모 : 「이상 문학의 존재론적 연구.; 죽음의식을 중심으로」(부산대 대학원 석사논문, 1987)
韓榮一 : 「李箱文學의 意識世界 硏究」(연세대 교육대학원 석사논문, 1987)
崔恩子 : 「李箱의 "날개" 硏究」(전남대 대학원 석사논문, 1988)
朴香緒 : 「李箱文學의 時間意識」(원광대 대학원 석사논문, 1988)
南錦熙 : 「李箱 小說에 나타난 時間硏究」(효성여대 대학원 석사논문, 1989)
鄭絞圭 : 「李箱의 "날개"에 나타난 葛藤 硏究」(조선대 대학원 석사논문, 1990)
李時榮 : 「李箱 小說의 敍事構造 硏究」(충남대 교육대학원 석사논문, 1990)
姜東文 : 「李箱文學에 나타난 '잠' 모티브 硏究」(경남대 교육대학원 석사논문, 1990)
문홍술 : 「이상 문학에 나타난 주체분열과 반담론에 관한 연구」(서울대 대학원 석사논문, 1991)
柳源春 : 「李箱 詩의 隱喩 硏究」(서울대 대학원 석사논문, 1991)

박진임 :「李箱 詩의 페니즘적 연구」(서울대 대학원 석사논문, 1991)

尹貞淑 :「李箱 詩의 現實適應 樣相」(동아대 대학원 석사논문, 1991)

김승희 :「李箱 詩연구—말하는 주체와 記號性의 의미작용」(서강대 대학원 박사논문, 1991)

李一寧 :「李箱의 '吳瞰圖'論」(단국대 대학원 석사논문, 1992)

李昇薰 :「날개의 構造分析」《月刊文學》 144 (1981. 2) pp. 196-209

柳時煜 :「李箱과 尹東柱의 詩 ; 現象學的 意味에서의 分析比較」〈詩文學〉 117(1981. 4) pp.65-86

金種九 :「李箱 "날개"의 時間·空間 構造, 그 象徵的 意味分析을 中心으로」《西江語文》 1(1981. 6) pp.65-86

李揆東 :「李箱의 精神세계와 作品 ; 精神分析學的 地坪서 본 分析」〈月刊朝鮮〉 26(1981. 7) pp.319-331

吳圭原 :「李箱 詩의 접근방법」《韓國文學》 95 (1981. 9) pp. 319-331

辛尹夏 :「이상 시 분석과 존재 표시 ; 오감도의 경우」《한국문학》 129(1984. 7) pp.292-303

李福淑 :「李箱 詩의 斷純性 小考(上)」《月刊文學》 216 (1987. 2) pp.263-276

李福淑 :「李箱 詩의 斷純性 小考(下)」《月刊文學》 217 (1987. 3) pp.238-255

李英芝 :「李箱의 '오감도' 詩 題考」《국어국문학》 100 (1988. 12) pp.449-459

필 자 소 개

조 연 현
동국대학교 국문과 및 동 대학원 졸업
동국대학교 국문과 교수 역임
[저서] 『문학과 사상』, 『한국현대문학사 1, 2부』, 『한국현대작가론』, 『문학과 사회』 외

이 어 령
서울대학교 문과대 국문과 및 동 대학원 및 단국대학교 대학원 졸업
현재 이화여자대학교 석좌교수
[저서] 『저항의 문학』, 『한국과 한국인』, 『시 다시 읽기』, 『말』, 『지성채집』

정 명 환
서울대학교 불문과 졸업
서울대학교 및 가톨릭대학교 불문과 교수 역임
현재 가톨릭대학교 대우교수
[저서] 『한국작가와 지성』, 『문학을 찾아서』 외

김 현
서울대학교 불문과 및 동 대학원 졸업
서울대학교 인문대 교수역임
[저서] 『존재와 언어』, 『상상력과 인간』, 『프랑스 비평사』, 『문학과 유토피아』 외

이 재 선
서울대학교 국문과 및 동 대학원 졸업
현재 서강대학교 국문과 교수
[저서] 『한국개화기 소설 연구』, 『한국단편소설연구』, 『한국 현대 문학사』, 『한국문학주제론』 외

이 태 동
한국외국어대학교 영문과 및 미국 노쓰케로라이나 대학원과 서울대학교 대학원 졸업
현재 서강대학교 영문과 교수
[저서] 『한국현대소설의 이상』, 『우리문학의 현실의 위상』, 『솔 벨로우 연구』 외

오 생 근
서울대 대학원 불문과 및 파리대학 졸업
문학평론가
[저서] 『삶을 위한 비평』 외

김 용 운
일본 와세다대 수학, 미국 오번대 대학원 및 카나다 알바와대 대학원 졸업.
현재 한양대학교 명예교수
[저서] 『문화속의 수학』, 『동양의 과학과 사상』, 『지성의 비극』, 『한국 수학사』 외

최 혜 실
서울대학교 사범대학 국어교육과 및 동대학원 졸업
현재 한국과학기술원 교수
[저서] 『문학사상』, 『비평문학』, 외

김 승 희
서강대학교 영문과 및 동 대학원 국문과 졸업
현재 서강대학교 국문과 강사
[저서] 시집 『태양미사』, 『왼손을 위한 협주곡』, 『달걀 속의 생』, 『어떻게 밖으로 나갈까』, 『솟구쳐 오르기』외 「이상론」, 「윤동주론」 외

김 윤 식
서울대학교 사범대학 국어교육과 및 동 대학원 국문과 졸업
현재 서울대학교 국문과 교수
[저서] 『한국 근대 문예비평사』, 『한국 근대 소설비판』, 『황홀경의 사상』, 『한국근대문학사상사』 외

한국문학의 현대적 해석 14

이 상

초판 발행 1997년 10월 20일

2쇄 발행 2006년 10월 28일

편 자 이태동

발행인 손병두

편집인 송효섭

발행처 서강대학교 출판부

서울시 마포구 신수동 1번지

등록 : 1978년 9월 28일(제10-50호)

전화 : (02)705-8212 팩스 : 705-8612

인쇄 : 효일문화사

정가 9,000원

ISBN 89-7273-040-8 93810